キャッシュフロー・ファイナンス
CASHFLOW FINANCE

入道 正久 著
Masahisa Nyudo

社団法人 金融財政事情研究会

序　文

　筆者が中堅・中小企業などへのキャッシュフロー・ファイナンスを発案したきっかけは1998年の金融危機にさかのぼります。当時、日本の金融機関の多くはバブル崩壊以後、不良債権の増加からくる金融不安の影響を受け、格付機関による格下げやインターバンク市場からの資金調達に苦しんでいました。結果として、日本の金融機関の多くは、大幅な人員削減、給与カット、海外拠点の閉鎖などのリストラや貸出資産の大幅な圧縮に取り組まざるをえない状況に追い込まれました。その後、公的資金投入、メガバンク誕生などの再編を経て、金融業界は現在の体制となりましたが、1998年当時の金融危機当時の状況を覚えている読者も多いと思います。

　当時、銀行、特に大手銀行は強い批判にさらされていました。「不動産などの担保に過度に依存した融資姿勢をとっている」「信用力の高い企業にしか融資しない」「事業性をみた支援姿勢をとってくれない」「そんな銀行をなぜ、政府が公的資金を投入し救済する必要があるのか」。テレビ局の街角インタビューや政治・経済番組、新聞・雑誌などでこのような発言がしばしば報道されていました。当時は一般の人のみならず、企業経営者や学識経験者、政治家や政策立案者からもこうした批判を浴びていましたが、冷静にみれば、これらの批判には誤解に基づくものも多くあったと思います。しかしながら、特に大手銀行に対する批判は凄まじいものがあり、当時は父親が銀行員であるというだけで、小学生の子どもが友達からいじめを受けるといった事態を耳にすることもありました。

　筆者は金融危機当時、都市銀行の海外現地法人の社員として、国内外での報道に接するなかで、自らが勤務する銀行の置かれた状況のみならず、銀行業界全体が社会的評価を大きく落としてしまったことに強く心を痛めていました。

　というのも、ほとんどの銀行員は社会に貢献したいという志をもって銀行に就職したはずであり、法人営業を担当する人であれば、自らが担当する取

引先企業のニーズにできる限り応え、また、取引先企業の成長を心から願うものだからです。もちろん、銀行も民間の営利企業なので、ビジネスとして収益をあげなければ生き残ることはできません。しかしながら、銀行の営業担当者の大半が連日の長時間労働に耐え、高いモチベーションを維持できるのは、顧客とともに成長したいという強い気持ちがあるからこそであると考えています。決して、儲かればそれでいいといった態度で仕事をしているのではないのです。

にもかかわらず、なぜこれほどまでに批判されるような事態になってしまったのでしょうか。本書はこのような批判に対する回答として、また、銀行が今日の金融環境にあわせて融資慣行を改善するための提言として執筆したものです。筆者は、過去、香港において株式引受業務を、日本においてシンジケート・ローン業務をビジネスとして必ず成功させるという気概をもって立ち上げました。一方、本書で提言するキャッシュフロー・ファイナンスについては、結果としてビジネスとしても大成功を収めましたが、当初は失われた銀行への信頼を取り戻したいという強い気持ちから立ち上げました。金融危機の教訓を経て、金融機関は信用格付手法の高度化、貸出債権の証券化、ポートフォリオ型融資の開発など、多くの取組みを行ってきました。どれもが重要な取組みであることは言うまでもありません。しかしながら、筆者は、サブプライム問題やリーマン・ショックなど近年の金融に関連する事件について考えるにつけ、予測不可能性の増した現在において、キャッシュフロー・ファイナンスへの取組みは、金融機関の専門性（融資実行時点での分析だけではなく、融資実行後の管理能力）を最大限活用するという点において、素晴らしい取組みであると考えています。

本書において筆者が提言するキャッシュフロー・ファイナンスの取組みを始めてから、約10年が経過しました。その間、筆者は、融資が容易ではないと思われた多数の案件、特に中堅・中小企業などが実施する投資・開発案件、事業再生案件、公的金融案件などの実現に携わってきました。

本書で提言するキャッシュフロー・ファイナンスとは、事業（プロジェクト）から生み出されるキャッシュフローを返済原資とする融資案件を、

キャッシュフローそのものを評価し担保としてとる仕組みを構築することにより実現するものです。これまで、発電所やテーマパーク、石油化学プラント、高速道路などの大規模な開発案件で使用されてきたプロジェクト・ファイナンスの仕組みをより幅広く適用できるように改良を加えたものです。

大手民間企業や政府系企業などが実施する大規模プロジェクトで使用される融資の仕組みを一般の中堅・中小企業などが実施する投資・開発案件、事業再生案件、公的金融案件などに適用することは、金融の専門家の間では、理念としてはともかく現実においては困難であると考えられてきました。

しかしながら、筆者はこれまで本書で提言するキャッシュフロー・ファイナンスを、件数で600件、組成額で1兆5,000億円を超える融資案件に適用してきました。本格的な普及はまだこれからですが、年間100件を超える取組みを通して、キャッシュフロー・ファイナンスが日本において定着しつつあることを実感しています。

特にキャッシュフロー・ファイナンスの活用により、事業再生を目指す多くの企業の支援に参画できたことは、筆者としても本書で提言する取組みの正しさを再認識する結果となりました。外資系を中心とするサービサーと呼ばれる債権回収業者に多額の債権を保有されている企業が、自らの債務を整理することにより事業を再生し、銀行をはじめとする金融機関と正常な融資取引を再開することは困難を極めます。再生を目指す企業が立直りの第一歩として、正常な銀行取引の開始を希望しても、通常の発想では融資はむずしく、相談を受けたほとんどの金融機関が支援を渋るのが現実ではないでしょうか。こうした企業に対し、筆者は、その企業が営む事業から生み出されるキャッシュフローを見極め、利害関係者との困難を極める調整を行い、融資を実現することにより、関係者全員が喜びを共有する機会に数多く接してきました。それは銀行員としてやりがいを感じるものであっただけではなく、金融機関のあるべき姿の一つを示したものと考えています。

筆者はこのような経験から、中堅・中小企業などに対するキャッシュフロー・ファイナンスの積極的な取組みは、金融機関が取引先企業からさらなる信頼を獲得し、社会の期待に応えるための不可欠な取組みの一つであると

考えています。

近年、日本においても、海外では一般的なコベナンツ・ファイナンスといわれる借入人による遵守事項（義務）を課した融資が数多く行われるようになってきました。しかしながら、これらのファイナンスの大半は海外で行われている融資形態を日本に持ち込んだものであり、本書で提言するキャッシュフローを担保にとる仕組みを本格的に取り入れたファイナンスとは異なるものです。

キャッシュフローを担保としてとる仕組みを本格的に取り入れた融資は、プロジェクト・ファイナンスを除くと海外においてもあまり例がありません。このため、筆者による過去10年間にわたる取組みは試行錯誤の連続でもありました。その間、多くの上司、同僚、外部専門家の助言をいただきながら、一つのビジネスとして定着させることに成功したことについて、関係者への感謝の気持ちを忘れることはできません。

本書は、借入人の融資実行時点での信用力や借入人が保有する不動産などの処分可能な担保だけでなく、キャッシュフローを拠り所とした融資・資金調達を理解したい金融機関の担当者、中堅・中小企業や第三セクターなどにおける資金調達担当者、金融に関する政策立案者、これから金融業界を目指す大学院生、大学生にぜひ読んでいただきたいと考えています。

第Ⅰ編はキャッシュフロー・ファイナンスの理論的基礎についての概論です。第1章では、日本の融資慣行について、そのメリットとデメリットを考察し、マクロでみた日本の経済構造の歴史的変化に伴い、看過しがたいほどデメリットが増してきていることについて解説しています。第2章では、キャッシュフローを担保にとる仕組みのむずかしさについての解説を通して、キャッシュフロー・ファイナンスが普及してこなかった原因について考察しています。第3章では、第2章で考察した原因をふまえ、キャッシュフロー・ファイナンスの具体的な普及策について論じています。第4章では、見方を変えてキャッシュフロー・ファイナンスが借入人である取引先企業などにどのようなメリットをもたらすのかについて解説しています。第5章では、キャッシュフロー・ファイナンスの適用範囲の幅広さと、公的金融を含

む地域金融への適用の必要性について論じています。最後に第6章で、キャッシュフロー・ファイナンスの事例について紹介しています。

　第Ⅱ編はキャッシュフロー・ファイナンスの元祖ともいえるプロジェクト・ファイナンスについての解説です。基本であるプロジェクト・ファイナンスの仕組みをしっかりと理解できなければ、応用形であるキャッシュフロー・ファイナンスについての理解も限定的となるため、本編を執筆しました。第1章では、日本におけるPFIの取組みを通して、基本を身につけることの大切さについて論じています。第2章では、プロジェクト・ファイナンスのエッセンスについて解説しています。第3章では、プロジェクト・ファイナンスの具体例（石油化学プラント建設・運営プロジェクト）を通して、リスク分析やキャッシュフローを担保にとる仕組みなどについて実務に則して解説しています。本編においては、プロジェクト・ファイナンスや国際金融において使用される専門用語の多くについても解説しており、キャッシュフロー・ファイナンスへの橋渡しとなる部分です。

　第Ⅲ編はキャッシュフロー・ファイナンスの実務への具体的適用方法についての解説です。第1章では、本書で提言するキャッシュフロー・ファイナンスのエッセンスについて解説しています。第2章では、一般にはあまり知られていない正しいストラクチャリング（案件組立て）の方法について解説しています。第3章では、キャッシュフロー管理の具体的方法について実務に則して解説しています。第4章では、キャッシュフロー・ファイナンスにおいてとるべき担保やその目的について論じています。キャッシュフロー・ファイナンスにおける担保は通常の融資とは大きく異なりますが、その担保に対する考え方は通常の融資においても考慮すべきものです。第5章では、コベナンツの選択と設定の重要性および融資実行後の与信管理への活用について解説しています。第6章では、キャッシュフロー・ファイナンスにおける融資契約書の基本構成について解説しています。本章においてはキャッシュフロー・ファイナンスの理念を実際の融資契約書に反映させるための実務上の基本を理解することを企図しています。

　第Ⅳ編はこれまで解説したキャッシュフロー・ファイナンスについての理

論、実務への適用方法についての理解を深めるためのケーススタディです。ケーススタディでは取引先企業からのニーズが多い開発案件について取り上げています。

 第Ⅴ編は日本における現状をふまえた定型的な融資契約書の改定および案件特性をふまえた適切なコベナンツの設定に関する筆者の提言です。定型的な融資契約書が現時点において必要悪であるとしても、そのまま使用することは問題点が多いといえます。また、本格的なキャッシュフロー・ファイナンスの適用がむずかしい案件について、どのような場合にどのようなコベナンツの設定が適切であるかについて、コベナンツの類型化を通して提言しています。

 補足解説はキャッシュフロー・ファイナンスを理解するうえでのシンジケート・ローンと金利スワップについての最低限の解説です。これらについて知見の乏しい読者は、第Ⅱ編を読む前に目を通しておいてください。

 本書によりキャッシュフローを重視した融資についての理解が深まり、その結果、従来の発想であれば困難とされた融資案件がより多く実現することを願っています。

 最後に、本書の出版に際しご尽力いただきました社団法人金融財政事情研究会の佐藤友紀さん、本書における筆者の主張について専門誌・機関誌への掲載や講演会開催にご尽力いただきました社団法人金融財政事情研究会の北山桂さん、島田裕之さん、財団法人大阪地域振興調査会の吉野国夫さん、貴重な実務上・技術上のアドバイスやご協力をいただきました社団法人共同通信社の橋田欣典さん、ファイナンシャル・ジャーナリストの竹川美奈子さん、中央三井信託銀行株式会社の下澤秀樹さん、株式会社みずほコーポレート銀行の吉澤直樹さん、株式会社三菱東京UFJ銀行の辻泰弘さん、温かい励ましのお言葉をいただきました多数の皆様に厚く御礼申し上げます。

 2011年2月

本書における提言・意見等は筆者独自のものであり、筆者の所属するいずれの組織のものでもありません。本書において例示されたコベナンツ、タームシート、融資契約書、その他の文言や資料、本書における筆者の提言・意見等を実務において適用しようとする場合は、法律、税務、会計上の解釈を含め、専門家の助言を得て適用すべきもので、筆者は、それらの正確性や個別案件への適用の適切性などについてなんらの責任を負うものではありません。本書で取り上げたケーススタディなどの事例、例示されたコベナンツ、タームシートや融資契約書などはキャッシュフロー・ファイナンスについての理解を深めるために筆者が作成したものであり、実例に基づくものではなく、また筆者が所属するいずれの組織においても使用されているものではありません。

著者略歴

入道　正久（にゅうどう　まさひさ）

兵庫県生まれ。1987年一橋大学経済学部卒業、同年三井銀行（現三井住友銀行）入行。
1993年以降、香港で株式引受業務、日本でシンジケート・ローン業務を立ち上げ。
2000年以降、プロジェクト・ファイナンス業務に従事する傍ら、中堅・中小企業に対するキャッシュフロー・ファイナンス業務を発案、立ち上げ。
2007年10月　ストラクチャードファイナンス営業部副部長に就任。
2010年4月より新宿西口法人営業第二部副部長。

日本ファイナンス学会会員。
日本証券アナリスト協会検定会員。

目 次

第 I 編
概 論

第1章 キャッシュフロー・ファイナンスが普及してこなかった歴史的背景 ……………………………………………………………… 3
 (1) 日本における融資慣行 ……………………………………………… 3
 (2) 定型的な融資契約書の意義 ………………………………………… 4
 (3) 大きく変化した前提条件 …………………………………………… 6
 (4) 定型的な融資契約書の問題点 ……………………………………… 8

第2章 キャッシュフロー・ファイナンスの普及に際しての問題点 …… 16
 (1) キャッシュフローを担保にとる、とは ………………………… 16
 (2) いわゆるコベナンツ・ファイナンスとの違い ………………… 17
 (3) キャッシュフロー・ファイナンスはなぜ普及してこなかったのか ……………………………………………………………… 19

第3章 キャッシュフロー・ファイナンスの普及策 …………………… 22
 (1) 契約書の簡素化・標準化 ………………………………………… 22
 (2) 人材教育の強化 …………………………………………………… 24
 (3) 渉外弁護士などの外部専門家のインフラ整備 ………………… 26

第4章 借入人からみたメリット ………………………………………… 28
 (1) 将来の資金調達についてもメドをつけることが可能となる … 28
 (2) キャッシュフローを担保にとることにより、長期間の資金調達が可能となる ……………………………………………………… 29
 (3) 事業再生案件や事業承継案件など難度の高い案件の資金調達が可能となる ………………………………………………………… 30
 (4) 融資対象事業を別会社化することにより、事業の分別管理が可能となる ……………………………………………………………… 33

(5) 借入人が希望する条件を柔軟に融資契約書に組み込むことが
　　 可能となる……………………………………………………………33
第5章　キャッシュフロー・ファイナンスの適用範囲……………………35
　(1) キャッシュフロー・ファイナンスの適用例………………………35
　(2) 地域金融とキャッシュフロー・ファイナンス……………………37
第6章　キャッシュフロー・ファイナンスの事例……………………………44
　(1) 事業の概要および発生した問題……………………………………44
　(2) キャッシュフロー・ファイナンスによる提案……………………45
　(3) 関係当事者のメリット………………………………………………46

第Ⅱ編
プロジェクト・ファイナンス

第1章　基本を身につけることの大切さ：日本版ＰＦＩの課題…………52
　(1) PFIとは………………………………………………………………52
　(2) 日本におけるPFIの課題……………………………………………53
　(3) PFIなどの地方における公的金融の将来…………………………56
第2章　プロジェクト・ファイナンスのエッセンス………………………59
　(1) プロジェクト・ファイナンスの返済原資…………………………59
　(2) スポンサーによる支援………………………………………………60
　(3) プロジェクト・ファイナンスの事業主体（借入人）……………61
　(4) 担　　保………………………………………………………………62
　(5) 融資実行後のモニタリング…………………………………………62
　(6) 借入人などに対する行動制限………………………………………63
　(7) まとめ…………………………………………………………………63
第3章　プロジェクト・ファイナンスの事例………………………………65
　(1) プロジェクトの概要…………………………………………………65
　(2) ストラクチャー図（契約関係図）…………………………………67
　(3) プロジェクト関連契約………………………………………………67

(4)	デューディリジェンス……………………………………73
(5)	リスク分析………………………………………………75
(6)	キャッシュフロー分析…………………………………86
(7)	タームシート……………………………………………90
(8)	タームシート解説………………………………………100
(9)	プロジェクト・ファイナンス組成の流れ……………113

第Ⅲ編
キャッシュフロー・ファイナンスの実務への適用

第1章 キャッシュフロー・ファイナンスのエッセンス……124
- (1) キャッシュフロー・ファイナンスの返済原資……………124
- (2) キャッシュフロー・ファイナンスの事業主体（借入人）……124
- (3) キャッシュフローを担保にとる仕組み……………………125
- (4) 担　保……………………………………………………125
- (5) 融資実行後のモニタリング…………………………………126
- (6) 借入人などに対する行動制限………………………………126
- (7) 案件特性に応じて個別に作成する融資契約書……………127
- (8) プロジェクト・ファイナンスおよび通常の融資との比較……127
- (9) まとめ……………………………………………………127

第2章 ストラクチャリングの手順………………………………131
- (1) 通常のストラクチャリング手順……………………………131
- (2) あるべきストラクチャリング手順…………………………133
- (3) 提　言……………………………………………………135

第3章 キャッシュフロー管理……………………………………137
- (1) キャッシュフロー管理の概念図……………………………137
- (2) キャッシュフロー管理の具体的方法………………………139

第4章 担　保………………………………………………………143

(1) 担保をとる目的とは何か…………………………………143
　(2) 何をどのようにして担保にとるのか……………………146
第5章　コベナンツの設定と与信管理………………………………157
　(1) コベナンツの設定と与信管理……………………………157
　(2) コベナンツの設定と遵守状況の確認方法………………158
第6章　融資契約書の基本構成………………………………………162
　(1) 融資契約書調印までのプロセス…………………………162
　(2) 融資契約書の基本構成……………………………………164
　(3) 融資契約書を構成する項目の解説………………………166

第Ⅳ編
ケーススタディ

第1章　案件概要………………………………………………………185
　(1) 背　　景……………………………………………………185
　(2) 事業概要……………………………………………………186
　(3) ストラクチャー図（契約関係図）の作成………………189
　(4) リスク分析…………………………………………………191
第2章　タームシートの作成…………………………………………193
　(1) 簡易版タームシートの作成………………………………193
　(2) タームシートの作成………………………………………198
　(3) マンデート…………………………………………………224
第3章　融資契約書……………………………………………………228
　融資契約書および借入申込書（例）………………………229

第 Ⅴ 編
投資・開発案件に対する融資において設定するコベナンツの類型化

第1章 投資・開発案件に対する融資においてコベナンツを設定する必要性 …………………………………………………270
　(1) 投資・開発案件とはどのような性質のものか ……………270
　(2) コベナンツ設定の必要性 ……………………………………271
　(3) コベナンツの分類 ……………………………………………272
第2章 普遍性の高いコベナンツとはどのようなものか …………273
　(1) 借入金の返済原資であるキャッシュフローの入出金集中義務 ……274
　(2) 融資対象事業の継続義務 ……………………………………275
　(3) 融資対象事業に関する法令順守、許認可・資格の取得・維持義務 …………………………………………………275
　(4) 融資対象事業に関する事業計画・実績報告義務 …………276
　(5) 借入人の業績や融資対象事業が順調でない場合の報告義務 ………276
第3章 案件の特性に応じて必要となる個別性の高いコベナンツの設定方法 ……………………………………………………281
　(1) 個別性の高いコベナンツとはどのようなものか …………281
　(2) コベナンツの類型化 …………………………………………282
　(3) 投資・開発案件についてのコベナンツ・リスト …………283
　(4) 別冊の合意書でコベナンツを設定するだけで十分か ……304

補足解説

1 シンジケート・ローン ……………………………………………309
　(1) シンジケート・ローンとは …………………………………309
　(2) 相対融資とシンジケート・ローンの特徴 …………………310
　(3) 借入人からみたシンジケート・ローンのメリット ………312

目 次　13

(4)　シンジケート・ローンのデメリット……………………313
　　(5)　シンジケート・ローンのコベナンツ…………………314
　2　金利スワップ取引……………………………………………317
　　(1)　金利スワップ取引とは…………………………………317
　　(2)　金利スワップ取引の仕組み……………………………317
　　(3)　金利スワップ取引における確認事項…………………319

参考文献………………………………………………………………324
事項索引………………………………………………………………325

【コラム】
10年ぶりの再会……………………………………………………47
プレシピアムとオール・イン・イールド………………………120
キャッシュフロー・ファイナンス業務の立上げ………………181
ドキュメンテーション……………………………………………265
事業再生案件への取組み…………………………………………305
エージェントの責任………………………………………………321

第 I 編

概 論

本編においては、キャッシュフロー・ファイナンスの実務における具体的適用方法の解説に先立ち、キャッシュフロー・ファイナンスがなぜ必要とされるのか、どうすれば本格的に普及させることができるのかを中心に解説する。

　一般的なキャッシュフロー・ファイナンスは幅広い概念である。本書においてキャッシュフロー・ファイナンスとは、プロジェクト・ファイナンスの仕組みを活用し、返済原資である事業（プロジェクト）から生み出されるキャッシュフローを担保にとる仕組みを組み入れた融資のことをいうものとする。また、本書ではリミテッドリコース型のプロジェクト・ファイナンスは含めず、中堅・中小企業の投資・開発資金や事業再生資金、地方公共団体が経営に関与する第三セクターや公社への融資などにおいて一般的なリコース型の融資に限定する。本書でキャッシュフロー・ファイナンスという場合は、特に説明がない限りこの意味で使用する。

第1章
キャッシュフロー・ファイナンスが普及してこなかった歴史的背景

　本章では、これまで日本においてキャッシュフロー・ファイナンスが本格的に普及してこなかった歴史的背景について考察する。

(1) 日本における融資慣行

　まず、日本における融資慣行について整理すると以下のようになる。これらの融資慣行は本書が対象としている中堅・中小企業や地方の第三セクター・公社などだけではなく、大企業においてもよく当てはまるものである。

① 銀行取引約定書などの基本約定書に基づく定型的な金銭消費貸借約定書（以下「定型的な融資契約書」という）を使用している。
② 定型的な融資契約書には、借入人が融資期間中遵守すべき義務（以下「コベナンツ」という）が規定されていないか、ほとんど規定されていない。

　近年は、不動産ノンリコースローン、シンジケート・ローン、MBO・LBOローン、WBS（Whole Business Securitization）などにおいて、個別案件の特性もある程度考慮した融資契約書も使用されるようになってきた。しかしながら、利用される案件が限定されている、金額的に大きな案件でないと適用がむずかしい、などの理由で、一般融資に幅広く活用されることはほとんどなかった。このため、日本においては、金融機関が書式として制定した定型的な融資契約書を用いて融資を行うことが現在でも一般的となっている。

　定型的な融資契約書は案件に応じて融資契約書を作成する手間が省けるため、大変便利である半面、定型書式であるがゆえに案件特性に応じた条件を

融資契約書に記載することはできない。したがって、たとえば、①融資対象事業についての定期的かつ詳細な情報提供、②融資対象事業に関連する資産への担保権設定禁止、③融資対象事業から生み出されるキャッシュフローの入金集中、といったことを貸出人である金融機関と借入人である取引先企業が合意しても、当該合意事項を融資契約書に記載することはせず、口頭での約束にとどまることも不思議ではない。

(2) 定型的な融資契約書の意義

日本のような法治国家においては、契約書に当事者が合意した事項を記載することは当然のはずである。口約束や暗黙の了解などは、後日、解釈をめぐってトラブルが発生することを防ぐ意味からも例外的なものであるはずである。にもかかわらず、融資取引に限ってはなぜ、個別案件の特性にあわせた条件を記載することがむずかしい定型的な融資契約書を使用してきたのだろうか。定型的な融資契約書を使用することの問題点を指摘する前に、なぜ、このような融資慣行が日本において定着してきたのかについて解説する。

昭和の高度成長期においては、鉄鋼、造船などの重厚長大産業をはじめとして、旺盛な資金需要をもち、高成長を続ける産業が数多く存在していた。

現在であれば、業績好調な上場企業は通常の相対の銀行融資だけではなく、シンジケート・ローン、起債、証券化、新株発行などのエクイティ・ファイナンスなど、多様な資金調達手段のなかから、その時々で最も適切な資金調達手段を選択することができる。また、調達先も国内だけではなく海外も検討することができる。しかしながら、高度成長期においては、資本市場はエクイティ、デットとも現在ほど発達しておらず、企業の資金調達手段も調達できる資金の額も、現在とは比較にならないほど限定されていた。したがって、企業による資金調達は現在と比較すると国内銀行による融資に頼る部分が大きかったのである。

このような時代背景のもと、現在のメガバンクの前身である都市銀行や長

図表Ⅰ-1　日本の実質GDP対前年度増減率（1956年～1992年）

（出所）　内閣府ホームページ

期信用銀行をはじめとする日本の商業銀行は、成長が期待できる産業にできる限り大量の資金をできる限り迅速に供給することが求められたのである。

この目的を達成するために定型的な融資契約書を使用することは、契約条件の交渉や契約書の作成作業（ドキュメンテーション）に時間を割かずにすむという大きなメリットがあった。貸出人である銀行からみても借入人である企業からみても大変都合がよかったのである。定型的な融資契約書の使用は、高度成長期に大量資金を迅速に供給するという当時の商業銀行の使命を果たす点で大きな役割を果たしたといえる。

1956年は経済白書において「もはや戦後ではない」と記された年である。かつての日本は、1971年8月のニクソン・ショック、1973年10月の第一次石油危機などを経て安定成長期に移行するまで、現在と比較にならないほど高度成長を続けていた。

メガバンクの前身である都市銀行などは、成長が期待される産業に大量の資金を迅速に供給することにより高度成長を支える役割を担ったのである。

第1章　キャッシュフロー・ファイナンスが普及してこなかった歴史的背景　5

(3) 大きく変化した前提条件

このようにかつては大きな役割を果たした定型的な融資契約書であるが、近年においてはその弊害が目立ってきている。定型的な融資契約書を使用する前提となる経済環境および銀行と取引先企業との信頼関係について検討してみる。

① 高度経済成長の終焉

昭和の高度経済成長期においては、成長する産業が多数存在していた。銀行は成長産業に属する企業に資金を供給すれば、結果的に貸出債権が不良債権化する可能性は現在ほど高くなかった。個別企業において優劣はあっても、経済全体のパイが急速に拡大していたので、資金を供給する産業さえ間違えなければ、銀行の屋台骨を揺るがすような大きな損失を被ることはまれであった。産業調査能力に定評のある長期信用銀行や都市銀行が活躍した時代であったともいえる。

また、当時の銀行は資金の出し手として現在とは比較にならないほど取引先企業に対し強い影響力をもっていた。その影響力も背景の一つとしつつ、銀行は取引先企業と親密な関係を維持していた。したがって、本来必要なコベナンツを定型的な融資契約書に記載しなくとも、強固な信頼関係に基づいた口約束や暗黙の了解を取引先企業が破るということは想定しにくかった。

では、こうした昭和の高度成長期に定型的な融資契約書を使用する根拠となった背景は現在でも同程度に維持されているだろうか。答えは否である。

まず、現在では少なくとも近い将来までは経済の高度成長や1970年代以降にみられた安定成長を見込むことはできない。それどころか、現在は少子高齢化、慢性的低成長、グローバル規模での大競争の時代である。このような時代においては、成長する産業は限られている。縮小するパイのなかでは個別企業の優勝劣敗の度合いは大きくならざるをえない。また、たとえ数少ない成長が期待される産業に属していたとしても、個別企業ベースでは決して安心できない。パイが急速に拡大したので、競争に負けた企業であってもなんとか生き残ることができたなどということは想定しがたい時代となったの

図表Ⅰ-2　少子高齢化が進む日本

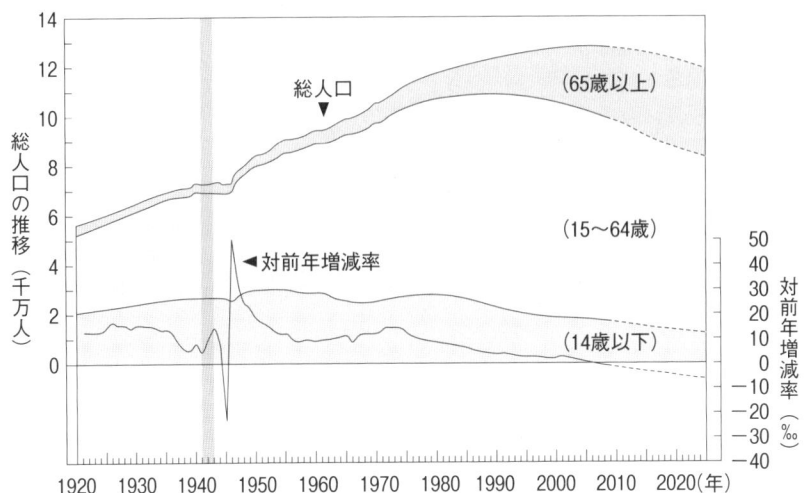

（注）　1941年～1943年の年齢別の設計は行われていない。
（出所）　総務省統計局ホームページ

である。このような時代においては、融資実行時点で業績が好調な優良企業であったとしても、将来、社会・経済環境などの変化により業績が悪化する可能性が相応に存在することを前提に融資を行う必要がある。

② 銀行と取引先企業との信頼関係の変化

では、銀行と取引先企業との信頼関係はどうだろうか。昭和の高度成長期と同じくらい強固な信頼関係が維持されているだろうか。もちろん、現在においても銀行と取引先企業との信頼関係は、多くの場合、十分に維持されている。しかしながら、企業の資金調達手段が多様化した現在においては、銀行はかつてのような影響力は保持していない。また、取引先企業の業績が悪化した場合、なんとかして支援しようとするのが銀行の常であるが、債権の回収に重点を置かざるをえないケースも現実には存在する。このような場合、かつてほど強固ではなくなった銀行と取引先企業の信頼関係はさらに低下する可能性もある。信頼関係が低下すればするほど、定型的な融資契約書に記載されていないことまで、取引先企業が信義則に従って遵守すると期待

図表Ⅰ-3　日本の実質GDP対前年度増減率（1990年〜2008年）

1980年代後半に始まったバブル経済は1990年3月の総量規制や日銀の金融引締めにより崩壊し、1993年にはマイナス成長に陥った。その後、日本経済の低成長は続き、2008年9月のリーマン・ショックにより、2008年はマイナス3.7％の大幅マイナス成長に陥った。

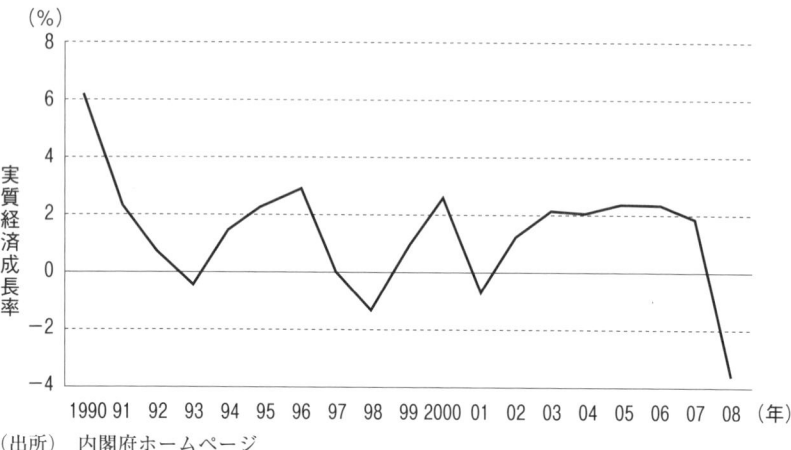

（出所）　内閣府ホームページ

することは困難となる。

　業績の悪化した企業が、貸出人である銀行に通知することなく一方的に、①銀行の融資姿勢が悪化することを懸念し、融資対象事業について都合の悪い情報の提供を行わない、②資金調達のため、融資対象事業に関連する資産を他の金融機関に担保提供する、③銀行による貸出債権と預金債務の相殺を懸念して、融資対象事業から生み出されるキャッシュフローの入金先を他の金融機関に変更する、といった行動をとる可能性は十分にありうるのではないだろうか。

(4)　定型的な融資契約書の問題点

　多くの企業にとって、社会・経済環境の変化はチャンスである一方、大きな試練ともなっている。現在は個別企業の将来の業績がマクロ経済環境などの影響によりどう変化するかを読むことは、かつて以上に容易ではなくなっている。銀行も、過去の経験値に基づいて将来を予測することは容易ではな

くなっている。このような環境においては、「できる限り大量の資金をできる限り迅速に供給する」という定型的な融資契約書の意義は薄れている。それどころか、少なくとも長期の投資・開発案件や事業再生案件に対する融資など、返済原資であるキャッシュフローを確実に捕捉すべき融資に対し定型的な融資契約書を使用することは、問題点のほうが大きくなっている。

　定型的な融資契約書を使用する問題点をまとめると以下のとおりである。
① 　取引先企業との信頼関係に頼りすぎている
　本章(3)で解説したように、取引先企業に問題が発生した場合、銀行は回収に重点を置かざるをえないことも現実にはありうる。このような場合、銀行と取引先企業が信頼関係を維持することはむずかしい。双方の信頼関係が低下すればするほど、定型的な融資契約書に記載されていない条件についてまで、取引先企業が遵守するとは期待しにくい。

　たとえば、定型的な融資契約書に記載されていなくとも、融資対象事業から得られる収入は、原則として、取引先企業が融資を受けた銀行に保有する預金口座に集中するのが普通である。しかしながら、取引先企業と銀行の信頼関係が低下し、銀行が融資債権と預金債務を相殺する可能性があると取引先企業が判断したらどうなるだろうか。取引先企業は融資対象事業から得られる収入の一部または全部の入金先を別の銀行に変更するかもしれない。

　また、業績が悪化した場合、取引先企業が銀行に経営状況や融資対象事業の実態を把握されることをおそれて、銀行が事業のモニタリングに必要とする詳細な事業の実績や計画を出し渋るかもしれない。取引先企業による決算書などの提出義務は通常、銀行取引約定書などの基本約定書に記載（注１）されている。しかしながら基本約定書であるがゆえに詳細な記載はない。詳細な情報の提供はやはり、取引先企業との信頼関係に依拠している部分があるのである。
② 　将来の業績悪化に備えた措置が十分にはとられていない
　将来の業績悪化に備えた主要な措置を列挙しただけでも以下のとおりである。このような措置をなんらとらず、回収に長期間を要する投資・開発案件に融資を行うことは債権者である銀行としては大変危険である。

・キャッシュフローを捕捉する仕組みの構築

　融資対象事業から生み出されるキャッシュフローは融資した資金の一義的な返済原資である。したがって、銀行は融資を行うかどうか判断するとき、融資対象事業が融資した資金を返済するために十分なキャッシュフローを生み出すかどうか検証する必要がある。しかしながら、これだけでは十分とはいえない。元利金の返済が可能なキャッシュフローが十分にあることを確認したら、次にキャッシュフローを捕捉し、優先的に元利金返済に充当される仕組みを構築する必要がある。

　具体的には、融資対象事業専用の口座を開設し、事業から生み出されるキャッシュフローの入金集中を図るとともに、入金された資金の支払順位を銀行と借入人との間で取り決めておく必要がある。

　このようなキャッシュフローを捕捉する仕組みがないということは、キャッシュフローが元利金の返済に充当される前に、借入人によって他の用途に使用される可能性があることを意味しているが、定型的な融資契約書ではこのような仕組みの構築は困難である。

・キャッシュフローの源泉となる事業関連契約を守る仕組みの構築

　たとえば、地方の駅から離れた幹線道路沿いに位置するビジネスホテルの土地建物を信用力の非常に高いオペレーターに固定賃料で賃貸する事業に銀行が融資していたとする。この場合、ホテルの土地建物は地方のロードサイドに位置しており、用途が限定されている。したがって、担保にとっていたとしても、いざというときに簡単に処分できるかどうかも、債権が回収できる価格で処分できるかどうかもわからない。いざというときは、景気が低迷しているなど担保処分に都合の悪い時期であることも十分にありうる。

　ということは、銀行にとっての融資のよりどころは、ホテルの土地建物などの不動産ではなく、借入人とオペレーターとの間で締結される賃貸借契約となる。もし、この賃貸借契約が銀行の知らない間になんらかの事情で破棄されたり、賃料が減額されたり、信用力に劣るオペレーターに譲渡されたり、第三者に担保提供されたりするとどうなるだろうか。最悪の場合、銀行は返済原資であるオペレーターからの賃料を失うことになるのである。

こうした事態を防ぐためには、賃貸借契約に担保権を設定したうえで、融資契約書において、銀行の事前承諾なく、解約、破棄、譲渡、条件変更、担保提供などが行われることを禁止しておく必要があるが、定型的な融資契約書ではこのような仕組みの構築は困難である。

・個別案件の特性に応じたコベナンツや期限の利益喪失事由設定

　たとえば、商業ビル開発・賃貸事業において建築が遅れ賃貸の開始が遅れるといった事態が発生すると、約定どおり元利金を返済することがむずかしくなる可能性がある。また、テナントの入居が計画どおり進まず、元利金の返済に見合う賃料収入が得られない事態も想定される。

　このため、建設請負契約や設計・監理契約の締結期限、建築確認などの許認可の取得期限、一定以上の入居率の維持などを必要に応じて融資契約書で借入人の遵守事項（コベナンツ）として規定する必要がある。さらに、入居率低下などの原因により融資対象事業の実績が計画と大きくかい離した場合など、コベナンツ違反が発生した場合について、期限の利益喪失事由に該当することを具体的に記載するなどの措置をとる必要がある。

　定型的な融資契約書ではこのようなコベナンツの設定や、事業特性に応じた具体的な期限の利益喪失事由の設定は困難である。銀行取引約定書にも期限の利益喪失事由の記載（注2）があるものの、基本約定書であるがゆえに、個別具体的に記載されているわけではない。具体性に欠ける条項をもとに借入人が保有する期限の利益を喪失させることについては、銀行は慎重に判断する必要があるため、必要な時に必要な措置を迅速にとることができない可能性がある。後日、条項の解釈をめぐって借入人と係争になるおそれもあるからである。

・事業遂行上必要と想定される資金などの積立・留保の義務づけ、など

　たとえば、前述の商業ビル開発・賃貸事業においては、事業期間中、ビルの維持・管理のため、経常的に支出が発生するうえ、数年に一度は大規模修繕のため多額の支出が必要となる。また、テナントが退出した場合は、テナントから預かっている入居保証金を返還する必要がある。さらに賃貸事業が順調に推移し収益があがれば、税金を支払う必要がある。これらのあらかじ

め支払が予想される資金だけではなく、不測の事態に備え、借入金返済資金をある程度留保しておく必要もある。

　このようにあらかじめ支払が予想される資金や不測の事態に備えた資金は、配当などの社外流出で不足が生じないよう、事前に積立・留保を行うことを融資契約書で義務づけておく必要がある。また、事業専用の預金口座に積立・留保が義務づけられた資金が勝手に引き出されないよう、口座に担保権を設定し、銀行と借入人との間で資金の引出しルールを取り決めておく必要がある。しかしながら、定型的な融資契約書ではこのような仕組みの構築は困難である。

③　将来の劣化を予防するための措置が十分にはとられていない

　前記②で解説した措置を除いても以下のような措置がある。このような措置をなんらとらず、回収に長期間を要する投資・開発案件に融資を行うことは債権者である銀行としては、不適切であると考えられる。

・**モニタリング機能強化を目的とした事業計画・実績報告の提出義務づけ**

　前記①で解説したように、銀行取引約定書にも該当条項はあるが、基本約定書であるがゆえに、融資対象事業に的を絞った具体的な内容とはなっていない。基本約定書であるがゆえに致し方ないものの、銀行取引約定書において借入人が提出義務を負う書類は具体名としては貸借対照表と損益計算書のみとなっているケースもある。

　特に長期の投資・開発案件においては、事業の実績が計画とかい離した場合、銀行はその要因をしっかりと分析し、早期に対応策を借入人と協議する必要がある。しかしながら、借入人としては、借入人の業績や融資対象事業の実績がよくないときほど、詳細な情報を提供したくないものである。したがって、平時からしっかりと情報を入手し、分析できるよう、融資契約書において、具体的な資料の提出義務を借入人に課す必要があるが、定型的な融資契約書ではこのようなコベナンツの設定は困難である。

・**新規投資、担保提供、新規借入れ、保証などの事前承諾、報告の義務づけ**

　かりに融資対象事業が順調であったとしても、銀行が知らない間に、借入人がリスクの高い大型の新規投資を行い失敗すると、融資対象事業から生み

出されるキャッシュフローを充当せざるをえないこともありうる。かりに、そのような新規投資を行うために手元資金の取崩しや新規借入れ、担保提供や保証などを行っていた場合は、融資対象事業にも悪影響が及ぶ可能性が出てくる。

したがって、融資対象事業に悪影響を及ぼす可能性のある借入人の行為については、内容の軽重に応じて、銀行の事前承諾取付義務や銀行への事前報告義務などを課すことを検討する必要がある。しかしながら、定型的な融資契約書ではこのようなコベナンツの設定は困難である。

バブル崩壊以降、さまざまな要因により日本経済は予測不可能性が増している。これらの問題点に対する手当を行わずに融資を行うことは、銀行としてはリスクが高い時代になったのである。少なくとも長期の投資・開発案件や事業再生案件など、キャッシュフローを担保にとり、優先的に融資した資金の返済に充当する必要のある案件については、定型的な融資契約書を使うことによるメリットより問題点のほうが大きくなっている。

定型的な融資契約書を使用する限りは、銀行はキャッシュフローを担保にとることは困難である。したがって、銀行の融資判断は、借入人の融資実行時点での財務内容などから導き出す信用力および不動産などの処分可能な担保に相応の重きを置かざるをえない。この結果、多くの銀行が事業性に加え信用格付と担保を重視した融資姿勢をとったり、あるいは証券化による投資家へのリスク移転を図ったりしたが、2007年から始まったサブプライムローン危機やリーマン・ショックなど一連の金融危機においてどのくらいの効果を発揮しただろうか。少子高齢化、慢性的低成長、グローバル規模での大競争の時代にあわせ、銀行もビジネスのやり方を変える必要があるのではないか。

【注】
1 　全国銀行協会連合会（1999年4月全国銀行協会に改組）が制定したひな型

(1962年8月6日作成。1977年4月9日改正）の該当条文を以下に示す。なお、同ひな型は、2000年4月に廃止され、現在は各銀行が独自に銀行取引約定書を制定している。しかしながら、筆者の知りうる限りにおいては、貸借対照表、損益計算書などの財務諸表の定期的な提出の義務づけなどが追加されているケースがある程度であり、該当条項の内容について大きな変更はない。

> **第12条（報告および調査）**
> 1 財産、経営、業況について貴行から請求があったときは、直ちに報告し、また調査に必要な便益を提供します。
> 2 財産、経営、業況について重大な変化を生じたとき、または生じるおそれのある時は、貴行から請求がなくても直ちに報告します。

（出所） 全国銀行協会連合会（現全国銀行協会）銀行取引約定書ひな型

2 全国銀行協会連合会（1999年4月全国銀行協会に改組）が制定したひな型（1962年8月6日作成。1977年4月9日改正）の該当条文を以下に示す。事業計画と実績が大きくかい離した場合でも、該当する条項は、「2 五 前各号のほか債務保全を必要とする相当の事由が生じたとき。」くらいしかなく、銀行がこの条項をもって期限の利益喪失を主張することは容易ではない。

なお、同ひな型が2000年4月に廃止され、現在は各銀行が独自に銀行取引約定書を制定していることは、注1で説明したとおりである。

> **第5条（期限の利益の喪失）**
> 1 私について次の各号の事由が一つでも生じた場合には、貴行からの通知催告等がなくても貴行に対するいっさいの債務について当然期限の利益を失い、直ちに債務を弁済します。
> 一 支払の停止または破産、和議開始、会社更正手続開始、会社整理開始もしくは特別清算開始の申立があったとき。
> 二 手形交換所の取引停止処分を受けたとき。
> 三 私または保証人の預金その他の貴行に対する債権について仮差押、保全差押または差押の命令、通知が発送されたとき。
> 四 住所変更の届出を怠るなど私の責めに帰すべき事由によって、貴行に私の所在が不明となったとき。
> 2 次の各場合には、貴行の請求によって貴行に対するいっさいの債務の期限の利益を失い、直ちに債務を弁済します。
> 一 私が債務の一部でも履行を遅滞したとき。
> 二 担保の目的物について差押、または競売手続の開始があったとき。
> 三 私が貴行との取引約定に違反したとき。
> 四 保証人が前項または本項の各号の一にでも該当したとき。

五　前各号のほか債務保全を必要とする相当の事由が生じたとき。

（出所）全国銀行協会連合会（現全国銀行協会）銀行取引約定書ひな型

第2章 キャッシュフロー・ファイナンスの普及に際しての問題点

　筆者が提唱し開発したキャッシュフロー・ファイナンスは、中堅・中小企業の投資・開発資金や事業再生資金への融資案件、地方公共団体が経営に関与する第三セクターや公社への融資案件に活用するという点で、海外においても類をみない試みである。本章では、キャッシュフロー・ファイナンスの心臓部ともいえるキャッシュフローを担保にとる仕組みについてまず解説する。そのうえで、キャッシュフローを担保にとることのむずかしさを中心に、キャッシュフロー・ファイナンスが普及してこなかった原因について考察する。

(1) キャッシュフローを担保にとる、とは

　前章(4)で解説したように、少なくとも長期の投資・開発案件や事業再生案件など、キャッシュフローを担保にとる必要がある案件については、定型的な融資契約書の使用は原則として回避する必要がある。では、キャッシュフローを担保にとるとはどういうことを意味するのだろうか。まとめると、以下のとおりとなる。

① 融資対象事業（プロジェクト）から生み出されるキャッシュフローを捕捉する仕組みを構築する

　まず、借入人名義の融資対象事業専用の預金口座を貸出人の銀行に開設してもらう。口座の数は、入金口座、出金口座、各種積立口座など、目的別に複数となることが大半である。そのうえで、融資対象事業から得られる収入を事業専用口座に入金集中させることを融資契約において取り決める。これにより、融資対象事業から得られる収入が他の口座に流れ、キャッシュフローが捕捉できなくなることを防ぐのである。

② 捕捉したキャッシュフローが融資した資金の返済に優先的に充当されるよう、支払充当順位を設定する

前記①の措置により事業専用口座に入金集中を図るだけでは、十分ではない。入金した資金をどのような順番で支払に充当するかを融資契約において取り決めておく必要がある。原則として、元利金の返済資金や事業遂行上必要な資金の支払を最優先とし、配当や役員賞与などの社外流出の支払順位は最後とする。さらに、融資契約において取り決められた支払充当順位が守られるよう、事業専用の各種預金口座の大半に担保権を設定する。これにより、融資契約書の規定とあわせ、借入人による資金引出しには銀行の承諾が必要となる。

③ キャッシュフローが下振れるリスクの軽減・回避策を設定する

融資対象事業が生み出すキャッシュフローの出入りを押さえても、肝心のキャッシュフローが下振れてしまっては、元利金の返済が困難となる可能性がある。したがって、キャッシュフローの源泉となる事業関連諸契約の解約、破棄、譲渡、条件変更、担保提供などを防ぐため、事業関連諸契約に担保権を設定する。さらに、新規投資、新規借入れ、担保提供、保証など、キャッシュフローに悪影響を与える可能性がある行為について、融資契約書において、事前承諾取付義務や事前報告義務を課す。

④ プロジェクトの状況をモニタリングする仕組みを構築する

融資対象事業の事業性の検証をしっかりと行ったうえで融資を実行し、前記の措置をすべてとったとしても、融資対象事業が計画どおりに進まず、キャッシュフローが下振れし、元利金の返済に十分なキャッシュフローが得られない事態も起こりうる。

したがって、問題発生時にはできる限り早期に事態を把握し、解決策について借入人と貸出人双方が協議できるよう、事業の計画や実績の報告、問題発生時の報告などを融資契約書において義務づける必要がある。

(2) いわゆるコベナンツ・ファイナンスとの違い

本章(1)で解説した仕組みが構築できないと、キャッシュフローを担保にと

ることができないため、本当の意味でのキャッシュフロー・ファイナンスとはいえない。日本においても、シンジケート・ローンなどを中心に、財務制限条項などのコベナンツを設定した融資が増加しているが、これらはコベナンツ・ファイナンスと呼ばれるものである。コベナンツ・ファイナンスは海外における融資契約書作成のノウハウがここ10年ほどの間に日本に持ち込まれたものである。一方、キャッシュフローを担保にとる仕組みを一般の融資に組み込んだファイナンスは海外でもまれである。

コベナンツ・ファイナンスは日本においてコベナンツの設定を促したという点で大きな意義がある。筆者は1999年に日本においてコベナンツ・ファイナンスの一種であるシンジケート・ローン業務を立ち上げた。シンジケート・ローンによる資金調達は海外では一般的な資金調達手法であったが、当時の日本ではほとんど普及していなかった。

シンジケート・ローンがその後日本において急速に普及したのは、以下のようなメリットが借入人に認識されたためである。

① これまで取引のなかった金融機関の招聘による大型の資金調達・取引金融機関の拡大
② 相対の銀行融資や起債が中心であったデットによる資金調達手段の多様化
③ 社債と比較して柔軟な条件設定
④ 金融機関ごとに異なっていた融資条件の統一
⑤ 借入れ、元利金返済などの入出金の一本化などによる借入人負担の軽減

シンジケート・ローンは種類や数は多くはないが、融資契約書にコベナンツを規定している。シンジケート・ローンの急速な普及に伴い、その副産物として、コベナンツという概念も日本に広まったのである。

コベナンツ・ファイナンスにおいても、融資対象事業から得られる収入について入金集中を規定することもあるが、事業専用の預金口座を種類別に開設し、それらの口座に担保権を設定するといった本格的な措置を講ずることは、キャッシュフロー・ファイナンスが登場するまではなかった。

同じコベナンツを設定するにしてもコベナンツ・ファイナンスとキャッ

図表Ⅰ-4　コベナンツ・ファイナンスとキャッシュフロー・ファイナンスの違い

	コベナンツ・ファイナンス	キャッシュフロー・ファイナンス
財務制限条項	◎	◎
担保制限条項	○	◎
パリパス条項	◎	◎
各種通知・報告・提出義務	○	◎
キャッシュフローを担保する仕組み	△または×	◎
期限の利益喪失事由	○	◎

シュフロー・ファイナンスは、「キャッシュフローを担保にとる仕組みの有無」という点で大きく異なる。

　一般的には両者の違いは図表Ⅰ-4のようになる。

　なお、シンジケート・ローンはコベナンツ・ファイナンスの一形態であるが、キャッシュフロー・ファイナンスをシンジケート・ローン形式で取り扱うことも、当然のことながら可能である。筆者は大型の資金調達案件を中心に、これまで多数のキャッシュフロー・ファイナンスをシンジケート・ローン形式で取り扱ってきた。

(3) キャッシュフロー・ファイナンスはなぜ普及してこなかったのか

　海外で一般的なコベナンツ・ファイナンスは日本国内でもシンジケート・ローンや通常の相対融資のかたちで普及している。一方、キャッシュフロー・ファイナンスは海外でも普及しておらず、また日本でも普及してこなかった。ここでは、キャッシュフロー・ファイナンスが日本において普及してこなかった原因について考察する。

① 日本における融資慣行の存在

　日本においては、通常の融資取引を行うにあたり定型的な融資契約書を使

用することが一般的であることは本編第1章(1)で解説したとおりである。定型的な融資契約書の使用は、借入人である企業からみても貸出人である銀行からみても、契約条件の交渉・契約書の作成に手間がかからず、大変便利なものである。長年にわたり定着した便利な仕組みを放棄し、個別に融資条件の交渉を行いその結果を融資契約書に記載することは、大変な労力が必要であるばかりでなく、銀行の側において組織づくりも必要となる。また、契約書作成費用の負担の問題もある。限られた時間のなかで取引先のニーズに迅速に対応したいと考える顧客志向の銀行の営業担当者としては、手間のかかることは回避したくなるのも無理はない。

　しかしながら、本編第1章(3)で解説したとおり、高度成長期、安定成長期を経て、経済環境を含む外部環境は日本において大きく変わった。少子高齢化、慢性的低成長、グローバル規模での大競争の時代にあわせ、銀行も企業も融資慣行を変える必要がある。

② キャッシュフローを担保にとることのむずかしさ

　キャッシュフローを担保にとる仕組みについては、本章(1)で解説した。詳細については後述するが、このような仕組みを構築するためには、①融資対象事業専用の各種の預金口座の開設、②事業専用口座や事業関連諸契約への担保権の設定、③事業専用口座への入金集中や支払充当順位の設定、④少なくとも50に達するコベナンツの設定、などの措置を講ずる必要がある。これらの仕組みは本章(2)で解説した通常のシンジケート・ローンなどのいわゆるコベナンツ・ファイナンスとは比較にならないほど複雑なものである。

　このような仕組みに最も適しているのは、プロジェクト・ファイナンスで使用される契約書である。しかしながら、プロジェクト・ファイナンスで使用される融資契約書は、比較的単純なものでも100ページに達し、関連する担保契約書なども含めると、数百ページに達することも珍しくなく、内容を理解することは容易ではない。さらに、これだけの分量の契約書を作成するための弁護士費用も多額にのぼるので、大型の案件以外には適さない。したがって、プロジェクト・ファイナンスは、複雑な契約書を十分に理解できる専門家や組織が整い、かつ多額の費用も吸収できる規模のプロジェクトを遂

行する総合商社や電力会社、石油化学会社などの大企業に限られたプロダクツでしかなかった。

　ごく一部の大企業を除くと、一般企業においては、プロジェクト・ファイナンスを理解し対応できる専門家や組織が十分には整っていないし、多額の費用も負担できないのが現実である。たとえ銀行がプロジェクト・ファイナンスを中堅・中小企業の投資・開発案件や事業再生案件、あるいは地方の第三セクターや公社の融資案件に活用しようと提案したとしても、受入れは困難といわざるをえない。

③　専門家の不足

　プロジェクト・ファイナンスは対象となる案件が少なく、ごく一部の大企業が遂行する大型プロジェクトに限定される傾向が強く、銀行内においても特定の部署にしかノウハウが蓄積されていない。したがって、銀行において実際の法人取引の最前線に立つ営業担当者の多くは、プロジェクト・ファイナンスの概略は理解していても、実務経験がないため自らの担当案件に適用する術を知らない。

　専門家の不足は銀行だけではない。プロジェクト・ファイナンスを含むストラクチャード・ファイナンスで使用される契約書は、渉外弁護士と呼ばれる弁護士が作成する。渉外弁護士は大手の弁護士事務所やストラクチャード・ファイナンスなどに特化したブティック的な弁護士事務所に所属している専門家である。渉外弁護士の多くは首都圏で活動している。地方においては、身近に渉外弁護士に接する機会が少なく、筆者の実務経験上は、この点も普及を妨げる原因の一つとなっていると考えている。

　プロジェクト・ファイナンスが一部の専門家にしか知られていないのでは、それを活用したキャッシュフロー・ファイナンスの普及も困難といわざるをえない。

第 3 章
キャッシュフロー・ファイナンスの普及策

　キャッシュフロー・ファイナンスが現在の社会・経済環境に適したファイナンスの一形態であるとすれば、その普及を積極的に図る必要がある。そのためには、前章(3)で解説した問題点を解決する必要がある。筆者は過去10年にわたり、600件に及ぶキャッシュフロー・ファイナンスの取上げを通して、問題点の解決に努力してきた。本章では筆者が行った具体的な解決策について提示する。

(1)　契約書の簡素化・標準化

　キャッシュフロー・ファイナンスでは、キャッシュフローを担保にとる仕組みを構築するため、定型的な融資契約書にかえて、案件ごとに個別に融資契約書を作成する。基本的な仕組みはプロジェクト・ファイナンスの仕組みを活用したものであるが、プロジェクト・ファイナンスの融資契約書をそのまま使用することが困難であることは、前章(3)②で解説したとおりである。したがって、まず、融資契約書の簡素化が求められることはいうまでもない。

　しかしながら、契約書の簡素化作業は、「言うは易し、行うは難し」の典型例でもある。長期間の融資を行う銀行としては、契約書を簡素化したからといって、そのために与信上の譲歩・妥協を行うわけにはいかない。前章(1)で解説したキャッシュフローを担保にとる仕組みをもれなく記載するのみならず、案件の特性に応じたさまざまな条件を簡潔に組み込む必要がある。決して与信上のポイントは外さないことが重要であり、この作業はキャッシュフロー・ファイナンスの専門家としての腕の見せどころである。

　融資契約書本文は通常の投資・開発案件であれば、30ページ程度をメドとしたほうがよい。30ページは取引先企業に対する融資契約書の説明が数時間

で完了するぎりぎりの分量である。融資契約書の取引先企業宛説明は、この程度の内容は理解できるはずといった先入観は決してもたず、逐条説明を行う必要がある。加えて、融資の仕組みや契約書の内容についての疑問点や要望については徹底的に議論することが基本である。

また、取引先企業に融資契約書の内容を理解してもらうためには、ページ数を減らすだけでは十分ではない。契約書で多用される法律用語は極力排し、口語に近い表現とすることも重要なポイントである。

どのような取引先にも同じ契約書を提示するのでは、「形式」だけ覚えている経験の浅い担当者でもできる仕事である。完成した契約書の内容の複雑さだけをみて、専門性を判断する傾向があるが、明らかに間違っている。取引先企業の体制や担当者の金融に関する知識を十分に考慮した融資契約書を提示することが本当のプロフェッショナルの仕事である。読者のなかには、これからプロジェクト・ファイナンスなどのストラクチャード・ファイナンスを目指す人もいるかもしれないが、この点は肝に銘じていただきたい。

融資契約書をはじめとする契約書は、場数を踏むにつれ、契約書の構成や特定の条件を記述する場合の表現について標準化を図ることができるようになる。案件は一件ごとに異なるので、すべてを標準化することは困難であるが、できる限りの標準化作業を図ることは重要である。契約書を作成する弁護士ごとに契約書の構成や書きぶりが異なっていては、効率的に業務を行うことができない。600件を超える案件を積み重ねるなかで、できる限りの標準化を図り、それにより、スピードアップと弁護士費用の引下げが可能となるのである。

標準化の推進は漫然と数をこなしているだけでは不十分である。少なくとも、銀行でキャッシュフロー・ファイナンスを取り扱う部署において、①案件のタイプ別にデータベース化し、過去類似案件があったかどうか、すぐに確認できる体制を構築する、②渉外弁護士や会計士、税理士などの専門家に確認した事項について情報を共有する、といったことが必要である。ストラクチャード・ファイナンスに従事する銀行の担当者は専門家志向が強く、徒弟制度のような教育体制になりがちなので、ノウハウを共有する仕組みをつ

くりあげることは人材育成の観点からも重要である。

(2) 人材教育の強化

銀行で法人取引を担当する営業担当者はキャッシュフロー・ファイナンスの概念は理解していても、手づくりの融資契約書には不慣れであることが多い。プロジェクト・ファイナンスなどの実務経験がない営業担当者がキャッシュフロー・ファイナンスの仕組みを単独で営業できるレベルまで理解することは容易ではない。したがって、営業担当者や審査担当者に対し、キャッシュフロー・ファイナンスについての研修会や勉強会を開催し勘所を理解してもらうことは重要である。

研修会や勉強会は月並みな方策で、あまり効果がないという意見がある。しかしながら、筆者にいわせると、効果がないのは徹底的に行わないからで

図表Ⅰ-5　種類別研修会・勉強会の例

種　　類	内　　容
基礎研修	院卒、大卒2年目～4年目程度の営業担当者に対し、キャッシュフロー・ファイナンスの基本および事例解説に重点を置いた半日間の集合研修を実施。
応用研修	中堅の営業担当者に対し、キャッシュフロー・ファイナンスの基本および事例解説に加え、ケーススタディを重視した半日間の集合研修を実施。
新任営業部長研修	新任営業部長に対し、キャッシュフロー・ファイナンスの基本・事例解説を中心にポイントを絞った2時間の集合研修を実施。
審査部勉強会	融資案件を審査する審査役に対し、キャッシュフロー・ファイナンスについて保全策を中心に1時間半の勉強会を実施。
営業部勉強会・相談会	各営業部において、キャッシュフロー・ファイナンスの基本および最新事例の解説を中心に1時間の勉強会を実施するとともに、個別案件の相談会を実施。

ある。年間100件を超えるペースでキャッシュフロー・ファイナンスの組成が可能となった理由の一つは、年間200回を超えるさまざまな種類の研修会・勉強会を数年間にわたり実施したことである。

研修会・勉強会を図表Ⅰ－5に例示する。

さらに、営業担当者向けにキャッシュフロー・ファイナンスのテキストを豊富に作成したり、教育用DVDを作成するなどして、徹底的な教育活動を行ったことも、キャッシュフロー・ファイナンスへの認知度が営業担当者の間で飛躍的に高まった理由の一つである。

キャッシュフロー・ファイナンスは新しい取組みであるため、これまで市販されているテキストは存在しなかった。また、半日間の研修では基本事項を網羅的に理解することはむずかしい。したがって、作成したテキストは研修で使用するだけでなく、後日、研修参加者が単独で読んでも理解できるよ

図表Ⅰ－6　テキストの例

種　　類	内　　容
基本事項	キャッシュフロー・ファイナンスの基本について、その仕組み、ストラクチャリングの手法、顧客のメリット、取上げ前の注意事項、取上げ後のコベナンツ管理などを網羅的に解説。若手を意識し、図や表を多用。
契約書	融資契約書、担保契約書を含む各種契約書について、各条項の意義と実際の運用の方法について網羅的に解説。
事例集	半期ごとにキャッシュフロー・ファイナンスの代表的な事例を集め、ポイントについて図を使って解説。
ケーススタディ	典型的なキャッシュフロー・ファイナンスについて、穴埋め式で簡易版タームシートを作成しながら理解を深めるためのケーススタディを作成。
タームシート	実際に取引先企業に提示するタームシートの解説用サンプルを作成。
DVD	集合研修での講義内容について、プロのアナウンサーを使ってわかりやすく解説したDVDを作成し、配布。

うに工夫を凝らす必要がある。

　キャッシュフロー・ファイナンス取組みのために作成したテキスト等の教材を図表Ⅰ－6に例示する。

　取引先企業や銀行のためにならないものは、いくら徹底的に教育活動を実施しても成果は出ない。過去10年の間に金融機関において多くのプロダクツが開発されたが、海外から持ち込まれたプロダクツを除くと、メジャーなプロダクツとして定着したものは数少ない。しかしながら、キャッシュフロー・ファイナンスについては、ここ数年は年間100件、組成額で3,000億円を超えるペースで取組みが続いている。筆者としては、継続的な成果をあげることにより、キャッシュフロー・ファイナンスの取組みの正しさを実証することができたと考えている。

　なお、実際の取引先企業宛説明は融資契約書の説明を含め、細部にわたり正確な説明が求められるので、営業担当者だけではなく、本部担当者も同席のうえ、説明を行う必要がある。筆者は、正確な説明により取引先企業からその仕組みとメリットについて十分な理解を得ることが、キャッシュフロー・ファイナンスのさらなる普及につながると確信している。

(3)　渉外弁護士などの外部専門家のインフラ整備

　キャッシュフロー・ファイナンスに慣れた渉外弁護士をはじめとする専門家が十分に存在しなくては、取組みの飛躍的な拡大は容易ではない。東京には金融関連の経験が豊富な渉外弁護士が多く存在するが、東京以外の地域では渉外弁護士は貴重な存在となる。

　筆者がキャッシュフロー・ファイナンスを発案したのは東京だったが、案件に取組み中に海外勤務となったため、取組みを中止せざるをえなくなった。その後、海外駐在を終えて大阪駐在となり、第一号案件となる事業再生の一環としての霊園開発案件を仕上げた。

　大阪に駐在したばかりの頃、ある融資案件で関係者が一堂に会する機会があった。その際に驚いたのは、取引先企業と筆者を除き、金融機関、弁護士を含めほとんどが東京からの出張者であったことだ。

金融の専門家のほとんどが東京にいるという事実は、筆者にとっては近くに同業がいないということを意味しているため好都合であった。しかしながら、必要に応じ専門的な助言をもらうべき渉外弁護士などの専門家が大阪には少ないという点は、大阪を拠点にキャッシュフロー・ファイナンスを普及させるうえで障害となる。出張ベースでの対応は機動力の点で限界があるからだ。一方、キャッシュフロー・ファイナンスの仕組みを必要とする企業の多くは東京以外の地方にある。大阪にも数多くの案件が存在する。地方は東京ほどには担保に頼りにくいという事情などがあるためである。
　大阪にも信頼できる渉外弁護士が存在していることは、第一号の霊園案件を通してわかっていた。そこで、渉外弁護士や会計系コンサルタントなどの専門家を含め、できうる限り大阪に拠点を置く人に優先的に支援を求めるようにした。
　経験においては東京の専門家のほうが優っている部分もあるかもしれない。しかしながら関西は教育インフラが素晴らしく、基礎的な能力については東京には決して引けをとらない人材が豊富に存在する。要はたくさんのキャッシュフロー・ファイナンス案件をこなし、プロジェクト・ファイナンスとは違う独特のスタイルについて経験を積んでもらえばいいだけである。結果として、より案件に近いところに所在する渉外弁護士に契約書作成などの助言を求めることができる体制が整い、地方の案件も迅速に対応できる体制を整えることができた。

第4章
借入人からみたメリット

　これまでの解説からもわかるとおり、キャッシュフロー・ファイナンスはキャッシュフローを担保にとる仕組みを構築するため、本格的なプロジェクト・ファイナンスほどではないが、相当複雑なものとならざるをえない。簡素化をできる限り図ったとしても、通常の融資案件などと比較すると、どうしても借入人である取引先企業の負担は大きなものとならざるをえない。

　特に融資実行後遵守すべきコベナンツの数は通常案件でも50を超えており、借入人によるコベナンツ遵守という事後負担を考えると、とても「お願い」で成約できるものではない。営業の現場をよく知る人であれば簡単に理解できることであるが、「お願い」で成約できない点は事後負担の軽いプロダクツとは明らかに異なる点である。したがって、成約に至るためには、借入人に対しキャッシュフロー・ファイナンスのメリットを十分に理解してもらうことが不可欠である。

　本章では、借入人からみたキャッシュフロー・ファイナンスのメリットについて解説するが、中堅・中小企業と大企業との資金調達に対する考え方の違いについて考えながら読んでいただきたい。

(1) 将来の資金調達についてもメドをつけることが可能となる

　たとえば、地方の幹線道路沿いの土地を買ってホテルを建設し、ホテルオペレーターに一棟貸しする事業を考えてみる。この場合、事業者である借入人は通常、1年半程度の建設期間中に大きな支払だけでも、土地購入代金、工事手付金、工事中間金、工事最終金の支払を分割して行う必要がある。

　このケースで、銀行が土地購入代金と工事手付金の支払のための融資を実行したとする。その後、銀行の都合で、借入人からの工事中間金支払のため

の融資申込みを断るとどうなるだろうか。借入人の財務内容にもよるが、資金繰りがつかなくなりホテル開発事業を断念せざるをえなくなる可能性がある。また、これまで投じてきた自己資金が無駄になるだけでなく、土地購入や工事手付金支払のために借り入れた資金の返済にも窮することになるかもしれない。中堅・中小企業にとっては深刻な事態である。

読者のなかには、このような事態は想定しがたいと考える向きもあるかもしれない。しかしながら、金融危機以降の環境の変化や、銀行と融資対象事業についての解釈の不一致が発生した場合のリスクを考えると、リスク顕在化の蓋然性にかかわらず、事業者としてはぜひとも回避したいリスクである。

キャッシュフロー・ファイナンスにおいては、原則として、借入人が一定条件さえ満たせば、銀行が途中で勝手に融資を拒否することは契約上できない仕組みになっている。資金調達に対する考えは中堅・中小企業と、資金調達に困らない大企業とでは大きく異なる。キャッシュフロー・ファイナンスの仕組みは、借入人である事業者からみると、将来の資金調達にメドをつけることができる点で、相当な安心感を与えることが多い。

(2) キャッシュフローを担保にとることにより、長期間の資金調達が可能となる

キャッシュフローを担保にとる仕組みの構築は複雑であるが、なんらの手当てのない融資より長期間の融資期間を認められることが少なくない。借入人である事業者からみると、融資期間は長ければ長いほど、よいものである。なぜなら、リファイナンス（期限到来時の借換え）について心配が減るからである。

本章(1)のホテル開発事業のケースでは借入金の一義的な返済原資はホテルオペレーターからの賃料収入となる。このようなケースでは賃料による借入金の返済期間が20年を超えることも少なくない。一方、借入人の信用力や担保価値などにもよるが、たとえ賃料による返済可能期間が20年超であったとしても、融資期間はせいぜい数年程度となることも実務的には少なくない。

そうすると、借入人は数年後にもう一度、銀行とリファイナンスについて交渉を行わなければならず、そのときの状況によっては、かりにホテル開発事業が順調に進んでいたとしても、リファイナンスができなくなるリスクを負うことになる。

　もし、ホテルオペレーターに相応の信用力があれば、キャッシュフロー・ファイナンスの仕組みを取り入れることにより、融資期間を延ばすことも可能となりうる。キャッシュフロー・ファイナンスの仕組みを利用してホテルオペレーターの信用力を使うことにより、たとえば、融資期間を15年に延ばすことができれば、借入人としては将来の資金調達不安が相当和らぐことになる。

(3)　事業再生案件や事業承継案件など難度の高い案件の資金調達が可能となる

　事業再生案件については、案件の内容にもよるが支援しない銀行が多い。バブル時代に過大な債務を負ってしまい、その多くをサービサーと呼ばれる債権回収業者が保有しているような中堅・中小企業は少なからず存在している。このような企業は自らが生み出す事業キャッシュフローと比較して過大な借入金を抱え、しかも貸借対照表の借入先には、一般の人が聞いたこともない外資系のサービサーの名前が記載されている。この状態では、新規に融資取引を行う銀行を探すことが困難であるばかりか、取引先や会計士から事業の存続について疑われることにもなりかねない。

　しかしながら、債権者であるサービサーとの交渉を支援して、この企業の借入金をキャッシュフローで返済できるレベルにまで引き下げることができ、さらに借入先が通常の銀行になれば、どうなるだろうか。財務内容が正常な状態に戻れば状況は一変する。過大債務を抱えた企業は市場原理に従い倒産してしまえばいいというのは、部分的には正しいかもしれないが、全体としてみると間違いであることが多い。

　もしその企業が地方の有力企業で従業員が200名いたとする。その企業が倒産すれば、従業員だけでなく家族も路頭に迷うことになる。特に地方にお

いては簡単に再就職先を見つけることができる時代ではない。さらにその企業の取引先も影響を受け、取引先に融資している銀行にも影響が及ぶ可能性がある。つまり、一企業の問題ではなく、地域経済あるいは地域社会全体の問題となりうるのである。もしその企業が本業において相応のキャッシュフローを生み出しているのであれば、現在のキャッシュフローに見合わない過大な債務を清算することにより立ち直ってもらうことが、全体としてみると最善策であることが多い。

　しかしながら、従来型の信用力と担保に頼った発想では銀行が支援することは不可能である。筆者はこのようなケースにキャッシュフロー・ファイナンスの仕組みを活用し、数多くの支援に携わってきた。キャッシュフロー・ファイナンスに取り組むなかで、事業再生案件への取組みは、顧客から感謝されるという点で最もやりがいのある仕事であると考えている。

　事業再生にはいろいろな手法があるが、その一つを簡略化のうえ、図表Ⅰ－7に例示する。

　事業承継案件については、オーナー社長の持株を社長の子息などが保有する資産管理会社が買い取るための資金を資産管理会社に融資するケースなどがある。このような場合、資産管理会社の収入は保有する株式からの配当収入だけとなり、この点だけに着目すると融資は容易ではなくなる。

　しかしながら、買収対象会社に十分な事業キャッシュフローがあれば、そのキャッシュフローを担保にとることにより融資を行うことも検討の余地が出てくる。買収先のキャッシュフローを担保にとる仕組みは定型的な融資契約書では構築することはできないが、キャッシュフロー・ファイナンスの仕組みを利用すれば可能となる。

　近年、世代交代などによる事業承継ニーズが増加しており、この種の案件に対するキャッシュフロー・ファイナンスの適用事例も増加している。今後さらにニーズの増加が見込まれる有望な分野であるが、キャッシュフロー・ファイナンスのノウハウがなければ、銀行として支援できるケースは限られてくるのではないだろうか。

図表Ⅰ-7　事業再生の事例

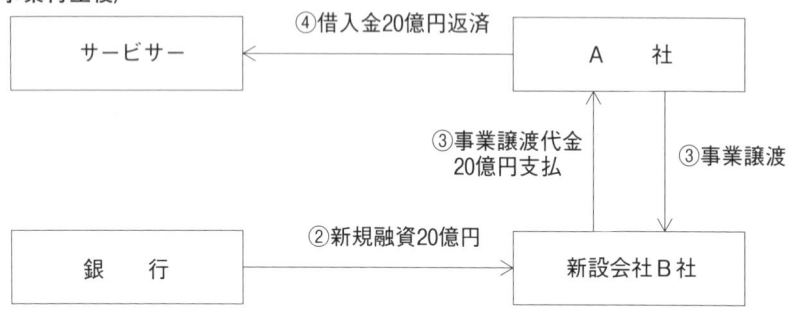

〈事業再生前〉

サービサー ──①貸付債権200億円→ A社（債務超過）

〈事業再生後〉

サービサー ←──④借入金20億円返済── A社

A社 ←③事業譲渡代金20億円支払── 新設会社B社
A社 ──③事業譲渡→ 新設会社B社

銀行 ──②新規融資20億円→ 新設会社B社

〈事業再生前〉
　A社は、バブル時代に不動産投資に失敗し、債務超過に陥っていた。サービサーはA社の取引金融機関などから譲渡を受けた元本総額で200億円の貸付債権を保有している（①）。

〈事業再生後〉
　A社が本業において相応のキャッシュフローを生み出していることに着目した銀行は、コンサルタントなどによるデューディリジェンス（財務および法務に関する精査）の結果などを確認のうえ、サービサーとA社との交渉を支援。
　債務返済額について、A社・サービサー間で合意後、銀行は新設のB社にキャッシュフロー・ファイナンスの仕組みを利用して20億円を融資（②）。
　B社は融資を受けた20億円でA社の事業を譲受け（③）。
　A社はB社から受領した20億円をサービサー宛債務返済に充当（④）。
　A社は一連の手続完了後、特別清算。

　なお、事業再生案件への取組みに際しては、つど、事業再生案件の経験が豊富な税理士に助言を求め、税務上の処理が適切に行われているかどうか検討する必要がある点には特に留意する必要がある。

(4) 融資対象事業を別会社化することにより、事業の分別管理が可能となる

　キャッシュフロー・ファイナンスにおいては、融資対象事業から生み出されるキャッシュフローを担保にとるために、融資対象事業のみを行うSPC（特別目的会社）を借入人とするケースが多い。融資対象事業を別会社化することにより、キャッシュフローの流れや事業採算が明確となる。他の事業から生み出されるキャッシュフローとコミングルする（混ざる）こともなくなり、どんぶり勘定で事業を行うことは許されなくなるのである。業種によっては、事業ごとに別会社化することがあるが、別会社化することの目的の一つとして、事業ごとの厳格な採算管理があげられている。

(5) 借入人が希望する条件を柔軟に融資契約書に組み込むことが可能となる

　融資契約書には銀行が希望する条件だけを記載するわけではない。借入人としては、どういった条件を維持していれば、将来にわたり融資を受けることができるのかを明確にしておくことは、資金調達を確実に行い、事業の存続を図るうえで重要である。条件を明確に記載すればするほど、貸出人である銀行の裁量による判断の余地は減り、事業の途中で融資を受けることができなくなるリスクが減る。

　また、事業から生み出されるキャッシュフローをどのように分配するかについても融資契約書に記載することが可能である。事業が順調に推移し想定以上の余剰資金が発生することは、事業者である借入人にとっても、銀行にとっても喜ばしいことである。しかしながら、余剰資金の配分については、以下のような選択肢があり、借入人と銀行との間の利害関係は必ずしも一致しない。

① 借入金の一部を期限前返済する
② 設備投資に充当する
③ 不測の事態に備えて留保する

④　親会社による投資資金の回収や役員賞与の支払に充当する、など

　もし、余剰資金が発生した場合のルールを融資契約書において取り決めておけば、余剰資金の分配をめぐって、借入人と銀行がもめる余地が少なくなる。

　上記以外にも、融資案件の特性に応じてさまざまなメリットが考えられる。銀行の営業担当者は単にキャッシュフロー・ファイナンスの仕組みを理解するだけでなく、案件の特性をよく把握し、取引先企業の立場に立ってメリットをアピールすることが重要である。銀行が一方的に条件を押し付けることはもってのほかであり、そのような交渉をしても取引先企業の応諾を得ることは決してできない点は肝に銘じておくべきである。

第5章 キャッシュフロー・ファイナンスの適用範囲

　キャッシュフロー・ファイナンスの適用範囲は幅広い。融資対象事業から生み出されるキャッシュフローにより借入金の返済が可能であれば、キャッシュフロー・ファイナンスの仕組みを適用できる可能性がある。本章では、キャッシュフロー・ファイナンスの適用範囲の幅広さについて解説する。

(1) キャッシュフロー・ファイナンスの適用例

　キャッシュフロー・ファイナンスの適用に際しては、キャッシュフローを担保にとる仕組みを構築する必要がある。しかしながら、どのようなかたちでキャッシュフローを担保にとるかは案件ごとに千差万別である。したがって、案件の検討に際しては、先入観を捨て、できる限り幅広い視野をもってキャッシュフロー・ファイナンスの適用可能性を検討することが肝要である。

　キャッシュフロー・ファイナンスの適用例を資金使途別に示すと図表Ⅰ-8のとおりとなるが、実際に適用対象となる案件はこれらの例に限られるものではない。

図表Ⅰ-8　資金使途でみたキャッシュフロー・ファイナンスの適用例

資金使途	適 用 例
各種開発資金	賃貸用ビジネスホテル開発 リゾートホテル開発 商業ビル開発 分譲マンション開発 複合商業施設開発 戸建分譲住宅開発 病院開発 老健施設開発 温浴施設開発 霊園開発 海外におけるコンドミニアム開発資金 インフラ開発 先端研究施設開発
各種投資・買収資金	商業ビル投資 賃貸マンション投資 海外におけるホテル投資 海外における商業ビル投資 病院買収 老健施設買収 ゴルフ場買収 サーキット場買収 版権買収 非上場一般事業会社買収 株式公開買付け（TOB）による買収 水族館買収
事業再生資金・事業再編資金	債務削減による事業再生 営業譲渡による事業再生 不採算事業分離による事業再生・事業再編 第三者に譲渡された資産の買戻しによる事業再生 リファイナンスによる事業再生
事業承継	オーナー社長子息が保有する資産管理会社による株式購入 経営陣が保有する持株会社による株式購入 資産管理会社による収益物件購入
リファイナンス	年間借入金返済額の減額 借入金返済期間の長期化 融資条件厳格化

(2) 地域金融とキャッシュフロー・ファイナンス

筆者は図表 I－9 に示すとおり、これまで、首都圏以外の地域に所在する民間企業、第三セクターや公社などにもキャッシュフロー・ファイナンスの仕組みを数多く適用してきた。本項では地域金融におけるキャッシュフロー・ファイナンスの必要性について考察する。

① 地方に所在する民間企業による資金調達

これまでの民間企業における資金調達は、自らの信用力と処分可能な担保に頼ったものが主流であった。業績がよく、不動産などの担保が相応にあり、バランスシートを気にしなくてもよい非上場企業であれば、これは最も簡単でコストの低い資金調達手段であった。

しかしながら、2008年9月のリーマン・ショックで本格化した米国の金融危機は全世界に波及し、著しい景気後退をもたらした。これにより業績に裏付けられた自らの信用力が大きく劣化した企業は数多く存在する。特に地方においては資金調達方法が限られているということもあり、信用力に頼った資金調達に支障をきたしたケースもあるのではないだろうか。

では、担保があれば大丈夫なのだろうか。融資を受ける際に代表的な担保である不動産について考察してみる。結論からいうと、「一時的な要因で信用力が悪化しても不動産担保があるから大丈夫」とはいえない時代に突入し

図表 I－9 キャッシュフロー・ファイナンスの取組実績（2002年12月～2010年3月）

	取組件数	組成額（資金調達額）
合　　計	610件	1.5兆円
うち首都圏を除く地域の案件	350件	0.7兆円
うち三セク・公社ほか案件 　（除く首都圏）	8件	500億円
うち首都圏案件	260件	0.8兆円

（注）　首都圏：東京、神奈川、千葉、埼玉、茨城、栃木、群馬の各都県

ている。そもそも不動産の価値は景気が上向けば不動産への需要が増加するので上昇し、景気が下向けば需要が減少するので下落する傾向がある。したがって、今回のような金融危機が起これば不動産の価値も、そして不動産の担保としての価値も下落することになる。

　加えていうと、今回の不動産価格の下落は金融危機だけに起因する一時的なものなのだろうか。東京の中心部の商業ビル需要はようやく落着きをみせ始めているが、大阪の中心部はいまだ回復には程遠い状況である。大阪のメインストリートである御堂筋から1本外れただけで、中心部といえども、2年間のフリーレント（家賃無料）でテナントに入ってもらうといったことが起こっていると聞く。当然、キャップレート（投資家が不動産投資の際に求める利回り）は東京中心部よりもかなり高い。

　これは、金融危機に加え、日本が抱える構造的な要因（少子高齢化、慢性的低成長、グローバル規模での大競争、東京一極集中）が影響していると考えられる。したがって、地方の多くでは、不動産価格は、物価が大きく上昇するなどの事態が起こらない限り、今後、景気上昇局面で一時的に上昇する局面があったとしても、中長期的には下落傾向をたどると考えられる。

　このような状況下で、地方の不動産はこれまでと同じように融資を受ける際に担保として十分に評価されるのだろうか。答えは否である。たとえば、先ほどの2年間フリーレントの物件を例にとる。御堂筋から一本外れているとはいえ、大阪の中心部に位置しているので、不動産鑑定会社に評価を依頼すれば相応の鑑定評価が出ることは間違いない。しかしながら、金融機関としては、2年間キャッシュを生み出さない（厳密には維持費がかかるのでマイナスとなる）資産を担保として鑑定評価に基づいて評価することは困難といわざるをえない。

　企業そのものの信用力、および不動産などの担保は、日本における資金調達の拠り所であった。しかしながら、特に地方に所在する中堅・中小企業においては、それらだけをあてにして融資を受けることは、従来ほど容易ではなくなっている。こうした事情を背景として、キャッシュフローを重視した資金調達手段であるキャッシュフロー・ファイナンスの適用実績がふえてい

るのである。

② 地方公共団体などが経営に関与する第三セクターや公社などによる資金調達

　地方の第三セクターなどがキャッシュフロー・ファイナンスによる資金調達を行う背景とはどのようなものだろうか。地方公共団体が経営に関与する第三セクターや公社は地方公共団体リスクに準ずるものとみなされてきた時代が長く続いた。しかしながら、ここ数年、第三セクターの相次ぐ行詰まりにより、取引金融機関が多額の損失を被るに至り、この考え方は大きく揺らいだ。この結果、現在では、第三セクターや公社といえども、通常の民間企業と同様のプロセスを経て融資を受けることが原則となっている。

　第三セクターや公社が資金調達を行うに際し、信用力などが十分とはいえない場合、地方公共団体が第三セクターや公社の債務に対し損失補償を付与し、調達を支援するという手段もある。地方公共団体は、「法人に対する政府の財政援助の制限に関する法律」第3条（注1）において、原則として、法人が保有する債務について保証を行うことが禁じられている。このため、土地開発公社（注2）や地方道路公社（注3）などを除き、第三セクターや地方公社が保有する債務に対し保証をする代りに損失補償（注4）が付与されてきた。

　損失補償は債権者である金融機関からみると、実務上、①債権者（金融機関）に損失が発生してはじめて請求が可能となること、②損失補償を受けた債権者はその後も債権の回収義務を負うこと、などが課せられることが多く、債務保証より劣るものの、法律で禁じられている債務保証にかわる手段として現在でも利用されている。

　しかしながら、損失補償契約はしばしばその有効性をめぐり裁判となっており、万全とは言いがたいものである。損失補償は実質的には債務保証と同じであり、「法人に対する政府の財政援助の制限に関する法律」第3条の潜脱行為であるという批判が根強く存在するからである。

　特に、地域金融関係者に大きな衝撃を与えたのは、川崎市の第三セクターである「かわさき港コンテナターミナル株式会社」が保有する債務について

行った損失補償契約の適法性・有効性に関し、横浜地方裁判所第1民事部で2006年11月15日に損失補償契約が違法（注5）であるとの判決（平成17（行ウ）28）が下されたことであった。この判決では川崎市長に対する損害賠償請求（注6）や損失補償を受けた金融機関に対する補償金返還請求（注7）が退けられたこともあり、控訴されず確定した。地方公共団体が経営に関与する第三セクターや公社を借入人とするシンジケーション案件における金融機関の反応をみる限りでは、この判決以降、特に取引関係が薄い場合は、金融機関は従来以上に慎重に対応するようになったのではないだろうか。

　さらに、2010年8月30日、東京高等裁判所において、長野県安曇野市の第三セクターである「安曇野菜園株式会社」が保有する借入債務に関する損失補償契約について、「法人に対する政府の財政援助の制限に関する法律」第3条に違反しており、私法上も無効との判決が下された。同判決により、損失補償契約に基づく補償金の支払も差し止められたが、これは地方公共団体が締結する損失補償契約において初めてのことである。損失補償契約の当事者である金融機関は、本件裁判の当事者ではなく、金融機関が信義則違反を理由に損失補償契約の履行を求めて裁判を起こすことは可能であるとされているものの、地域金融への影響が注目されている（注8）。

　加えて、損失補償付きの借入れは損失補償を行う地方公共団体の信用力に頼ったものであるが、その信用力が万全といえなくなってきている。図表Ⅰ-10に示すとおり、国および地方の長期債務残高は2009年度末見込みで約862兆円（うち地方は約200兆円）に達している。これは名目GDP比で170％を超えており、絶対値としても、他の先進国との比較においても非常に高い水準である。このような状況下で地方公共団体が自らの信用力のみに頼って、第三セクターなどによる資金調達を支援し続ければ、いずれは資金調達力が限界に達する可能性もないとはいいきれない。

　特に、調達金額の大きなファイナンスについては、指定金融機関などの親密な金融機関だけでなく、取引関係が薄い金融機関も招聘する必要がある。しかしながら、地方公共団体による第三セクターや公社などの運営についての強い信頼や損失補償の有効性が揺らいだ今日においては、取引関係の薄い

図表Ⅰ-10　国および地方の長期債務残高（2010年度末見込み）

普通国債	637兆円程度
借入金、交付国債等	26兆円程度
国の長期債務残高	663兆円程度
地方の長期債務残高	200兆円程度
国および地方の長期債務残高	862兆円程度

（出所）　財務省ホームページ　国際管理政策
　　　　（表中の見込数値は2010年3月末現在のもの）

金融機関ほど、ますます事業性について慎重に検証するようになっている。地方の第三セクターや公社へのキャッシュフロー・ファイナンスの適用実績はこうした現実を反映したものである。

【注】
1　該当条文を以下に示す。

> 「法人に対する政府の財政援助の制限に関する法律」第3条
> 政府又は地方公共団体は、会社その他の法人の債務については、保証契約をすることができない。ただし、財務大臣（地方公共団体のする保証契約にあっては総務大臣）の指定する会社その他の法人の債務については、この限りではない。

2　地方公共団体は「公有地の拡大の推進に関する法律」第25条に基づき、土地開発公社に対し債務保証を行うことが認められている。

> 「公有地の拡大の推進に関する法律」第25条
> 地方公共団体は、法人に対する政府の財政援助の制限に関する法律第3条の規定にかかわらず、土地開発公社の債務について保証契約をすることができる。

3　地方公共団体は「地方道路公社法」第28条に基づき、土地開発公社に対し債務保証を行うことが認められている。

> 「地方道路公社法」第28条
> 設立団体（【筆者注】都道府県または政令で指定する人口50万人以上の市）は、法人に対する政府の財政援助の制限に関する法律第3条の規定にかかわらず、道路公社の債務について保証契約をすることができる。

4　損失補償の有効性については、大分県信用保証協会宛損失補償に関する自治省（現総務省）行政課長による大分県総務部長宛回答「損失補償については、法人に対する政府の財政援助の制限に関する法律第3条の規制するところではないものと解する」（昭和29年5月12日付け自丁行発第65号）（出所：最高裁判所ホームページ）などがその根拠とされている。

5　横浜地裁判決における損失補償契約の適法性・有効性に関する部分（抜粋）
　　財政援助制限法3条は政府又は地方公共団体が「法人の債務」について「保証契約」をすることを禁じており、ここにいう「保証契約」に民法上の保証契約が含まれることは明らかであるが、前述した同条の趣旨からすると、これに類し同様の機能、実質を有する合意も同条の規制に服するものと解するのが相当である。
　　本件協定（【筆者注】損失補償契約を指す。）は、民法上の保証契約とはいえないまでも、それと同様の機能、実質を有するものであって、同条による規制を潜脱するものというほかなく、同条に反するものとして違法なものと解するのが相当である。
（出所：最高裁判所ホームページ）

6　横浜地裁判決における川崎市長の責任に関する部分（抜粋）
　　被告（【筆者注】川崎市を指す。）が主張しているように、上記支出命令が発せられた平成17年1月当時においては、損失補償契約を締結することは財政援助制限法3条に反しない旨の自治省行政課長の回答を前提として、そのような理解が広く受け入れられていたといえる。そして、地方公共団体において本件協定のような損失補償契約は広く利用されていたし、裁判例としてもこれを適法とするものがあった。
　　上記のような事情にかんがみるならば、B市長（【筆者注】川崎市長を指す。）が本件協定を有効なものと考え、これを前提とする支出命令を発したとしても、その責めに帰すことのできない、やむを得ない事情があったものと認めるのが相当であり、その点に故意、過失があったとも認められない。
（出所：最高裁判所ホームページ）

7　横浜地裁判決における金融機関への補償金返還請求に関する部分（抜粋）
　　本件損失補償金が結局は川崎市民の負担に帰することになることを考慮したとしても、川崎市が本件各金融機関に対して本件損失補償金の返還を求めることは信義則に照らして許されないものと解される。したがって、原告の本件各

金融機関に対して本件損失補償金の返還を請求するよう求める訴えも棄却すべきということになる。
(出所：最高裁判所ホームページ)

8　東京高裁判決における該当部分の抜粋を以下に示す。
(1) 「法人に対する政府の財政援助の制限に関する法律」第3条違反に関する部分

損失補償契約の中でも、その契約内容が、主債務者に対する執行不能等、現実に回収が望めないことを要件とすることなく、一定期間の履行遅延が発生したときには損失が発生したとして責任を負うという内容の場合には、同条（筆者注：「法人に対する政府の財政援助の制限に関する法律」第3条を指す。）が類推適用され、その規制が及ぶと解するのが相当である。

(2) 損失補償契約の効力に関する部分

財政援助制限法3条は、同条違反の場合にも損失補償契約の効力が認められ、当該地方公共団体が責任を免れないとするならば、同条の趣旨が失われることになるから、同条は単なる手続規定ないし訓示規定ではなく、地方公共団体の外部行為を規制した効力規定であると解するのが相当である。したがって、同条に違反して締結された損失補償契約は原則として私法上も無効と解するほかない。

(3) 金融機関による損失補償履行請求に関する部分

損失補償契約の相手方である金融機関が地方公共団体に対し履行請求するに当たり、一般法理としての信義則を援用することは禁じられるものではない。

後の訴訟において、上記理由（筆者注：信義則違反を指す。）により履行請求が認容されたときであっても、被控訴人（筆者注：安曇野市長を指す。）は、差止めを認容する判決（筆者注：今回の東京高裁判決を指す。）の拘束力により任意の履行をすることは許されず、各金融機関による強制執行の方法によるべきものと解される。

第6章
キャッシュフロー・ファイナンスの事例

　本章では、キャッシュフロー・ファイナンスの事例を紹介する。前章で解説したとおり、キャッシュフロー・ファイナンスの適用範囲は幅広い。本事例は設備投資案件のような典型的な案件ではない。典型的ではない案件を紹介する目的はキャッシュフロー・ファイナンスの適用可能性の広さを理解してもらうためである。

　なお、本事例は特定の事例を参考にしたものではない点、ご留意願いたい。

(1) 事業の概要および発生した問題

　図表Ⅰ-11に示すとおり、A社は商業ビルを開発し、完成後B社宛てに売却予定であった。しかしながら、昨今の経済環境の激変に伴い、B社はA社との売買予約契約を破棄した。このためA社は借入期間を過ぎてもシンジケート団にシンジケート・ローンによる借入金の元利金を返済できず、延滞することになった。同時にゼネコンへの工事代金の残額についても支払不可能となった（図表Ⅰ-12）。

　A社は自社でビルの賃貸事業を行うことを決定し、ビル建設工事を請け負ったゼネコンに対し、工事代金の支払について猶予を求める一方で、シンジ

図表Ⅰ-11　当初の事業の概要および借入金返済条件

借入人	A社（年商20億円。非上場）
融資対象事業	商業ビル建設（ビル完成後、B社へ売却予定）
借入金	15億円（シンジケート・ローンにより調達）
借入期間	1年半
返済条件	ビル完成後、B社宛売却代金で一括返済

図表Ⅰ-12　A社の置かれた状況

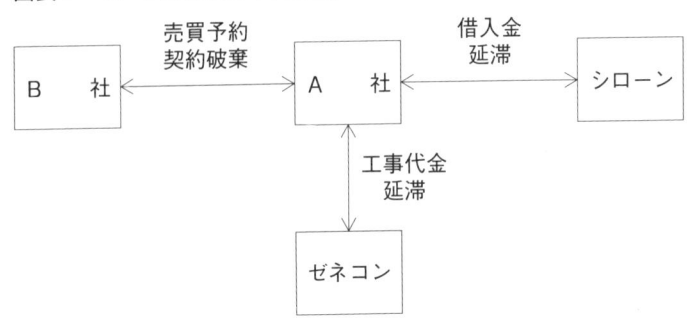

ケート団に現在の借入金の条件変更を依頼した。変更内容は以下のとおりであった。
・工事を請け負ったゼネコンへの工事代金残額支払のための追加借入れ。
・ビルからあがる賃料収入で返済できるよう、元本の返済方法を一括返済から分割返済へ変更するとともに、返済期間を延長。

しかしながら、シンジケート団は、当初計画（B社への売却）が行き詰まったこと、現在の借入金が延滞状態になっていること、などを理由にA社の依頼を拒否した。

(2) キャッシュフロー・ファイナンスによる提案

A社から本件について相談を受けたX銀行は、調査の結果、ビルの立地がよく賃貸事業に相応の事業性が認められると判断した。そのうえで、ビル賃貸事業から生み出されるキャッシュフローを担保にとる仕組みを構築し、以下の提案をA社に行った。A社はX銀行の提案を受け入れ、シンジケート・ローンの延滞解消、ゼネコンへの工事代金支払を完了させ、賃貸ビル事業の遂行に成功した（図表Ⅰ-13）。
・A社グループ会社が本件事業専用の特別目的会社（SPC）を設立。
・SPCはキャッシュフローに見合った返済条件（借入額：18億円、借入期間：10年）でX銀行より借入れ。
・融資は本件事業専用の預金口座によるキャッシュフロー管理など、キャッ

図表Ⅰ-13　提案内容

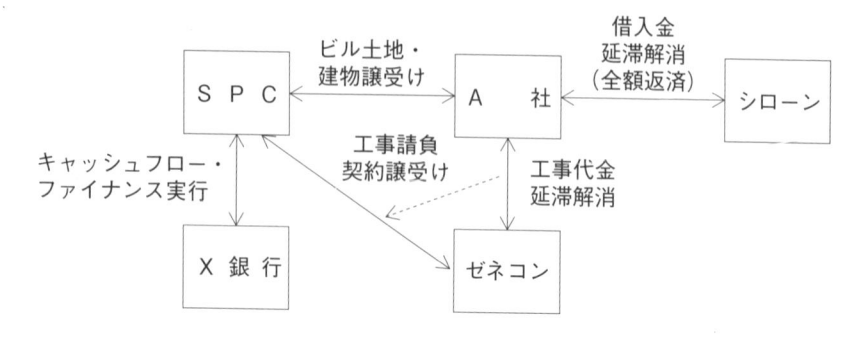

```
                    ビル土地・          借入金
                    建物譲受け         延滞解消
                                      （全額返済）
        ┌─────┐ ←────── ┌─────┐ ←────── ┌─────┐
        │ SPC │           │ A 社 │           │シローン│
        └─────┘ ──────→ └─────┘ ──────→ └─────┘
          ↑  ↑            工事請負    工事代金
キャッシュフロー・       契約譲受け   延滞解消
ファイナンス実行           ↑  ↓
          │  └──────┐  ↓
        ┌─────┐        ┌─────┐
        │X銀行│        │ゼネコン│
        └─────┘        └─────┘
```

シュフロー・ファイナンスの形態とする。
・SPCはX銀行からの借入金により、A社が保有する商業ビル土地・建物などの資産やゼネコンに対する債務などを譲り受け、ゼネコンに対し工事代金の残額を支払い。
・A社は延滞中の借入金をシンジケート団に全額返済。
・SPCはゼネコンよりビルの引渡しを受け、賃貸事業を開始。

(3) 関係当事者のメリット

関係当事者のメリットは以下のとおりである。キャッシュフロー・ファイナンスの実行により、すべての関係当事者にとって最終的に満足のいく結果が得られていることがわかる。

関係当事者	メリット
A社	借入金延滞解消 SPCを通した資金調達による賃貸ビル事業の遂行
ゼネコン	工事代金の全額受領
シンジケート・ローン 参加金融機関	延滞債権の全額回収
X銀行	キャッシュフロー・ファイナンス実行による正常貸金の積上げ

コラム　10年ぶりの再会

　筆者はこれまで、累計で約600件、1兆5,000億円を超えるキャッシュフロー・ファイナンスに取り組んできた。しかしながら、キャッシュフロー・ファイナンスは銀行界全体でみればまだまだ普及の途についたばかりともいえる。

　キャッシュフロー・ファイナンスにふさわしい事業との最初の出会いは、いまから約10年前にさかのぼる。この案件は首都圏における比較的規模の大きい再開発案件で、筆者は事業計画などから予想されるキャッシュフローを担保にとることにより融資可能と考え、融資条件について取引先企業と交渉を進めていた。しかしながら、交渉途中で筆者が海外転勤となり、後任に業務を引き継いだものの成約には至らなかった。この再開発案件は事業や運営主体の属性などから判断し、プロジェクト・ファイナンスや不動産ノンリコースローンなどの特定のプロダクツに当てはめる発想では融資検討は容易ではなかったのである。その後、筆者は海外勤務を終え、大阪の地でかねてより温めてきたキャッシュフロー・ファイナンスの仕組みについて、本格的な普及活動を開始した。

　そのとき、この再開発案件がいまだ成約に至っておらず、他の金融機関に持ち込まれているらしいことを耳にした。普通であれば悔しいと思うかもしれないが、筆者にはこの案件は他の金融機関では成約できず、必ず帰ってくるという自信があった。なぜなら、他の金融機関にはキャッシュフロー・ファイナンスを一般の投資・開発案件に活用するノウハウがなかったからである。案件相談を受けた銀行はプロジェクト・ファイナンスあるいは不動産ノンリコースローンでの取扱いを検討したうえで、謝絶するという確信があったからである。紆余曲折はあったが、最終的にこの再開発案件は筆者のもとへ戻り、2009年後半に無事成約に至った。

　筆者はキャッシュフロー・ファインナンスへの取組みを通して、このような案件がまだまだ全国に埋もれていることを実感している。特に事業再生案件は、案件内容にもよるがほとんどの銀行が取組みに消極的であり、筆者としては残念なことだと考えている。キャッシュフロー・ファイナンスは中堅・中小企業をはじめとする取引先企業と金融機関がwin-winの関係を築くための重要なファイナンスの仕組みの一つである。今後、キャッシュフロー・ファイナンスがさらに普及し、投資・開発資金や事業再生資金などへの融資のスタンダードとなることを願っている。

第Ⅱ編

プロジェクト・ファイナンス

第Ⅰ編において、キャッシュフロー・ファイナンスはプロジェクト・ファイナンスの仕組みを活用したものであることを解説した。つまり、プロジェクト・ファイナンスが基本形であるとすれば、キャッシュフロー・ファイナンスはその応用形であるということである。当然のことながら、基本形がわからなければ、応用形を十分に使いこなすことはできない。プロジェクト・ファイナンスを理解することは、キャッシュフロー・ファイナンスを実務に適用するためには不可欠なものである。

　プロジェクト・ファイナンスは第二次世界大戦前、米国における油田開発のための資金調達に起源を発し、その後、現在のかたちになったといわれている。現在では、プロジェクト・ファイナンスは、発電所建設・運営、石油化学プラント建設・運営、有料道路建設・運営、テーマパーク建設・運営など、多種多様な大型プロジェクトの資金調達に対し、用いられている。日本においても、火力発電所建設・運営、風力発電所建設・運営、テーマパーク建設・運営や、プロジェクト・ファイナンスの応用形の一つとしてのPFIなどで多数の実績がある。

　プロジェクト・ファイナンスは学術用語ではないので、定まった定義があるわけではない。参考までにバーゼル（スイス）に本部を置く国際決済銀行（BIS、Bank for International Settlements）のホームページに記載されているプロジェクト・ファイナンスについての説明部分の邦訳を示す。なお、原文は英文で、以下の邦訳は筆者によるものであり、BISによるものではない。

　プロジェクト・ファイナンスは、貸し手が主として単一のプロジェクトから生み出される収入をローンの返済原資および担保とみなす資金調達手法である。このタイプのファイナンスは、通常、発電所、化学処理工場、鉱山、交通インフラストラクチャー、環境、メディア、通信など、大規模で、複雑かつ多額の費用がかかる設備に対して行われる。プロジェクト・ファイナンスは、新規の資本設備建設のためのファイナンスの形態をとることもあれば、改良の有無に関係なく、既存設備のため

に調達した資金のリファイナンス（借換え）の形態をとることもある。

　プロジェクト・ファイナンスにおいては、貸し手は通常、たとえば発電所によって販売される電力のように、プロジェクト・ファイナンスの対象となる設備から生産されたものの販売契約により生み出される金員を唯一の、あるいはほとんど唯一の返済原資として融資した資金の返済を受ける。借り手は通常、プロジェクト・ファイナンスの対象となる設備の開発、所有および運営以外の業務を遂行することが認められていない特別目的会社（株式会社、有限責任会社、あるいは他の法律で認められた組織）である。このため、プロジェクト・ファイナンスにより融資を受けた資金の返済は主として、プロジェクトから生み出されるキャッシュフローとプロジェクト資産の担保価値に依存する。これとは対照的に、もしローンの返済が主として、十分に定着、多角化し、信用力があり、契約上の義務を負ったエンドユーザーに依存しているのであれば、プロジェクト・ファイナンスのようなスペシャライズド・レンディングによるエクスポージャー（信用供与）ではなく、コーポレート（一般企業）に対するエクスポージャーとみなされる。

（原文（英文）の出所）　国際決済銀行—バーゼル銀行監督委員会「特定の返済原資を拠り所とする特殊な融資に対する内部格付手法に基づくアプローチに関するワーキング・ペーパー」（2001年10月）（注1）

　本編では、キャッシュフロー・ファイナンスの実務への適用方法についてより理解を深めることを目的として、プロジェクト・ファイナンスについて解説する。したがって、本編における解説はプロジェクト・ファイナンスについて、実務上の観点から主要な部分の解説を行っているものの、網羅的に解説するものではない点、ご留意願いたい。

第1章
基本を身につけることの大切さ
：日本版 PFI の課題

　本章では、基本を身につけることの大切さについて、日本で多数の実績があるPFIを例にとり解説する。

(1) PFIとは

　PFIとは、プライベート・ファイナンス・イニシアティブ（Private Finance Initiative）の略で、国や地方公共団体等が公共サービスに必要な設備の整備・運営などを、民間の資金を用いて、民間の創意工夫による高品質かつ効率的なサービスの提供を期待し、民間に一定期間委ねることをいう。その際に民間が必要とする資金は、特に、大型のPFIの場合はプロジェクト・ファイナンスの手法を活用して調達されることが多い。PFIはもともとイギリスで発案された手法で、日本では1998年に「民間資金等の活用による公共施設等の整備等の促進に関する法律」（PFI法）が成立して以降、導入が広がった。

　以下に内閣府によるPFIの説明とPFIの基本的なストラクチャーの例（図表Ⅱ－1）を示す。

・PFIとは、公共施設等の建設、維持管理、運営等を民間の資金、経営能力及び技術的能力を活用して行う新しい手法です。
・民間の資金、経営能力、技術的能力を活用することにより、国や地方公共団体等が直接実施するよりも効率的かつ効果的に公共サービスを提供できる事業について、PFI手法で実施します。
・PFIの導入により、国や地方公共団体の事業コストの削減、より質の

高い公共サービスの提供を目指します。
・我が国では、「民間資金等の活用による公共施設等の整備等の促進に関する法律」（PFI法）が平成11年7月に制定され、平成12年3月にPFIの理念とその実現のための方法を示す「基本方針」が、民間資金等活用事業推進委員会（PFI推進委員会）の議を経て、内閣総理大臣によって策定され、PFI事業の枠組みが設けられました。
・英国など海外では、既にPFI方式による公共サービスの提供が実施されており、有料橋、鉄道、病院、学校などの公共施設等の整備等、再開発などの分野で成果を収めています。

（出所）　内閣府　民間資金等活用事業推進室ホームページ

(2) 日本におけるPFIの課題

　筆者が初めてPFI事業（スポーツ施設）のファイナンスのアレンジに取り組んだのは2003年のことであるが、その当時からPFIはあまり進歩することなく今日に至っているようにもみえる。

　もちろん、民間事業者の創意工夫は十分に活かされている。また、図表Ⅱ-2にあるとおり、PFIは数のうえでは多数実施されており、日本に根付いているようにみえる。しかしながら、図表Ⅱ-3をみていただきたい。資金調達という観点からみると、いわゆる「箱モノPFI」が中心となっている。「箱モノPFI」は、サービス購入型PFIの通称で、割賦代金の支払債務を国や地方公共団体等の事業の管理者が負っている。つまり、公共による必要資金の支払時期を割賦支払というかたちで繰り延べているのである。これは、国や地方公共団体等の信用力に頼った資金調達手段であることを意味する。

　「箱モノPFI」においては、関係当事者間のリスク分担を適切に行えば最終リスクは実質的に、国や地方公共団体に限りなく近づく。これは資金の出し手である金融機関からみれば、国債や地方債とあまり変わらなくなってしまうということを意味している。したがって、「箱モノPFI」事業に対し融

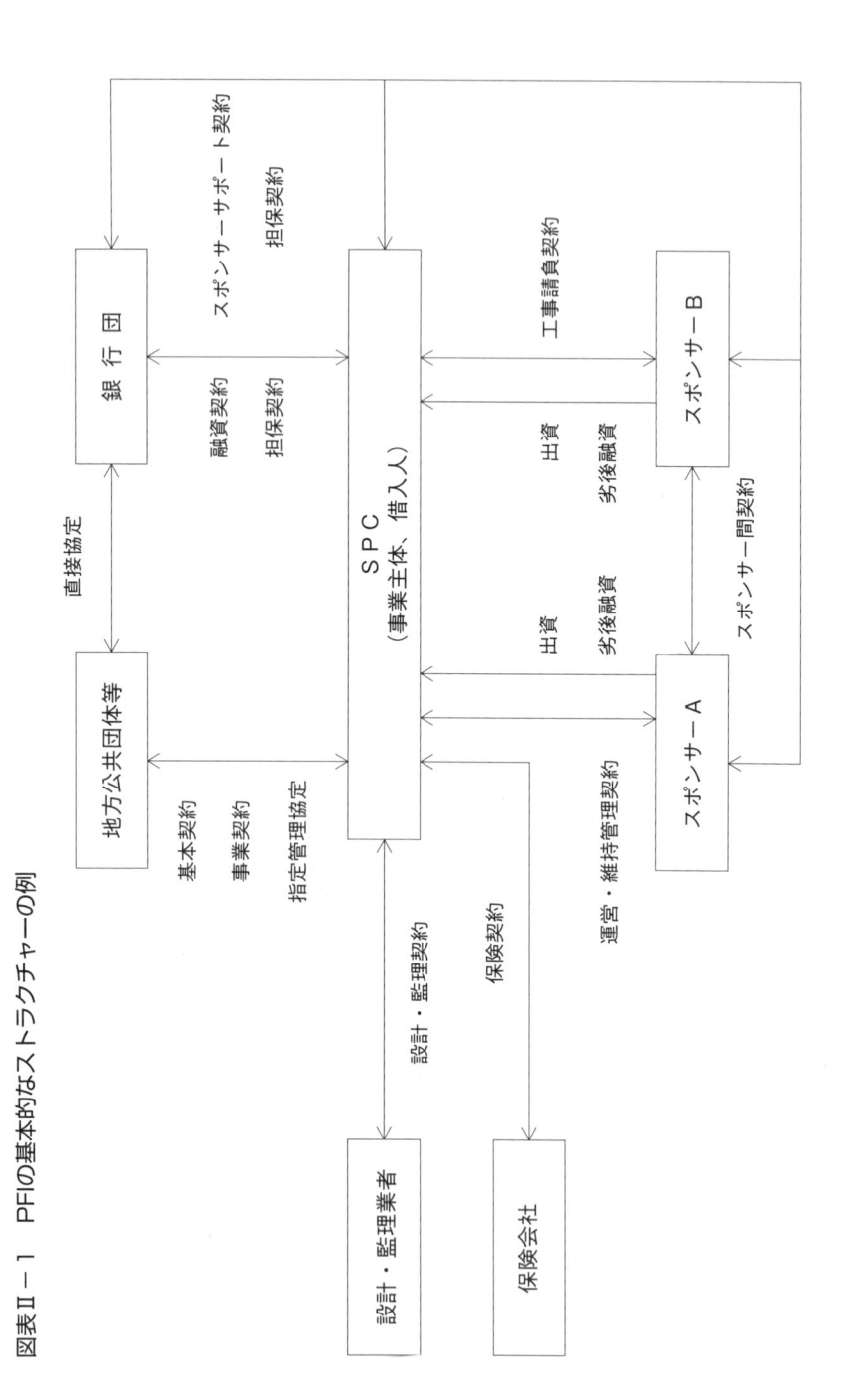

図表Ⅱ-1 PFIの基本的なストラクチャーの例

図表Ⅱ-2　PFI分野別実施方針公表件数（2009年12月31日時点）

分　野	施　設	件　数
教育・文化	文教・文化施設等	114
生活・福祉	職業訓練施設、福祉施設等	16
健康・環境	医療施設、廃棄物処理施設、浄化槽施設、斎場等	66
産　業	農業振興施設、漁業振興施設、商工業振興施設等	14
街づくり	道路、空港、公園、下水処理施設、港湾施設等	38
安　心	警察施設、消防施設、行刑施設等	21
庁舎・宿舎	事務庁舎、公務員宿舎等	56
その他	複合施設等	41
合　計		366

（出所）　内閣府ホームページ　民間資金等活用事業推進室資料

図表Ⅱ-3　事業費の回収方法別件数（2009年12月31日現在）

回収方法	件　数
サービス購入型	262
混合型	88
独立採算型	16
合　計	366

（出所）　内閣府ホームページ　民間資金等活用事業推進室資料

資を行おうとする金融機関は果てしない金利引下げ競争にさらされる。融資判断において、金融機関がプロジェクト・ファイナンスで培った事業性を始めとするリスク分析力はほとんど関係なくなってしまうのである。これでは、プロジェクト・ファイナンスの「仕組み」を活用したとはいえず、プロジェクト・ファイナンスの「形式」を活用したにすぎないといえる。

さらにいえば、図表Ⅰ-10に示したとおり、国および地方の長期債務残高は2010年度末見込みで約862兆円（うち地方は約200兆円）と、名目GDP比で170％を超える水準に達している。このような状況下で地方公共団体等が自らの信用力のみに頼って「箱モノPFI」を推進し続けることができるのだろうかという疑問もある。

　PFIの導入段階では、比較的取り組みやすい「箱モノ」からという考え方も理解できる。しかしながら、PFIは件数のうえでは相当な実績をあげており、すでに導入段階は終わっている。「箱モノ」とは違った取組み、つまり、本当の意味でのプロジェクト・ファイナンスの仕組みを取り入れたPFIに積極的に取り組む段階に来ている。

　PFIが導入段階からいまひとつ質的な進歩がみられない原因は、一つには、プロジェクト・ファイナンスに関するノウハウが関係当事者に不足していることがあげられる。基本を知らずしていきなり応用形であるPFIを導入した結果、どのような事業がPFIに適しているのか判断できる専門家が限られているため、「箱モノ」以外についての適用がむずかしくなっているのではないだろうか。

(3) PFIなどの地方における公的金融の将来

　繰り返しになるが、プロジェクト・ファイナンスにおけるリスク分担の考え方を主として活用するサービス購入型PFIはプロジェクト・ファイナンスの「形式」はとっていても、「仕組み」を活用したものとはいえない。「箱モノ」も大切であることは間違いない。しかしながら、PFIが日本においてさらに発展するためには、「箱モノ」主体を脱し、一定の事業性が認められる事業を独立採算型PFIで積極的に推進することを提言したい。事業性が認められるということは、事業から生み出されるキャッシュフローで債務の返済が可能となるだけでは不十分で、さらに出資者がリスクに見合ったリターンを得ることができるということを意味する。こうした事業について民間の創意工夫、資金を利用することが求められるのである。

　また、今後活用が注目されるPPP（注2）や地方公共団体が実施する事業

の民営化についても、同様のことがいえる。地方公共団体が実施する事業ではないが、筆者は旧政権時代に交通インフラ整備事業へのプロジェクト・ファイナンスの適用について提言を求められたことがある。事業性に乏しく、資金調達がむずかしいということがその背景にある。しかしながら、資金調達がむずかしいからプロジェクト・ファイナンスを検討という考え方では実現は容易ではない。民間が創意工夫すれば事業性がより高まる事業について、財政的に支出がむずかしい国や地方公共団体にかわって民間の資金を活用するという考え方に立って、民間に任せる事業を選定する必要がある。

PFIやPPP・民営化などを地方において、より幅広くかつ積極的に推進するためには、一部の専門家だけに知られているプロジェクト・ファイナンスのノウハウをより幅広く活用し、地方公共団体において適切な事業選択ができるよう、体制を整える必要がある。このような体制を整えることによって、地方における公的金融がさらなる飛躍を遂げることを期待している。

【注】
1 原文は以下のとおりである。

> This is a method of funding in which the lender looks primarily to the revenues generated by a single project, both as the source of repayment and as security for the loan. This type of financing is usually for large, complex and expensive installations such as power plants, chemical processing plants, mines, transportation infrastructure, environment, media, and telecoms. Project finance may take the form of financing of the construction of a new capital installation, or refinancing of an existing installation, with or without improvements.
>
> In such transactions, the lender is usually paid solely or almost exclusively out of the money generated by the contracts for the facility's output, such as the electricity sold by a power plant. The borrower is usually a special-purpose entity (e.g. a corporation, limited partnership, or other legal form) that is permitted to perform no function other than developing, owning, and operating the facility. The consequence is that

> repayment depends primarily on the project's cash-flow and on the collateral value of the project's assets. In contrast, if the loan depends primarily on a well established, diversified, credit-worthy, contractually-obligated end user for repayment, it is considered a corporate rather than an SL (筆者注：Specialised Lending) exposure.

（出所）　Bank for International Settlements – Basel Committee on Banking Supervision「Working Paper on the Internal Ratings-Based Approach to Specialised Lending Exposures」(October 2001)

2　PPP (Public Private Partnership)

　国や地方公共団体などが民間と緊密に協力して、従来国や地方公共団体等が行ってきた事業を実施することをいう。PPPの一形態としてPFIがあげられるが、日本においてPPPという場合は、PFIより幅広く民間に事業を任せるという含意があることが多い。今後、国や地方公共団体などが実施あるいは計画しているさまざまなインフラ事業への適用について議論されている。

　PPPについて定まった定義はないが、PPP発祥の地である英国の財務省（HM Treasury）によるPPPの説明の邦訳と原文（英文）を示す。なお、邦訳は筆者によるものであり、英国財務省によるものではない。

> 　パブリック・プライベート・パートナーシップ（PPP）は、公共部門と民間部門の共同作業を特徴とする手法である。最も幅広い意味において、PPPは、政策、サービス、インフラの提供における公共部門と民間部門の接点全般にわたるあらゆる種類の協調を含むものである。公共サービスの提供において民間部門のインフラへの投資が含まれる場合、PPPの最も一般的な形態はプライベート・ファイナンス・イニシアティブ（PFI）である。
>
> 　Public private partnerships (PPPs) are arrangements typified by joint working between the public and private sector. In the broadest sense, PPPs can cover all types of collaboration across the interface between the public and private sectors to deliver policies, services and infrastructure. Where delivery of public services involves private sector investment in infrastructure, the most common form of PPP is the Private finance initiative.

（原文の出所）　HM Treasury Homepage（英国財務省ホームページ）

第 2 章
プロジェクト・ファイナンスのエッセンス

　本章では、貸出人である銀行の立場に立ってプロジェクト・ファイナンスのエッセンスについて解説する。ファイナンスというと、一般的には、デット・ファイナンス（借入れなど）とエクイティ・ファイナンス（株式発行など）の両方を指す。ところが、銀行では、プロジェクト・ファイナンスという場合のファイナンスはデット・ファイナンス、つまり融資などを指すことがほとんどである。それならプロジェクト・ローンといったほうが適切であるということになるが、本書では慣行に従って、プロジェクト・ファイナンスという。以下では、通常の融資と比較しつつ、プロジェクト・ファイナンスのエッセンスを明らかにしていく。

(1) プロジェクト・ファイナンスの返済原資

　プロジェクト・ファイナンスの返済原資は融資対象事業から生み出されるキャッシュフローである。事業が当初の計画どおり進まないと返済原資であるキャッシュフローが不足する可能性が出てくる。したがって、事業性を検証し、プロジェクト・ファイナンスとして融資可能な金額を算定する作業はきわめて重要なものとなる。しかしながら、プロジェクト・ファイナンスの専門家や融資対象事業に豊富な知見のあるコンサルタントをもってしても、10年を超えることも珍しくない事業期間中、計画どおりにあるいは融資した資金が全額返済できる程度にキャッシュフローを生み出すことができるかどうか事前に予測することは困難であるケースが少なくない。つまり銀行によるリスク分析には一定の限界があるということである。したがって、事業計画に比して実績が一定レベルまで下振れした場合に備えた取決めを関係者間で行う。

　では通常の融資の場合はどうだろうか。融資した資金の一義的な返済原資

は融資対象事業から生み出されるキャッシュフローである。したがって、事業性の検証がきわめて重要な作業となる点も同じである。しかしながら、通常の融資の場合は、融資対象事業が計画どおり進まず、融資対象事業から生み出されるキャッシュフローで返済ができなくなった場合、「融資対象事業以外の事業」から生み出されるキャッシュフローを返済に充当することも可能である。

なお、プロジェクト・ファイナンスにおいて行う事業性の検証作業のことを、デューディリジェンス（Due Diligence）、略してデューディリという。

(2) スポンサーによる支援

プロジェクト・ファイナンスは通常、リミテッド・リコース（Limited Recourse）型の融資であるが、これは以下のことを意味する。
① スポンサーによる支援は、スポンサー・サポート契約などで定められた範囲内とする。
② したがって、融資対象事業が行き詰まった場合でも、スポンサーが被る損害は出資金などの拠出金、およびスポンサー・サポート契約などで定められた範囲内に限定される。

プロジェクト・ファイナンスにおいてスポンサーとは、事業主体である借入人の主要株主など実質的な事業主体のことを指す。スポンサーによる支援としては、プラントなどの建設中の資金支援としてCOS（Cost Overrun Support）、また運営開始後の資金支援としてCDS（Cash Deficiency Support）などがある。融資対象事業に必要な資金（プロジェクトコスト）のうちどれだけをスポンサーの資金でまかなうかは、プロジェクトによって異なる。

なお、たとえスポンサーに契約上の義務がいっさいなかったとしても、スポンサーが融資対象事業の支援を行うことはありうる。借入人が行う事業とスポンサー自らが行う事業との相乗効果、自らの社会的評価（レピュテーション）、取引銀行との関係などを総合的に考慮して支援するような場合である。銀行がプロジェクト・ファイナンスでの融資を検討する場合、スポン

サーが行う「本業」と「融資対象事業」との関係、スポンサーの信用力や知名度、スポンサーと銀行との取引関係などについても検討するのはこのためである。

スポンサーが一定限度までの支援を行う場合をリミテッド・リコースというのに対し、スポンサーが当初の拠出金以外まったく支援を行わない場合をノンリコース（Nonrecourse）という。ノンリコースローンは本邦においては、不動産の資産価値に着目した不動産ノンリコースローンが有名である。一方、プロジェクト・ファイナンスは資産価値のみに頼ることがむずかしいうえ、キャッシュフロー予測をはじめとする事業性の検証も決して万全とはいえないため、大半がリミテッド・リコースであり、ノンリコースとなるケースは珍しい。

(3) プロジェクト・ファイナンスの事業主体（借入人）

プロジェクト・ファイナンスの借入人である事業主体は通常、スポンサーが設立する実体をもった子会社（つまり、ペーパーカンパニーではない）であり、プロジェクト・カンパニー（Project Company）と呼ばれる。プロジェクト・カンパニーは、SPC（Special Purpose Company）あるいはSPV（Special Purpose Vehicle）と呼ばれる特別目的会社である。これは、プロジェクト・カンパニーが融資対象事業以外の事業を行わないことを貸出人である銀行と借入人である事業主体が融資契約書において取り決めるからである。事業主体を別会社化することにより、以下のことが可能となる。

① 融資対象事業から生み出されるキャッシュフローとその他の事業から生み出されるキャッシュフローがコミングル（commingle）することを防ぐことができる。コミングルするとは混ざるという意味である。さらに後で解説するキャッシュ・ウォーターフォールの構築とあわせ、事業から生み出されるキャッシュフローが、銀行の承諾なく他の用途に使用されることを防ぐことができるのである。

② スポンサーからみた場合は融資対象事業が行き詰まった場合のスポンサーに及ぼす悪影響、銀行からみた場合はスポンサーが倒産した場合の借

入人に及ぼす悪影響をできる限り軽減することができる。スポンサーとしては、リミテッド・リコースであることを明確にでき、銀行としては、融資対象事業から生み出されるキャッシュフローを確保できるということを明確にできるのである。

なお、スポンサーと借入人が法的に同一とみなされない、つまり一方が倒産しても他方は法的には関係ない状態のことを、「倒産隔離されている」という。プロジェクト・カンパニーが確実に倒産隔離されているかどうかを事前に判断することは法律の専門家といえども容易ではない。したがって、いざというときに備え、あらゆる措置をとっておく必要がある。

(4) 担　　保

通常の融資において担保といえば、不動産や上場有価証券などである。これらの担保はいざというときに処分し回収を図ることを目的としてとるものであり、信用補完の手段の一つである。

一方、プロジェクト・ファイナンスにおいては、全資産担保の概念が用いられている。原則として、融資対象事業に関連するいっさいの資産を担保にとるのである。その際、担保の処分性の高い、低いは考慮しない。資産のなかには、融資対象事業に関連するさまざまな契約も含まれる。詳細は後述するが、①キャッシュフローを担保にとる、②第三者の介入を阻止する、③事業への介入権を確保する、といったことが全資産担保の目的である。

(5) 融資実行後のモニタリング

融資実行後、融資対象事業が順調に進んでいるかどうかをモニタリングすることは、通常の融資においても、プロジェクト・ファイナンスにおいても同じである。しかしながら、プロジェクト・ファイナンスにおいては、事業計画のみならず、工事の進捗状況や運営開始後の実績報告などを含め、モニタリングに必要な情報・資料の通知・報告・提出などについて、融資契約書において借入人に対し詳細な義務を課している。これは、スポンサーによる

一定限度内の支援を除くと、プロジェクト・ファイナンスが融資対象事業から生み出されるキャッシュフローを主たる返済原資とすることから、通常の融資以上に厳密なモニタリングを行う必要があるためである。

(6) 借入人などに対する行動制限

通常の融資においても、借入人に対し担保提供制限などのコベナンツを課すこともあるが、幅広くコベナンツを課すことはまれである。一方、プロジェクト・ファイナンスにおいては、①主たる返済原資であるキャッシュフローを担保にとる、②担保にとったキャッシュフローの下振れリスクを軽減する、などの目的で、借入人などに対しさまざまコベナンツを課す。

具体的には、事業・財産の譲渡、合併・会社分割・組織変更・解散、増減資、定款変更、取締役変更・追加、口座開設、借入、デリバティブ取引、担保提供・保証、株主変更、事業放棄、新規事業・投資、事業関連契約締結・解約・譲渡・変更などについて、制限・禁止あるいは貸出人の事前承諾などを求める。

(7) まとめ

これまで解説したプロジェクト・ファイナンスのエッセンスを整理すると以下のとおりとなる。
① 融資対象事業（プロジェクト）から生み出されるキャッシュフローを主たる返済原資とする融資で、詳細な事業性調査とリスク分析を特徴としている。
② スポンサーによる支援が法的には、あらかじめスポンサー・サポート契約などで定められた範囲内に限定されるリミテッド・リコース型の融資である。
③ 借入人はスポンサーが設立するプロジェクト・カンパニーで、融資対象事業のみを行うSPC（特別目的会社）である。
④ 全資産担保の概念が採用されている。これによりキャッシュフローを担保にとる、第三者による事業介入を阻止する、事業への介入権を確保する

などの措置を可能にしている。
⑤　返済原資であるキャッシュフローに問題が発生していないかを中心に事業の進捗状況をモニタリングするためのコベナンツを設定している。
⑥　キャッシュフローの下振れリスク回避などを目的に、借入人などの行動に制限を課すためのコベナンツを設定している。

第3章 プロジェクト・ファイナンスの事例

本章では、事例を通してプロジェクト・ファイナンスについての理解を深めてもらう。解説は、流れのなかで不自然となる場合を除き、最終目標であるキャッシュフロー・ファイナンスについての理解を深めるために必要な事項に絞っている。

本章で取り上げる事例は、一人当りのGDP（国内総生産）が年3,000ドルを超え、今後さらに発展が期待される途上国A国における低密度ポリエチレン製造プラント建設・運営プロジェクトである。低密度ポリエチレンとは、白みがかった半透明のプラスチックで、身近なものでは容器や日用雑貨などに使用される。

なお、本事例は特定のプロジェクトをもとに作成したものではない点、申し添える。

(1) プロジェクトの概要

プロジェクト・ファイナンスにおいても、通常の融資と同様、まずプロジェクトの概要を把握する必要がある。以下にプロジェクトの概要を示す。

図表Ⅱ-4 プロジェクトの概要

①	事業主体（借入人）	本件プロジェクトのために設立されたプロジェクト・カンパニー
②	事業内容	低密度ポリエチレンの生産・販売
③	生産能力	年間15万トン （現時点では年間11万トンまでの許認可を取得ずみ）
④	スポンサー	M社（日系大手石油化学会社）：55% N社（地場大手財閥企業）　　：45%

⑤	経　営　陣	会長：N社副社長 社長：M社現地法人社長 CFO：M社現地法人副社長 を含め、M社側5名、N社側5名
⑥	プロジェクト・サイト（所在地）	B工業団地（A国首都南方100km。原材料および製品の輸出入が可能な大規模港湾に隣接）。A国政府系B工業団地公社より、融資期間を超える長期の賃貸借契約により賃借。賃料は固定
⑦	EPCコントラクター	日系大手プラント建設会社を主体とするコンソーシアム
⑧	技　　　術	M社が10年にわたり使用実績をもつ技術を利用
⑨	運営・維持管理	M社がO&M契約を締結し実施。O&Mの受託料はプロジェクト・カンパニーの売上げに連動して決定
⑩	原料購入	B工業団地内にあるA国国営石油公社100%出資のエチレン製造会社E社より、融資期間を超える長期契約により原料を全量購入。購入価格は市場実勢をベースに米ドル建てで決定
⑪	製品販売	スポンサーであるM社およびN社に対し出資割合に応じて、融資期間を超える長期契約により製品を全量販売。販売価格は製造コストをベースに米ドル建てで決定

⑫　スケジュール

EPC契約締結	X　年5月
プラント建設開始	（X＋1）年1月
プラント完工	（X＋2）年12月

⑬　資金計画　　　　　　　　　　　　　　　　　　　　　　　　　単位：百万米ドル

資金運用		資金調達	
プラント建設コスト	150	出　資　金	50
各種コスト（操業前）	20	借　入　金	150
運転資金（操業後）	10		
予　備　費	20		
合　　　計	200	合　　　計	200

なお、プラント建設コストを150百万米ドルとしているが、本件プロジェクトは架空のプロジェクトであり、年産15万トンの低密度ポリエチレン製造プラントの実際の建設コストとは異なる。

(2) ストラクチャー図（契約関係図）

プロジェクト・ファイナンスは契約関係が複雑で、文字だけを追っていても理解しがたいことが多い。そこで、プロジェクトの関係当事者がどのような契約で結ばれているのかを視覚的に明らかにするため、ストラクチャー図（契約関係図）を作成する。本件低密度ポリエチレンプラント建設・運営プロジェクトのストラクチャー図（契約関係図）を示すと、図表Ⅱ-5のようになる。

なお、実際の契約関係はより複雑なものとなるが、キャッシュフロー・ファイナンスへと結びつける解説の関係上、必ずしも必要のないものは省略している。

(3) プロジェクト関連契約

ストラクチャー図に示されている主要なプロジェクト関連契約の概要とポイントを以下に示す。

なお、本編でプロジェクト関連契約というときは、金融機関団が契約当事者となる融資契約や担保契約などの契約を除くものとする。

① EPC契約（建設請負契約）

プロジェクト・ファイナンスを適用するプロジェクトにおいては、その複雑さから、建設請負契約はEPC契約であることが多い。EPC契約のEPCとは、Engineering（設計）、Procurement（資材調達）、Construction（建設）の頭文字をとったものである。

EPC契約は建設請負業者が設計、資材調達、建設のすべてについて責任を負うものである。加えて、ランプサム（Lump-sum）、フルターンキー（Full Turn-key）契約の形式をとる。ランプサム契約とは、請負代金をEPC契約締結時に確定させる契約で、追加で資金負担が発生した場合、建設請負

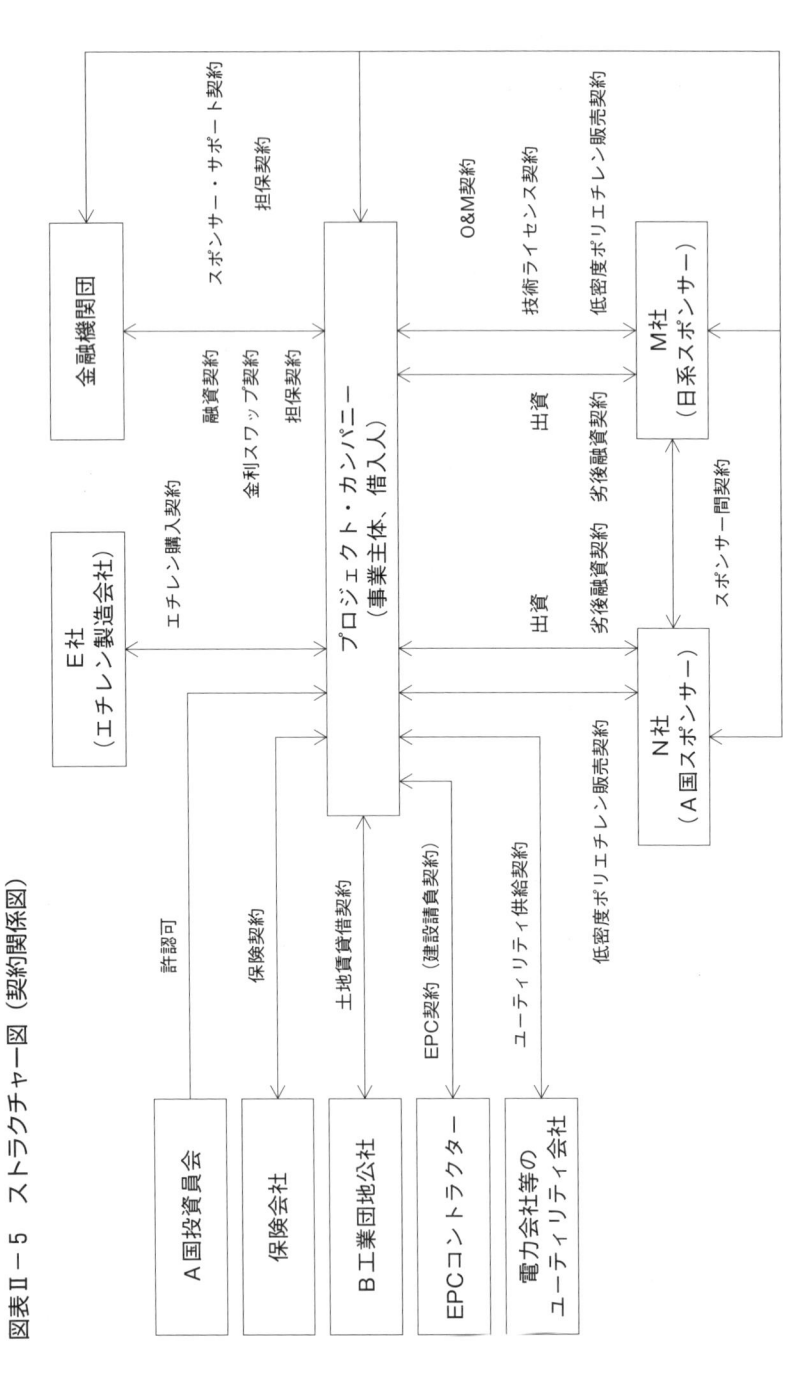

図表Ⅱ-5 ストラクチャー図（契約関係図）

業者の負担となる。フルターンキー契約とは、文字どおり、キー（鍵）を回せばプラントの仕様どおりの性能で操業できる状態で、建設請負業者が発注者にプラントを引き渡す契約である。

　なお、EPC契約を請け負う業者をEPCコントラクター（EPC Contractor）という。本件プロジェクトでは、日系大手プラント建設会社を主体とするコンソーシアムであるが、すべてを任せることができるだけの十分な実績がある業者を選定する必要がある。

② スポンサー間契約書

　本件プロジェクトのようにスポンサーが複数の場合、スポンサー間で協定を結ぶ。この協定において、プロジェクトの進め方、意思決定の方法、出資割合、派遣する役員の割合、プロジェクト・カンパニーへの支援内容、プロジェクト・カンパニーの株式の扱い方などが決定される。

　プロジェクト・カンパニーの株式の扱い方とは、売却する場合は他のスポンサーが優先買取権を保有する、株式の譲渡・担保提供については他のスポンサーの承諾を得る、などの取決めである。

　また、出資割合に応じて派遣する役員数も決まるというわけではない。本件プロジェクトのように、日系スポンサーM社のほうが出資割合が多い場合でも、派遣する役員数はM社・N社ともに同数とすることもありえる。プロジェクトへの貢献を図る尺度は出資割合だけではないからである。たとえば、パートナーである地場企業に資金がなくとも、地場企業の協力がなければ、プロジェクトの許認可が下りないような場合がそうである。

③ エチレン購入契約

　原料であるエチレンの購入契約は重要な契約である。もしエチレンが調達できなくなれば、低密度ポリエチレンの生産をストップせざるをえなくなるからである。したがって、金融機関団の立場からみれば、原則として、少なくとも融資が完済されるまでの期間より長期間の契約とすることが求められる。重要かつ長期間の契約となるので、原料供給者の信用力について確認する必要がある。

　また、購入価格は本件プロジェクトの場合、市場実勢価格をベースにドル

建てとしているが、価格の決定方法や支払通貨の選択は、プロジェクトのキャッシュフローにできる限り影響を及ぼさないよう慎重に検討する必要がある。

さらに、プロジェクト・カンパニーがなんらかの理由でエチレンを引き取れなくなった場合、どのようなペナルティが課せられるか、よく確認する必要がある。万一の場合のペナルティが大きく、キャッシュフローへの影響が大きい場合は保険などによるカバーを検討する必要がある。

④ 低密度ポリエチレン販売契約

製品である低密度ポリエチレンの販売契約も原料購入契約と同様、重要な契約である。製品を生産しても販売できなければ、在庫とコストのみが発生し、キャッシュフローを生み出せないからである。したがって、金融機関団の立場からみれば、原則として、少なくとも融資が完済されるまでの期間より長期間の契約とすることが求められる。本件プロジェクトにおいては、製品の販売先はスポンサーM社およびN社であるが、販売先の契約履行能力について確認することは必須である。

また、低密度ポリエチレンの販売価格は本件プロジェクトの場合、製造コストをベースにドル建てとしているが、価格の決定方法や受取通貨の選択についても、原料購入契約と同様、プロジェクトのキャッシュフローにできる限り影響を及ぼさないよう慎重に検討する必要がある。

加えて、製品引取りに関しては、本件プロジェクトのように、スポンサーがプラントの運営・維持管理や製品の引取りを行う場合は、テイク・オア・ペイ契約（Take-or-pay Agreement）あるいはテイク・アンド・ペイ契約（Take-and-pay Agreement）とすることが望ましい。テイク・オア・ペイ契約は、製品の購入者が、製品の引取りを受けるかどうかに関係なく、契約で定められた金額を支払う義務を負った契約である。一方、テイク・アンド・ペイ契約は、製品の販売者が、製品を供給した場合にのみ、製品の購入者は当該製品を購入し、購入代金を支払う義務を負った契約である。

なお、プロジェクト・ファイナンスにおいては、製品の購入者のことをオフテイカー（Off-taker）、製品の販売契約のことをオフテイク契約（Off-take

Agreement）という。

⑤ O&M契約

　O&M契約のO&MはOperation（運営）and Maintenance（維持管理）の略で、プラントの運営・維持管理業務を第三者に委託する契約である。O&Mを受託する業者のことをO&M業者という。他の契約の当事者と同様、O&M業者についても契約履行能力についての検証が必要であることは言うまでもない。

　O&Mの受託料はプロジェクト・カンパニーの収入などに連動させるかたちをとることもある。また、本件プロジェクトでは、O&M業者は日系スポンサーM社であるが、このような場合、受託料が不当に高く設定されていないかなど、契約内容がスポンサーに有利になっていないか検証する必要がある。

⑥ 土地賃貸借契約

　プロジェクト・サイトを賃借する場合は、金融機関団の立場からみれば、賃借期間は少なくとも融資が完済されるまでの期間より長期間の契約とすることが求められる。なんらかの理由で賃貸借契約が解除された場合、プロジェクト・サイトを更地にして返却する必要が出てくるためである。また、賃料が上昇した場合、プロジェクトのキャッシュフローに悪影響を及ぼす可能性があるため、賃料は固定とすることが望ましい。

　なお、プロジェクト・サイトの賃貸人が国や地方政府の場合、長期間の契約が認められないケースも現実には存在する。

⑦ 技術ライセンス契約

　プロジェクト・ファイナンスが適用されるプロジェクトで使われる技術は、商業ベースでの生産について問題がないことを証明された技術でなくてはならない。新技術を使用した場合、当該技術に欠陥があり、製品の生産に重大な悪影響を及ぼす可能性が否定できないからである。

　また、O&M契約と同様、本件プロジェクトにおいては、スポンサーが契約当事者になっているので、ライセンス料が不当に高く設定されていないかなど、契約内容がスポンサーに有利になっていないか検証する必要がある。

なお、商業ベースでの生産について問題ないことが証明された技術のことを、プルーブン（Commercially Proven）という。

⑧ 劣後融資契約

スポンサーによるプロジェクト・カンパニーへの資金の拠出は、出資金だけとは限らない。当初から、出資金と融資を組み合わせることもあるし、スポンサー・サポートの手段としてプロジェクトのさまざまな段階で融資を行うこともある。

このようなスポンサーによる融資は出資にかわるものとみなせるケースが多いため、返済順位について、金融機関団による融資に劣後させる必要がある。スポンサーによる融資が金融機関団による融資より先に返済を受けることを防ぐための措置である。

⑨ ユーティリティ供給契約

電力、ガス、水道などのユーティリティの供給は先進国では問題にならないことが多いが、発展途上国においては事情が異なる。たとえば地方の工業団地などでは、進出企業のために独自に小規模な発電所を設置しているケースもある。このような備えがない場合は、いざというときの電力を確保するためにプラント敷地内に自家発電設備を設置することもある。

ユーティリティ利用コストの上昇はキャッシュフローに悪影響を及ぼすため、契約内容の妥当性について検証する必要がある。

⑩ 保険契約

プロジェクトの期間中、事故、火災、地震などの天災などが発生した場合、運営の停止や、最悪の場合、プロジェクトの放棄に結びつく可能性がある。このような事態が発生した場合、プロジェクト・ファイナンスの返済原資であるキャッシュフローが毀損し、返済が不可能となることもありえる。したがって、プロジェクト・ファイナンスでは、プロジェクト・カンパニーが保険契約を締結することによりこのようなリスクをカバーする。プロジェクトが運営不能に陥った場合、本来得られるべき収入をカバーする利益補填保険など、プロジェクト・ファイナンスやPFIにおいては通常の損害保険とは異なる保険も付保される。

図表Ⅱ－5では示していないが、保険の種類、金額などについては、保険コンサルタントと契約を締結し、助言を得たうえで決定する。

(4) デューディリジェンス

デューディリジェンス（Due Diligence）とは、プロジェクトの内容に関する精査のことをいう。事業内容に問題がないことを確認できてはじめて、プロジェクト・ファイナンスを供与するかどうかの検討が可能となる。以下では本件プロジェクトにおいて精査する必要がある項目のうち、主要なものについて解説する。

なお、デューディリジェンスはきわめて多岐にわたるため、実際の作業は対象となるプロジェクトに関し、高い専門知識をもったコンサルタントの力を借りることが多い。

① プロジェクト全体の計画の精査

A．プラント

プラントの建設について、予備費などを含むコスト、設計仕様、建設スケジュール、保険契約などの妥当性、工事請負業者（下請け業者を含む）、機器納入業者などの実績・能力などを含む信頼性、立地などに関し精査を実施する。

B．原料購入

原料マーケットの現状および将来予測からみた購入価格、購入量、品質などを含む原料購入契約の妥当性、原料購入先の信頼性、原料運搬経路、原料貯蔵施設の妥当性などに関し、精査を実施する。

C．製品販売

製品マーケットの現状および将来予測からみた販売価格、販売量、品質などを含む製品販売契約の妥当性、プラントの生産能力からみた製品販売量の妥当性、製品販売先の信頼性、製品販売経路、製品貯蔵施設の妥当性、競合製品の有無などに関し、精査を実施する。

D．資金調達

資金調達計画、返済計画の妥当性について精査を実施する。

② マーケット調査
A．経済環境

　原料調達、製品販売が関係する地域を中心にマクロ経済の現状および将来予測、競合プロジェクトの有無およびその内容などについて調査を実施する。

B．原料市場

　経済環境をふまえた原料マーケットの需給動向などの現状および将来予測について調査を実施する。

C．製品市場

　経済環境をふまえた製品マーケットの需給動向などの現状および将来予測について調査を実施する。

③ 技術・運営・維持管理
A．技　　術

　プラントで使用する技術の実績をふまえた信頼性、陳腐化リスクの有無などについて精査を実施する。

B．O&M業者

　O&M業者の実績、信用状態などを含む信頼性、サービスの範囲、コストなどを含むO&M契約の妥当性などについて精査を実施する。

C．費　　用

　電気・ガス・水道などのユーティリティを含む操業費、不測の事態に備えた保険契約の内容および費用の妥当性などについて精査を実施する。

④ 法　　務
A．プロジェクト・カンパニー

　プロジェクト・カンパニーが適法に設立され、プロジェクト関連契約を締結する行為能力があるかなどを確認するための精査を実施する。

B．許認可

　プラントを建設しプロジェクトを遂行するための許認可が適法に取得されている、あるいは取得できる蓋然性が高いことなどを確認するための精査を実施する。

C．法令等

　プロジェクトが法令等に違反していないことなどを確認するための精査を実施する。

D．環境

　プロジェクトが適切な環境アセスメントを経ていること、土壌汚染等がないことなどを確認するための精査を実施する。

E．プロジェクト関連契約

　プロジェクト関連契約について法的有効性、執行可能性などを確認するための精査を実施する。

(5) リスク分析

　ここまでの作業で、プロジェクトのストラクチャー図からプロジェクト関係当事者およびプロジェクト関連契約の洗出し、プロジェクトのデューディリジェンスからプロジェクトの事業性・経済合理性などの確認を行い、問題がないことを確認できたとする。

　これらの前段階の作業を経た後、融資対象プロジェクトにどのようなリスクが存在するのか、金融機関としてそれらのリスクをとることができるのか、リスクをとることができないのであればどうすればリスクを軽減あるいは回避できるのか、などについて詳細な分析を行い、融資の可否を判断する。

　本件プロジェクトにおける主要なリスクとその評価、リスク軽減・回避策について以下に例を示す。

① スポンサーリスク

リスクの内容	評　価	リスク軽減・回避策
プロジェクト放棄 出資不能	スポンサー2社はいずれも信用力において懸念なし。 2社は本件プロジェクト以外においても親密な関係にあり、スポンサー間の意思決定	2社のスポンサー・サポート契約上の義務履行はJoint and Several Liability（注1）とする。

スポンサー・サポート履行不能	における不一致が事業遂行に影響を与える可能性は低い。	
プロジェクト関連契約履行不能	日系スポンサーであるM社にとり本件プロジェクトは本業との位置づけであることを確認ずみ。 プロジェクトが当初計画どおり進まない場合でもM社からの相応の支援が期待でき、左記リスク顕在化の可能性は低い。	

② 政治リスク

リスクの内容	評　　価	リスク軽減・回避策
クーデター、暴動、内戦、戦争	A国は発展途上国ながら、一人当りのGDPは年3,000ドルを超え、政治的にも経済的にも安定度合いが高く、クーデター発生などの可能性は低い。 また、近隣諸国との関係も良好であり、戦争発生の可能性も低い。	不要。 なお、政治リスクが相応にあると判断される場合は、日本貿易保険による付保など、輸出信用機関（ECA、Export Credit Agency）の利用によるリスク軽減・回避を図ることなどを検討する必要がある。
国有化	日系企業を含む多数の外資系が進出しており、国有化、法令等の変更は国益に沿わずリスク顕在化の可能性は低い。 なお、本件プロジェクトは、A国政府の外資奨励策の一環として運営開始後、5年間の法人税免税措置を受けているが、本優遇措置は他のプロジェクトと同様の水準。	
税制を含む法令等の変更		

③ 許認可リスク

リスクの内容	評　価	リスク軽減・回避策
許認可の取得不能、内容変更、取消し	本件プロジェクトはA国政府の最重点産業政策である南部臨海工業地帯における石油化学産業育成の一環として積極的に推進中の石油化学コンプレックスの一翼を担うもの。 本件プロジェクトについてA国投資委員会からは、年間11万トンまでの低密度ポリエチレン生産について許認可取得ずみ。 4万トンの増産についても、プラント建設着工までに取得予定。 事業者側に重大な違反行為などがない限り、許認可の内容変更、取消しを受けたケースはなく、リスク顕在化の可能性は低い。	4万トンの増産に関する許認可取得を、初回の融資実行の前提条件（CP、Conditions Precedent）とする。

④ 環境リスク

リスクの内容	評　価	リスク軽減・回避策
プロジェクト・サイトにおける土壌汚染	プロジェクト・サイトは大規模港湾に隣接する埋立地であり、土壌汚染浄化による追加コスト発生の可能性は低い。	土壌汚染がないことについて、コンサルタントの調査報告書で確認する。 借入人による事実の表明および保証（Representations and warranties）に記載。
プロジェクト遂行による環境悪化	環境影響評価（EIA、Environmental Impact Assessment）実施ずみであり、環境への負荷が許容範囲内であ	エクエーター原則（注2）にも合致していることを確認する。 借入人による事実の表明お

第3章　プロジェクト・ファイナンスの事例　77

	ることを確認ずみ。 　プロジェクト・サイトは工業団地の一角であり、住民による反対運動はない。	よび保証（Representations and warranties）に記載する。

⑤　インフラストラクチャーリスク

リスクの内容	評　　価	リスク軽減・回避策
道路、港湾施設の整備不良	製品の国内輸送は道路、海外輸出については船舶を利用。原料のエチレンはB工業団地内にプラントを有するE社より購入するが、エチレンの原料であるナフサは海外より船舶で輸入。 　港湾施設は整備ずみ。B工業団地から首都を結ぶ道路網も整備ずみ。	道路、港湾施設の整備状況について、コンサルタントの調査報告書および実査により確認する。
通信設備の整備不良	整備ずみ。	通信設備の整備状況について、コンサルタントの調査報告書により確認する。
ユーティリティ（電力、水道など）の整備不良	整備ずみ。電力については国営電力会社から購入する。 　ただし、送電網の整備不良などが原因でしばしば大規模停電が発生しており、プラントの運営に支障をきたす可能性あり。	大規模停電に備え、B工業団地内の小規模発電所とも電力購入契約を締結することを初回の融資実行の前提条件とする。

⑥　完工リスク

リスクの内容	評　　価	リスク軽減・回避策
完工遅延などによるコストオーバーラン	EPCコントラクターは、信用力、実績ともに十分な日系大手プラント建設会社を中心とするコンソーシアム。	コンサルタントによる調査報告書により、建設コストの妥当性を確認する。 　融資契約上、EPC契約の解

	下請業者についても、実績十分。EPC契約はランプサム、フルターンキーベースであり、基本的にはリスクはEPCコントラクターへ転嫁している。	除、破棄、変更などについて、金融機関団の事前承諾事項とする。 　プロジェクト・カンパニーに工事進捗状況について報告義務を課す。 　完工（注3）までの間、定期的にサイト・ビジット（Site Visit）を実施し、工事の進捗状況を確認するとともに、EPCコントラクターおよびコンサルタント双方の報告に重大な不一致がないか確認する。 　EPC契約において、完工保証（注4）を課すとともに、完工遅延時の賠償規定を設定する。 　EPCコントラクターには、金融機関団が満足する内容の保険契約の締結を義務づける。 　万一の場合に備え、資金計画上、十分な予備費（本件プロジェクトの場合はプロジェクト総コストの10%）を確保する。 　仕様変更など、スポンサー側の都合による完工遅延に備え、フィナンシャル・コンプリーション（注3）達成までの間、スポンサー・サポート契約でCOS（Cost Overrun Support）（注5）（追加出資または劣後融資）を義務づける。
技術的問題の発	日系スポンサーM社の技術	コンサルタントによる調査

| | 供与によりEPCコントラクターがプラントを建設。日系スポンサーM社が10年にわたり使用実績をもつプルーブン（commercially proven）な技術。 過去累計で5件、95万トンの低密度ポリエチレンプラントで重大な技術上の事故なく使用されている。 | 報告書により、問題がないことを確認する。 EPC契約において、技術上の問題によるプラントの性能未達時の賠償規定を設定する。 |

⑦ 運営・維持管理リスク

リスクの内容	評　　価	リスク軽減・回避策
運営・維持管理業務遂行不能	日系スポンサーM社とO&M契約および技術ライセンス契約を締結。O&M契約などに基づく運営・維持管理コストは、製品販売価格に転嫁できる仕組みを構築。 M社は本件プロジェクトで使用される技術に基づくエチレンプラントの運営・維持管理経験豊富であり、懸念なし。 基幹人員については、M社より経験豊富な人員を派遣。 教育指導体制についても、マニュアル整備のうえ、プラント完工前から新規採用人員への研修を実施する計画。	コンサルタントの助言を得て、O&M契約および技術ライセンス契約が、日系スポンサーM社からの継続的な支援を期待できる内容となっていることを確認する。 融資契約上、O&M契約および技術ライセンス契約の解除、破棄、変更などについて、金融機関団の事前承諾事項とする。 金融機関団がO&M契約および技術ライセンス契約を担保にとるとともに、スポンサー・サポート契約において、プロジェクト・カンパニーに対しM社が保有する契約上の債権（受託料、ライセンス料など）を、金融機関団が保有する融資債権に劣後させる（注6）。 不測の事態発生に備え、金融機関団が満足する内容の保険契約を締結させる。保険契

| | | 約の内容の妥当性については
コンサルタントの助言を得る。 |

⑧　原料購入リスク

リスクの内容	評　　価	リスク軽減・回避策
原料であるエチレンの購入不能	必要なエチレンの全量について、B工業団地内のエチレン製造会社E社と、長期購入契約を締結ずみ。 　契約期間はプロジェクト・ファイナンスの融資期間を上回る期間。 　E社は、A国国営石油会社の100％出資子会社であり、信用力、契約履行能力ともに懸念なし。 　エチレンの購入価格は市場実勢価格をベースに米ドル建てで決定（3カ月ごとに更新）されるが、米ドル建ての低密度ポリエチレン販売価格に転嫁できる仕組みとなっている。 　エチレンの原料となるナフサは供給過剰状態にあり、供給懸念は少ない。	融資契約上、エチレン購入契約の解除、破棄、変更などについて、金融機関団の事前承諾事項とする。 　エチレン購入契約に対し担保権を設定する。 　スポンサー・サポート契約において、エチレン調達の支援義務を課すとともに、CDS（Cost Deficiency Support）（注7）（追加出資または劣後融資）を義務づける。 　なんらかの事情で低密度ポリエチレンの生産が中断した場合に備え、十分なエチレン貯蔵施設を確保する。エチレン購入資金の不足を回避するため、十分な予備費を確保する。

⑨　製品販売リスク

リスクの内容	評　　価	リスク軽減・回避策
生産した低密度ポリエチレンの販売不能	生産した低密度ポリエチレンはスポンサー2社に出資割合に応じて販売する長期販売契約を締結ずみ。 　契約期間はプロジェクト・ファイナンスの融資期間を上	低密度ポリエチレン販売契約において、テイク・アンド・ペイ契約（注8）とする。 　融資契約上、低密度ポリエチレン販売契約の解除、破

	回る期間。 　プロジェクト・カンパニーから引き取った低密度ポリエチレンをM社は中国などのアジア地域で、N社はA国内で販売する計画である。いずれの販売地域も経済成長により需要が拡大している。 　また、競合他社による低密度ポリエチレンの増産計画は今後10年間で年間約50万トンと想定されているが、経済成長著しいアジア地域においては、それを上回る低密度ポリエチレンの需要増があると見込まれている（注9）。	棄、変更などについて、金融機関団の事前承諾事項とする。 　低密度ポリエチレン販売契約に対し担保権を設定する。 　スポンサー・サポート契約において、低密度ポリエチレン販売の支援義務を課すとともに、スポンサーの一方が低密度ポリエチレンを引き取れなくなった場合、他方が低密度ポリエチレンを同条件で引き取る義務を課す。
低密度ポリエチレン価格低下によるマージンの低下	販売価格は製造コストをベースに決定される仕組みとなっている。 　エチレン購入契約と低密度ポリエチレン販売契約はいずれも米ドル建てで、為替変動によるリスクを回避している。 　市場での低密度ポリエチレン価格の推移は循環的（cyclical）で予測が困難であるが、原料となるエチレン価格の推移との連動性が統計的に認められ、低密度ポリエチレン価格からエチレン価格を引いたマージンは比較的安定していることが確認できている（注9）。	

⑩ 為替リスク

リスクの内容	評　　価	リスク軽減・回避策
工事請負代金支払額の増加	プロジェクト・ファイナンスによる融資は米ドル建てである一方、工事請負代金の支払は地場通貨建てとなっている。 地場通貨が対米ドルで16%以内の上昇であれば、予備費でカバー可能。A国政府の外国為替政策により、過去10年間、地場通貨は米ドルに対し、きわめて安定的に推移しており、大幅な上昇は見込まれない。	予備費およびCOS（Cost Overrun Support）で対応可能であるため、不要。
原料購入価格の上昇、製品販売価格の下落	原料購入および製品販売はいずれも米ドル建ての契約となっており、為替変動リスクを回避している。	為替変動リスクは低く、CDS（Cash Deficiency Support）で対応可能であるため、不要。 ただし、前提条件が変化した場合は、通貨スワップなどによる為替変動リスク回避を検討。
運営・維持管理費用の増加	運営・維持管理契約、土地賃貸借契約、ユーティリティ供給契約のいずれもが地場通貨建てとなっている。 「工事請負代金支払額の増加」でみたように、地場通貨と米ドル相場はきわめて安定している。	
通貨危機などを原因とする地場通貨のドルへの転換禁止	対外債務も自国宛工場進出など長期投資目的が主体であり、海外投資家による急激な資金の引揚げリスクは低い。 また、A国の外貨準備高は米ドル換算で3,000億ドルに達している、日本などアジアの主要国と通貨スワップ契約	不要。 左記リスクを軽視できないプロジェクトについては、日本貿易保険による付保など、輸出信用機関（ECA、Export Credit Agency）の利用によるリスク軽減・回避を図ることなどを検討する必要が

	を締結している、など、万一海外投資家による急激な資金引揚げが発生しても、直ちに地場通貨の急落、外貨への転換禁止などに至る懸念は低い。	ある。
海外への送金禁止	A国は、税制優遇を含む外資奨励策により、日本を始めとする多数の国の企業を受け入れている。 　A国政府が海外への送金を禁止した場合、対外関係の大幅悪化は避けられず、また、外資による進出もストップするなど、A国を経済的、政治的に危機に追いやる可能性がある。	

⑪　**金利変動リスク**

リスクの内容	評　　価	リスク軽減・回避策
金利上昇による利払額の増加	融資契約において、融資の想定元本の50％について金利スワップ契約を締結し、金利を固定化することを義務づけ。 　その結果、金利が15％まで上昇しても、元利金返済が可能となっている。	金利上昇リスクへのヘッジが相応に行われており追加の措置は不要。
金利スワップ契約のカウンターパーティによる契約不履行	融資契約において、金利スワップのカウンターパーティ（金利スワップ契約の相手方）を金融機関団が認めた格付機関のいずれかにおいて、シングルA以上の格付を取得し、かつ国際的に認められた金融機関に限定。	カウンターパーティ・リスクのヘッジが相応になされており、追加の措置は不要。

⑫ 不可抗力リスク

リスクの内容	評価	リスク軽減・回避策
地震などの天災によるプラントの運営停止やプロジェクトの放棄	プロジェクト・サイトである南部臨海工業地帯は活断層が存在せず、地質調査を行った限りでは、過去300年にわたり、プラント運営に影響を及ぼすような大規模な地震は発生していない。 同地域の気候は温暖で、台風などの暴風雨もほとんどない。 プロジェクト・サイトは埋立地であるが、十分な地盤改良が行われている。	不可抗力リスクについては、コンサルタントの助言を得て、保険を付保。保険でカバーできないリスクについては、スポンサー・サポート契約において、スポンサーによる支援義務を課す。
戦争、内戦、クーデターなどによるプラントの運営停止やプロジェクトの放棄	A国は政治、経済的に安定しており、また、近隣諸国との関係も良好であり、左記リスク発生の可能性は低い。	
ストライキやサボタージュなどの労使紛争によるプラントの運営停止	B工業団地は比較的待遇のよい外資系企業が多く、従業員も労働組合を結成していないため、労使紛争が発生したことはない。 給与水準を含む従業員の処遇はコンサルタントの助言を得て、近隣企業の水準も加味しながら決定。	

⑬ キャッシュフロー・リスク

リスクの内容	評価	リスク軽減・回避策
キャッシュフ	融資契約においてキャッ	

第3章 プロジェクト・ファイナンスの事例

ローが元利金返済に優先的に充当されない	シュ・ウォーターフォールを構築し、キャッシュフローを捕捉、管理する仕組みを構築（注10）。	
前提条件の変化による不足資金の発生	キャッシュフロー分析の結果、諸条件の悪化を加味したワースト・ケースにおいて、20百万米ドルの資金不足が発生する可能性があることが判明。	スポンサー・サポート契約において、CDS（Cash Deficiency Support）として、上限20百万米ドルを設定。

(6) キャッシュフロー分析

　プロジェクト・ファイナンスの返済原資は融資対象プロジェクトから生み出されるキャッシュフローである。したがって、プロジェクト・ファイナンスで融資した資金の返済能力などを分析する目的でキャッシュフローの推移について予測を行う必要がある。

　キャッシュフロー予測においては、まず予測時点で最も妥当と考えられる前提条件を設定のうえ、予測を行うが、これをベース・ケース（Base Case）という。次に、前提条件を変化させ、それによりキャッシュフローがどのように変化するかを分析するのである。さまざまな前提条件のうち、融資対象プロジェクトにとって最も都合の悪い前提条件により導き出したキャッシュフロー予測をワースト・ケース（Worst Case）という。ワースト・ケースにおいてもプロジェクト・ファイナンスにより融資した資金の元利金の返済が問題なく行われるような、融資額の設定やCDSなどのスポンサー・サポートの設定を行う必要がある。

　このように、前提条件を変化させることでさまざまなケースについて、プロジェクトから生み出されるキャッシュフローの耐性を分析することを、センシティビティ・アナリシス（感応度分析、Sensitivity Analysis）という。

　本件プロジェクトにおける主要な前提条件を例示すると、以下のとおりと

なる。
① エチレン購入量
② エチレン購入価格
③ 低密度ポリエチレン生産量
④ 低密度ポリエチレン販売量
⑤ 低密度ポリエチレン販売価格
⑥ 借入金利水準
⑦ 外国為替相場水準
⑧ 運営・維持管理費
⑨ ユーティリティ利用料率
⑩ 保険料率
⑪ プラント建設費
⑫ プラント完工時期
⑬ プラント運営開始時期
⑭ 点検によるプラント運営中断期間
⑮ 税金・関税

　参考までに、ベース・ケースとワースト・ケースについて、簡略化したキャッシュフロー予測をそれぞれ図表Ⅱ-6および図表Ⅱ-7に例示する。なお、実際のキャッシュフロー予測の内容はより精密なものである。また、キャッシュフロー予測だけを行うことはできないため、前提となる貸借対照表および損益計算書を含む各種の予測についても同時に行う。

　図表Ⅱ-6のベース・ケースによると、DSCR（注11）は最低の事業年度でも1.15倍、平均で1.6倍となっており、元利金の返済には一定の余裕があることがわかる。ベース・ケースどおり進み、多額の余剰資金が発生する可能性がある場合は、余剰資金の一定額について強制的に元利金の返済に充当させる規定を融資契約に盛り込むことも検討する必要がある。

　一方、図表Ⅱ-7のワースト・ケースによると、DSCRは最低の事業年度で0.62倍、平均でも0.92倍と1を割り込んでおり、予備費の取崩し、スポンサーによるCDS20百万米ドルの投入でかろうじて元利金返済が可能となっ

図表 Ⅱ-6 キャッシュフロー予測（ベース・ケース）の例

(単位：百万米ドル)

年度	X	X+1	X+2	X+3	X+4	X+5	X+6	X+7	X+8	X+9	X+10	X+11	X+12	X+13	X+14	合計
売上	0.0	91.8	0.0	115.0	155.0	175.0	200.0	210.0	215.0	220.0	230.0	230.0	235.0	250.0	275.0	2,510.0
現金支出合計			55.3	120.0	130.0	145.0	165.0	180.0	185.0	190.0	195.0	200.0	210.0	220.0	245.0	2,332.0
売上原価および各種費用		6.8	5.3	104.0	126.0	141.0	160.0	175.0	180.0	185.0	190.0	195.0	205.0	215.0	230.0	2,118.0
税金				1.0	3.0	3.0	4.0	4.0	4.0	4.0	4.0	4.0	4.0	4.0	14.0	53.0
設備投資		85.0	50.0	15.0	1.0	1.0	1.0	1.0	1.0	1.0	1.0	1.0	1.0	1.0	1.0	161.0
出資・借入金合計		115.0	60.0	25.0	0.0	0.0	0.0	0.0	0.0	0.0	0.0	0.0	0.0	0.0	0.0	200.0
出資・劣後借入金		50.0														50.0
借入金		65.0	60.0	25.0												150.0
元利金返済前現金残高		23.3	4.8	20.0	25.0	30.0	35.0	30.0	30.0	30.0	35.0	30.0	25.0	30.0	30.0	—
元利金返済額		3.3	4.8	14.2	21.8	21.0	20.3	19.5	18.8	18.0	17.3	16.5	15.8	7.7	0.0	190.6
利息支払		3.3	4.8	6.7	6.8	6.0	5.3	4.5	3.8	3.0	2.3	1.5	0.8	0.2	0.0	40.6
元金返済				7.5	15.0	15.0	15.0	15.0	15.0	15.0	15.0	15.0	15.0	7.5		150.0
元利金返済後現金残高		20.0	20.0	25.8	24.1	29.1	38.8	44.3	50.6	57.6	70.3	78.8	83.1	100.4	80.4	
COS/CDS		0.0	0.0	5.0	4.0	5.0	5.0	5.0	5.0	5.0	5.0	5.0	5.0	50.0	50.0	0.0
社外流出・劣後借入金返済		0.0	0.0	5.0	4.0	5.0	5.0	5.0	5.0	5.0	5.0	5.0	5.0	50.0	50.0	149.0
期末現金残高		20.0	20.0	20.8	20.1	24.1	33.8	39.3	45.6	52.6	65.3	73.8	78.1	50.4	30.4	—
リザーブ口座残高		20.0	20.0	20.0	20.1	24.1	33.8	39.3	45.6	52.6	65.3	73.8	78.1			—
借入金残高		65.0	125.0	142.5	127.5	112.5	97.5	82.5	67.5	52.5	37.5	22.5	7.5	0.0	0.0	—
単年度DSCR（倍）				1.41	1.15	1.43	1.73	1.54	1.60	1.67	2.03	1.82	1.59	—	—	—
最低DSCR（倍）	1.15															
平均DSCR（倍）	1.60															

図表Ⅱ-7 キャッシュフロー予測（ワースト・ケース）の例

(単位：百万米ドル)

年　度	X	X+1	X+2	X+3	X+4	X+5	X+6	X+7	X+8	X+9	X+10	X+11	X+12	X+13	X+14	合計
売　上	0.0	0.0	0.0	115.0	155.0	175.0	200.0	210.0	215.0	220.0	230.0	230.0	235.0	250.0	275.0	2,510.0
現金支出合計		91.8	55.3	126.0	139.0	159.0	180.0	190.0	200.0	200.0	205.0	210.0	215.0	220.0	235.0	2,426.0
売上原価および各種費用		6.8	5.3	110.0	135.0	155.0	175.0	185.0	195.0	195.0	200.0	205.0	210.0	215.0	220.0	2,212.0
税　金				1.0	3.0	3.0	4.0	4.0	4.0	4.0	4.0	4.0	4.0	4.0	14.0	53.0
設備投資		85.0	50.0	15.0	1.0	1.0	1.0	1.0	1.0	1.0	1.0	1.0	1.0	1.0	1.0	161.0
出資・借入金合計		115.0	60.0	25.0	0.0	0.0	0.0	0.0	0.0	0.0	0.0	0.0	0.0	0.0	0.0	200.0
出資・劣後借入金		50.0														50.0
借　入　金		65.0	60.0	25.0												150.0
元利金返済前現金残高		23.25	4.75	14	16	16	20	20	15	20	25	20	20	30	40	－
元利金返済額		3.3	7.6	18.2	25.8	24.6	23.4	22.2	21.0	19.8	18.6	17.4	16.2	7.8	0.0	215.0
利息支払い		3.3	7.6	10.7	10.8	9.6	8.4	7.2	6.0	4.8	3.6	2.4	1.2	0.3		65.0
元金返済				7.5	15.0	15.0	15.0	15.0	15.0	15.0	15.0	15.0	15.0	7.5		150.0
元利金返済後現金残高		20.0	17.2	13.0	3.2	-5.5	1.2	4.0	-2.1	3.2	9.5	12.2	16.0	38.2	48.2	
COS/CDS						10.0	5.0		5.0							20.0
社外流出・劣後借入元利金返済		0.0	0.0	0.0	0.0	0.0	0.0	0.0	0.0	0.0	0.0	0.0	0.0	30.0	40.0	70.0
期末現金残高		20.0	17.2	13.0	3.2	4.5	6.2	4.0	3.0	3.2	9.5	12.2	16.0	8.1	8.1	－
リザーブ口座残高		20.0	17.2	13.0	3.2	4.5	6.2	4.0	3.0	3.2	9.5	12.2	16.0	8.1	8.1	－
借入金残高		65.0	125.0	142.5	127.5	112.5	97.5	82.5	67.5	52.5	37.5	22.5	7.5	0.0	0.0	－
DSCR（倍）				0.77	0.62	0.65	0.85	0.90	0.71	1.01	1.34	1.15	1.23	－	－	
最低DSCR（倍）	0.62															
平均DSCR（倍）	0.92															

第3章　プロジェクト・ファイナンスの事例

ている。ワースト・ケースの結果をふまえ、元利金返済を確実にするための措置として、予備費やCDSの水準の検証、金融機関団からの借入額とスポンサーによる出資金の割合の検証などを行う。

(7) タームシート

プロジェクト・ファイナンスのように複雑な融資契約書を作成する必要がある場合は、費用負担の問題などから、銀行は、まずタームシート（Terms and Conditions）と呼ばれる融資の基本条件書を作成し、プロポーザルとして借入人に提示する。次に、借入人と銀行との間でタームシートの内容について合意が得られたら、マンデート・レター（Mandate Letter）と呼ばれるファイナンスの組成依頼書を銀行は借入人から受領する。こうしたプロセスを経た後、融資契約書の作成や、シンジケーションが必要な場合はシンジケーションを行う。

本件プロジェクトにおけるタームシートを以下に例示する。実際のタームシートは例示したものよりも詳細なものであることが多いが、ここでは、主要な項目に絞って例示する。また、タームシートは個別案件の特性により大きく異なるため、作成に際しては個別に十分な検討が必要となる。

なお、本件プロジェクトのような海外でのファイナンスにおいては、実際のタームシートは、和文ではなく英文であることが普通である。

図表Ⅱ-8　タームシート例

| プロジェクト | A国投資員会の承認を受ける予定のA国南部臨海工業地帯に位置するB工業団地における年間15万トンの生産能力をもつ低密度ポリエチレン生産プラントの建設・運営プロジェクト（以下、総称して「プロジェクト」という）。
プロジェクトは以下の設備および施設からなる。
① 低密度ポリエチレン生産加工装置
② 原材料貯蔵施設 |

	③　ユーティリティ施設 ④　管理棟、倉庫、食堂、道路、下水道などの整備、景観整備、整地など、プラント外の施設などの整備
借入人	本件プロジェクトのみを遂行する目的で設立されたプロジェクト・カンパニー（以下「プロジェクト・カンパニー」という）
株主（スポンサー）	M社（日系大手石油化学会社）：55% N社（A国地場大手財閥）　　：45%
マンデーテッド・リード・アレンジャー（以下「MLA」という）	日系X銀行およびA国地場Y銀行
ファシリティ・エージェント	X銀行
セキュリティ・エージェント	Y銀行
参加金融機関（貸出人）	MLAによるシンジケーションにより招聘される金融機関
資金調達	出資金：　50百万米ドル 借入金：150百万米ドル
融資限度額	150百万米ドル
資金使途	①　プラント建設コストの支払 ②　運営開始前の各種コスト支払 ③　運営開始後の運転資金支払
コミットメント期間	プロジェクトのフィナンシャル・コンプリーション（注3）充足日の6カ月後の応当日あるいは、(X+3)年6月末日のいずれか早い日
融資適用金利	6カ月BBALIBOR+2% p.a. 利息は後取りとし、実経過日数、360日ベースで計算。 フィナンシャル・コンプリーション充足日以降、借入人が以下の条件を充足した場合、マージンは、1.5% ①　期限の利益喪失事由が発生していないこ

	と。 ② デット・エクイティ・レシオが3：1を超えていないこと。 ③ 流動比率が少なくとも、1.1：1であること。 ④ DSCRが2年連続で1.5を上回っていること。
コミットメント・フィー	融資限度額のうち、融資未実行残高について、0.375％p.a.
元本返済	コミットメント期間終了日の6カ月後の応当日から、6カ月ごとに、コミットメント期間終了日における融資残高の20分の1ずつを返済。
最終返済日	コミットメント期間終了日から120カ月後の応当日。 ただし、期限前返済が行われた場合は、融資残高がなくなった日。
任意期限前返済	借入人は、30営業日前までにファシリティ・エージェントに書面で通知することにより、利息支払日においてペナルティなしに任意で元本の一部または全部について、10万米ドル単位で期限前返済を行うことができる。
フィナンシャル・コンプリーション	以下の事項について、貸出人が満足する内容で充足すること。 ① 借入人がEPCコントラクターに対し、プラント引取証明を発行しその写しをファシリティ・エージェントに提出していること。 ② 貸出人側コンサルタントが以下の事項について貸出人が満足する内容で、ファシリティ・エージェントに対し証明書を発行していること。 　A．すべてのプラント施設が当初計画された仕様に従い完工していること。 　B．借入人が運営に必要なすべての装置・備品を受け取っており、その代金を支払っていること。

	C．プラントによる生産は、貸出人側コンサルタントの助言によって貸出人により課されたすべての要求を充足していること。 D．プラントによる生産は、EPC契約などに基づく性能保証を充足し、かつ試験生産が満足のゆくものであること。 ③ 借入人がすべてのプラント施設が運営に支障をきたすような欠陥なく完工しており、運営可能な状態であることを証明する書類をファシリティ・エージェントに対し提出していること。
担　　保	以下について、第一順位で担保権を設定する。 ① 借入人とB工業団地公社との間で締結される土地賃貸借契約 ② 借入人とEPCコントラクターとの間で締結されるEPC契約 ③ 借入人とA国スポンサーN社および日系スポンサーM社との間で締結される低密度ポリエチレン販売契約 ④ 借入人とエチレン製造会社E社との間で締結されるエチレン購入契約 ⑤ 借入人とM社との間で締結されるO&M契約および技術ライセンス契約 ⑥ 借入人および／またはEPCコントラクターと保険会社との間で締結される保険契約 ⑦ EPC契約に関連する前払金返還保証、契約履行保証 ⑧ 借入人株式 ⑨ 借入人とN社およびM社との間で締結される劣後融資契約 ⑩ 借入人がセキュリティ・エージェントに開設するプロジェクト関連口座 ⑪ プラント、機械類およびプラントに付随するすべての施設 ⑫ 借入人がスポンサーに対して有するいっさいの権利（追加出資請求権、劣後融資請求権

	を含む)
プロジェクト関連契約	① 土地賃貸借契約 ② EPC契約 ③ 低密度ポリエチレン販売契約 ④ エチレン購入契約 ⑤ O&M契約 ⑥ 技術ライセンス契約 ⑦ ユーティリティ供給契約 ⑧ スポンサー間契約 ⑨ 劣後融資契約 ⑩ 保険契約 ⑪ その他
プロジェクト関連口座	① 入金口座 ② O&M費用ほか支払口座 ③ 税金支払口座 ④ 設備資金支払口座 ⑤ 元利金支払口座 ⑥ リザーブ口座 ⑦ その他
支払充当順位	① O&M費用ほか ② 税金 ③ 貸出人が認めた設備投資資金 ④ プロジェクト・ファイナンス関連手数料 ⑤ プロジェクト・ファイナンス関連利息および元本 ⑥ 配当他社外流出
借入人による事実の表明および保証	① A国法に基づき適法に設立され、有効に存在する法人であること。 ② 融資契約、担保契約、プロジェクト関連契約を締結するための内部承認手続を完了し、かつ契約上の義務を負担する権利能力があること。 ③ いかなる契約についても、債務不履行状態にないこと。 ④ 財務諸表はA国において公正妥当と認められる会計基準に基づいて作成されていること

	と。 ⑤ あらかじめ認められたもの以外に債務が存在しないこと。 ⑥ 重要な情報はすべて開示されており、作成された書類はすべて真実であること。 ⑦ すべての手数料、税金などが支払ずみであること。 ⑧ 資本金が払込みずみであること。 ⑨ 重大な訴訟、倒産の申立てなどが発生していないこと。 ⑩ 期限の利益喪失事由が発生していないこと。 ⑪ 契約で定められた担保権を第一順位で設定ずみであること。 ⑫ 法令等の違反が発生していないこと。 ⑬ 融資対象プロジェクト以外の事業を行っていないこと。 ⑭ その他、プロジェクト・ファイナンスで通常要求される事項。
融資実行の前提条件（CP, Conditions Precedent）	① すべての許認可の取得が完了していること。 ② 借入人の取締役会および株主総会での融資契約書の締結を含む融資対象プロジェクトの実行を承認する議事録謄本の提出を完了していること。 ③ スポンサーの取締役会でのスポンサー・サポート契約の締結を含む融資対象プロジェクトの実行を承認する議事録謄本の提出を完了していること。 ④ 貸出人が要求するすべてのプロジェクト関連契約の締結を完了していること。 ⑤ 貸出人が要求するすべての担保契約の締結および第三者対抗要件の具備を完了していること。 ⑥ 期限の利益喪失事由が発生していないこと。 ⑦ 借入人、スポンサー、融資対象プロジェク

	トに重大な悪影響を及ぼす事態が発生していないこと。 ⑧　貸出人が満足する内容の法律意見書が提出されていること。 ⑨　ファシリティ・エージェントおよびセキュリティ・エージェントの指名が完了していること。 ⑩　すべてのプロジェクト関連口座の開設が完了していること。 ⑪　リザーブ口座に20百万米ドル以上の資金が滞留していること。 ⑫　貸出人が満足する内容の保険契約を締結ずみで、当該保険契約が有効となっていること。 ⑬　A国投資員会が年間15万トンの低密度ポリエチレン製造について承認していること。 ⑭　スポンサーによる借入人への出資金の払込みが完了していること。 ⑮　その他、プロジェクト・ファイナンスで通常要求される事項。
借入人による誓約事項 （コベナンツ）	①　以下の事項についての貸出人の書面による事前承諾取得義務。 　A．プラントの仕様変更など各種変更を行うこと。 　B．プロジェクト関連契約の解除あるいは変更すること。 　C．本体プロジェクト・ファイナンス関連契約およびプロジェクト関連契約に基づく債務以外の債務を保有すること。 　D．融資対象プロジェクト以外の業務を行うこと。 　E．融資対象プロジェクト以外の投融資を行うこと。 　F．資産の譲渡を行うこと。 　G．担保提供を行うこと。 　H．保証を行うこと。 　I．新規借入れを行うこと。

J．増減資を行うこと。
　　　K．株式公開を行うこと。
　　　L．定款を変更すること。
　　　M．取締役を解任、追加すること。
　　　N．借入人株式の譲渡、担保提供を認めること。
　　　O．新規に口座を開設すること。
② プラントの建設、運営などプロジェクトに関連する許認可（環境影響評価に関連する許認可を含む）の取得義務。新たに許認可が必要となった場合の追加取得義務。
③ 貸出人が満足する内容の保険契約の締結および更新義務。
④ ファシリティ・エージェントへの以下の書類の提出義務。
　　A．コンサルタントによる証明付きの四半期ごとのプラント建設状況報告書
　　B．販売、生産、経費に関する実績を含む四半期ごとの事業実績報告書（EPC契約に基づくプラント引取証明発行後）
　　C．監査ずみおよび監査前の四半期ごとの財務諸表（貸借対照表、損益計算書、キャッシュフロー報告書を含む）
　　D．遅くともフィナンシャル・コンプリーション充足日の6カ月前までに、貸出人が満足する内容の生産、販売計画を含む事業計画の提出
　　E．その他、ファシリティ・エージェントが合理的に要求する書類
⑤ 融資対象プロジェクトと競合するプロジェクトに関連し契約を締結することの禁止。
⑥ デット・エクイティ・レシオが3：1を超えないこと。
⑦ 流動比率が1.1：1を超えないこと。
⑧ DSCRが1.1を下回らないこと。
⑨ O&M費用ほか支払口座、税金支払口座、設備資金支払口座、元利金支払口座への向こう6カ月間の支払資金以上の資金の留保。

	⑩ リザーブ口座への20百万米ドル以上の資金の留保。 ⑪ 期限の利益喪失事由が発生している場合のスポンサー宛支払（配当支払、劣後融資元利金返済、O&M契約上の支払、技術ライセンス契約上の支払を含む）の禁止。 ⑫ 遅くとも（X＋2）年12月末日までにフィナンシャル・コンプリーションを充足させること。 ⑬ 遅くともフィナンシャル・コンプリーション充足日の6カ月前までに、貸出人が満足する内容のエチレン購入契約を締結すること。 ⑭ プロジェクトを誠実に遂行し、放棄しないこと。 ⑮ プラントを正常に運営すること。 ⑯ A国投資員会による税制優遇措置を含むプロジェクトに関連する各種優遇措置を取得し維持すること。 ⑰ 環境保護法を含むすべての法令等を遵守すること。 ⑱ 十分な運転資金を確保すること。 ⑲ 期限の利益喪失事由が発生または発生するおそれがある場合、直ちにファシリティ・エージェントに通知すること。 ⑳ その他、プロジェクト・ファイナンスで通常要求される事項。
スポンサーによる誓約事項（コベナンツ）	スポンサーは以下の事項について、貸出人に対し、Joint and Several Liabilityを負う。 ① 貸出人から請求があった場合、無条件で借入人に対し、追加出資または劣後融資により、最大20百万米ドルのCOSまたはCDSを供与すること。 ② 無条件で借入人による（X＋2）年12月末日までにフィナンシャル・コンプリーションを充足させることについて協力すること。 ③ 無条件で借入人によるエチレン調達およびポリエチレン販売について協力すること。

	④ 無条件で借入人による販売計画の策定および借入金返済について協力すること。 ⑤ 無条件でポリエチレン購入契約、O&M契約、技術ライセンス契約上の義務履行に全力を尽くすこと。 ⑥ 借入人が融資契約上定められたデット・エクイティ・レシオ、流動比率、DSCRを遵守できるよう協力すること。 ⑦ 借入人がその他のコベナンツを遵守できるよう協力すること。 ⑧ 借入人株式を譲渡、担保提供しないこと。 ⑨ 貸出人の書面による事前承諾なく、プロジェクト関連契約を解除、変更しないこと。 ⑩ A国において、融資対象プロジェクトと競合するプロジェクトへの投資(マイナー投資を含む)や契約の締結をしないこと。 ⑪ 借入人の定款を変更しないこと。 ⑫ その他、プロジェクト・ファイナンスで通常要求される事項。
期限の利益喪失事由	以下の事由が発生したとき、貸出人は、融資契約に基づく融資義務の終了、借入人が保有する期限の利益の喪失、すべての借入金の即時返済の要求、担保権の行使を行うことができる。 ① 借入人による元利金返済について遅延が発生したとき。 ② 借入人またはスポンサーによる表明および保証が真実でないことが判明したとき、あるいは重要な事項について誤解を招いたとき。 ③ プロジェクト遂行上必要な許認可(税制上の優遇措置を含む)の取得、維持、修正などができなかった場合。 ④ 融資契約、担保契約またはプロジェクト関連契約のいずれかが、無効または執行不可能となった、あるいは、無効または執行不可能と判明したとき。 ⑤ 借入人またはスポンサーが誓約事項に違反していると貸出人が判断したとき。

	⑥ 借入人が融資契約以外の支払債務について遅延したとき（クロスデフォルト）。 ⑦ 貸出人が認めた期限までにプロジェクト関連契約を締結できなかったとき。 ⑧ （X＋2）年12月末日までにフィナンシャル・コンプリーションを充足できなかったとき。 ⑨ その他、通常期限の利益喪失事由として記載される事由（借入人またはスポンサーの支払不能、支払停止、破産手続の開始など）。
金利スワップ	コミットメント期間の最終日までに、融資の想定元本の50％について金利スワップ契約を締結し、金利を固定化する。 金利スワップのカウンターパーティは貸出人が認めた格付機関のいずれかにおいて、シングルA以上の格付を取得し、かつ国際的に認められた金融機関に限定。
税　　金	貸出人への支払について、税金が課せられる場合は、すべて借入人が負担する。
諸 経 費	すべての諸経費は借入人が負担する。
準 拠 法	融資契約：英国法 担保契約：英国法またはA国法
弁護士・コンサルタント	貸出人側：－－－－－ 借入人側：－－－－－
アレンジメント・フィー	融資限度額の1.5％
エージェント・フィー	ファシリティ・エージェント： 5万米ドルp.a. セキュリティ・エージェント： 5万米ドルp.a.

(8) タームシート解説

以下では、前項(7)で示した（図表Ⅱ－8）タームシート例の各項目につい

て、実務的観点から解説する。

① プロジェクト（Project）

　融資対象となるプロジェクトについて、借入人と貸出人との間で後日、解釈の相違が発生しないよう、明確に記載する。

② 借入人（Borrower）

　借入人であるプロジェクト・カンパニーが本件プロジェクトのみを行う特別目的会社であることを明確にする。

③ 株主（スポンサー）（Sponsors）

　スポンサーの出資比率が変わると、スポンサーリスクの分析に影響を及ぼす可能性があるため、出資比率も明確にしておく。

④ スポンサーの義務

　スポンサーが複数の場合、一方の義務不履行について他方が責任を負うかどうかは重要なポイントであるので、明確にしておく。

⑤ マンデーテッド・リード・アレンジャー（MLA、Mandated Lead Arranger）

　アレンジャーとは、本件に関しては、借入人より本件プロジェクト・ファイナンスの組成委託を受けるものである。マンデートを受領したアレンジャーと名前だけのアレンジャーを区別するため、あえてマンデーテッド・リード・アレンジャーという表現を使用する。アレンジャーが複数の場合はアレンジャー間でさまざまな役割を分担する。このような役割をロール（Role）という。

　アレンジャーのおもな役割は以下のとおりである。

A．ブックランナー（Book-runner）

　　参加金融機関の招聘を担当する。なお、近年はプロジェクト・ファイナンスに参加する金融機関が限られてきている。

B．エージェント（Agent）

　　金融機関団の代理人として借入人と金融機関団の間をつなぐ。プロジェクトの特性に応じてエージェントが複数となることも珍しくない。

C．インシュランス・バンク（Insurance Bank）

プロジェクトの特性に応じた保険のアレンジを担当する。
D．ドキュメンテーション（Documentation）
融資契約書などの作成作業を担当する。
E．パブリシティ（Publicity）
マスコミへの公表など、対外的な広報活動を担当する。
F．サイニング（Signing）
プロジェクト・ファイナンスの調印式（サイニング・セレモニー）開催を担当する。

⑥ ファシリティ・エージェント（Facility Agent）

金融機関団の代理人として資金の受払いなどを含め、借入人と金融機関団の間をつなぐ。

⑦ セキュリティ・エージェント（Security Agent）

金融機関団の代理人として担保権の設定、解除などを取り扱う。

このほかにも、たとえば公的な金融機関と協調融資を行うような場合、民間の金融機関団との利害調整を行う、インター・クレディター・エージェント（Inter-Creditor Agent）などがある。

⑧ 参加金融機関（貸出人）（Lenders）

参加金融機関はどんな金融機関でもよいというわけではなく、最低限、以下の要件を充足する必要がある。

A．プロジェクト・ファイナンスに対する十分な経験があること。

本件プロジェクトのように、グリーンフィールド（自然のままの状態の土地、greenfield site。本件プロジェクトの所在地は工業団地なので、正確にはgreenfield siteではない）でプラントを建設する場合、特に建設期間中はプラントの仕様変更などを含め事業計画の変更が起こりがちである。その結果、融資契約書をアメンド（変更、amend）する必要が頻繁に発生する可能性がある。プロジェクト・ファイナンスに不慣れな金融機関が参加している場合、必要な承認手続が遅れ、プロジェクトの遅延につながる可能性がある。

また、プロジェクトに問題が発生した場合、金融機関の意思結集が遅れ

る、あるいはできない、といった事態が発生することも想定される。

　プロジェクト・ファイナンスは長期間にわたり、適切な与信管理を行う必要がある融資である。したがって、各参加金融機関がプロジェクト・ファイナンスに対し十分な知見をもつことは、借り手であるプロジェクト・カンパニー、スポンサーのみならず、貸し手である金融機関団にとっても重要である。

B．融資契約書の約定どおり、資金を拠出できること。

　融資契約書に調印し、借り手であるプロジェクト・カンパニーが融資実行の前提条件を充足したとしても、貸し手である金融機関が融資するための資金を調達できなければ、融資を受けることはできない。

　プロジェクト・ファイナンスの場合、融資する通貨は参加金融機関が所在する国の通貨でないことも多い。本件プロジェクトの場合、融資する通貨は米ドルである。もし参加金融機関の一部がインターバンクマーケット（銀行間市場、Interbank Market）で、自らの信用力が原因で米ドルを調達できない場合、問題が発生する。邦銀も1997年のアジア金融危機以降、米ドルの調達がむずかしくなったことがある。また2008年のサブプライム問題やリーマン・ショックにおいても米ドルやユーロなどの調達に苦しんだ金融機関があったのではないだろうか。インターバンクマーケットに資金調達を頼る金融機関にとって、資金調達リスクは無視できないものである。

　参加金融機関の借り手への融資義務は通常、各参加金融機関が個別、かつ独立して負う義務である。したがって、他の参加金融機関が個別の事情で融資できなかったからといって、他の参加金融機関の融資義務を肩代わりする契約上の義務はない。しかしながら、プロジェクト・カンパニーが必要な借入れをできなければ、プロジェクトの遂行に重大な影響が及ぶ可能性がある。したがって、各参加金融機関の資金調達能力は借り手であるプロジェクト・カンパニー、スポンサーのみならず、貸し手である金融機関団にとっても重要である。

C．スポンサーの承諾を得られること。

どのような金融機関を招聘し、融資総額のうちどれだけの割合で融資を受けるかについては、スポンサーの意向を事前に確認しておく必要がある。参加金融機関がプロジェクト・ファイナンスに十分な経験があり、また融資を行う通貨の調達力も含め、信用力に問題がないとしても、過去、スポンサーとトラブルを起こしたことがあるような場合は、スポンサーが参加を謝絶することもありうるからである。

⑨ **資金調達**

スポンサーにより50百万米ドルの出資が行われることが、金融機関団による150百万米ドルのプロジェクト・ファイナンスの供与の前提であることを示すため、出資額と借入金の額を明確にする。

⑩ **融資限度額（コミット金額）**

融資額ではなく融資限度額としている理由は、150百万米ドルのプロジェクト・ファイナンスを供与するのではなく、資金使途に照らし合わせ、必要と認められれば、最大150百万米ドルまで融資を行うということを明確にするためである。したがって、実際に必要な資金が計画を下回れば、150百万米ドル全額の融資は実施されない。

また、資金使途別の融資額上限を明確にすることなどを目的として、融資枠を資金使途別に設定することもある。融資枠を複数設定する場合は、それぞれの融資枠をトランシェA、トランシェBなどという。このような呼び方は、通常のシンジケート・ローンなどでも使用される。

なお、トランシェ（Tranche）とは、フランス語で原義は部分あるいは薄片という意味である。

⑪ **資金使途**

プロジェクトに関連するものであればどのようなものでも融資を認めるというものではなく、あらかじめ定められた使途以外には使用できない。したがって、融資限度額内で融資する資金を何に使用するのかを明確にする。

⑫ **コミットメント期間（コミット期間、引出可能期間）（Commitment Period、Availability Period）**

コミットメント期間とは、その期間内であれば、借入人が融資実行の前提

条件を充足し、借入れの申込みを行えば、金融機関団は融資を行う義務を負っている期間のことをいう。

コミットメント期間は、事業計画に従って、いつ融資を行う必要があるのかを明確にしたうえで設定する。実務的には、ある程度の余裕をもたせることもある。

6カ月後の応当日とは、たとえば、フィナンシャル・コンプリーション充足日が、12月10日であった場合、翌年の6月10日を意味する。

⑬ 融資適用金利（Interest Rate）

LIBORとは、London Interbank Offered Rateの略で、ロンドンにおける銀行同士が資金のやりとりを行う市場において、資金の出し手が提示する金利を意味する。6カ月BBALIBORとは、英国銀行協会（British Bankers' Association）が提示する期間6カ月のLiborという意味である。2008年9月のリーマン・ショック以降、資金調達難に陥った金融機関が、実際の取引とは異なる低い金利を提示しているという疑惑が広がり、一時、Liborをベースレートとして使用することについて議論が起こったことがあるが、国際金融において米ドル建てで融資を行う場合、LIBORをベースレートとすることが一般的である。

本件プロジェクト・ファイナンスでは、融資適用金利は当初、6カ月BBALibor＋2％p.a.である。これは、6カ月BBALIBORがたとえば、0.524％であれば、融資適用金利は、年率2.524％であることを意味している。なお、p.a.とは、ラテン語由来の英語per annumの略で、「1年当り」という意味である。LIBOR＋2％の2％の部分をマージン（Margin）あるいはスプレッド（Spread）という。

またLIBORベースでの米ドル建て融資においては、利息計算を行う場合の分母は日本で通常使用される365日ではなく、本件のように360日を使用することが一般的である。

プロジェクトが順調に推移し、プロジェクト開始時点よりリスクが低くなった場合に備えて、本件のように、一定条件を充足すればマージンを引き下げることをあらかじめ定めておくこともある。

なお、日本において円ベースで市場金利による融資を行う場合は、LIBORにかえて、TIBORを使用することも多い。TIBORとはTokyo Interbank Offered Rateの略で、東京における銀行同士が資金のやりとりを行う市場において、資金の出し手が提示する金利を意味する。また、全銀協TIBORという場合は、全国銀行協会が提示するTIBORのことである。全銀協TIBORについての詳細は、全国銀行協会ホームページ（http://www.zenginkyo.or.jp/tibor/about/index.html）をご覧いただきたい。

デット・エクイティ・レシオ（Debt to Equity Ratio）とは、負債と資本との割合のことで、負債の割合が低ければ低いほど、返済の必要がない資本の割合が高くなるので安全性が高いとみなされる。

流動比率（Current Ratio）とは、流動資産に対する流動負債の割合のことで、流動資産の割合が高ければ高いほど、短期の返済能力が高いとみなされる。

⑭ コミットメント・フィー（Commitment Fee）

実際に融資を行わなくても、銀行はBIS（国際決済銀行）基準で自己資本比率を算出する場合、分母である資産の項目に未実行の融資枠部分も一定の掛け目で算入する必要がある。したがって、銀行は融資未実行部分に対しても手数料をとる。これをコミットメント・フィーという。

⑮ 元本返済（Repayment）

本件では、10年かけて、元本を均等返済する条件となっている。

プロジェクトが順調に進んだ場合に備えて、余剰資金を強制的に元利金の期限前返済に充当させる条件を織り込むことも珍しくない。このような条項を、強制期限前返済条項（Mandatory Prepayment Clause）という。期限前返済を行う場合、どのように返済するかを事前に取り決めておく必要がある。最終回の元本返済分から順に返済する方法や、毎回の返済額を均等に減額する方法などがある。

営業日とは、法律で定められた祝祭日や休日などを除外した日のことで、本件の場合は、少なくとも、プロジェクト所在国であるA国および融資適用金利の決定を行う英国における祝祭日や休日を除外する必要がある。

⑯ **最終返済日（Final Maturity Date）**

元本返済方法から導き出される。期限前返済により、最終返済日が繰り上がることもある。

⑰ **任意期限前返済条項（Voluntary Prepayment）**

⑮で説明した強制期限前返済に対し、借入人が自らの意思で余剰資金を元利金の返済に充てる場合を任意期限前返済という。任意期限前返済は融資した資金の早期回収に結びつくことから、貸出人からみると問題ないようにみえるが、単純ではない。借入人としては、支払利息負担を減らすため、融資契約で定められた返済日より前に、余剰資金により元利金を返済するのであるが、市況商品の需給動向や価格動向は循環的であることが多い。プロジェクトによっては需要が増加し販売価格が上昇したときに発生した余剰資金を期限前返済に充当し過ぎると、需要が減少し販売価格が下落したときに資金不足に陥るリスクが高まる。実際、過去、期限前返済を行い過ぎた結果、資金不足に陥った例がある。

また、プロジェクト・ファイナンスは融資条件が厳しいため、成功したプロジェクトは通常のシンジケート・ローンや起債、IPOなどにより、期限前に全額返済してくることもある。その結果、貸出人である金融機関に残るプロジェクト・ファイナンスからは優良な資産がなくなってしまうということにもなりかねない。このため、任意期限前返済を行う場合は、期限前返済手数料を課すこともある。

⑱ **フィナンシャル・コンプリーション（金融的完工、Financial Completion）**（注3）

フィナンシャル・コンプリーションを充足しないと、キャッシュフローを生み出すプロジェクトとはいえない。金融機関はプラント建設・運営についての知見に乏しいため、充足確認に際しては、技術コンサルタントなどの助言を得ながら進めることになる。

⑲ **担保（Security）**

プロジェクト・ファイナンスにおいては、全資産担保の概念が用いられている。処分可能性の有無にかかわらず、プロジェクト遂行上必要な資産に対

しては、原則としてすべて担保権を設定する。担保の設定もれをなくす意味からも、ストラクチャー図（契約関係図）（図表Ⅱ-5）を正確に作成する必要がある。担保をとる目的については、後で解説する。

⑳　プロジェクト関連契約

主要な契約については、すべて契約条件について精査しプロジェクトの遂行および元利金返済に対し、どのようなリスクがあるのかを分析し、対応策を検討する必要がある。

㉑　プロジェクト関連口座

エージェントに開設するプロジェクト関連口座はキャッシュ・ウォーターフォール構築のために不可欠なものである。プロジェクトの内容を精査し、どのような口座が必要であるかを把握する必要がある。

㉒　支払充当順位

プロジェクト関連口座からの資金の支払充当順位は上記㉑のプロジェクト関連口座とともに、キャッシュ・ウォーターフォールを構成する重要な要素の一つである。タームシートで示した支払充当順位は、期限の利益喪失事由が発生していない場合のものである。期限の利益喪失事由が発生した場合の支払充当順位は、その時々の状況に応じて、金融機関団が判断することになる。

㉓　借入人による事実の表明および保証（Representations and Warranties of the Borrower）

借入人による事実の表明および保証は、貸出人が確認できない事項も含め、融資契約締結の前提となる重要な事実について、相違がないことを確認するためのものである。借入人による事実の表明および保証は、融資契約書締結時点だけではなく、融資実行時点（本件プロジェクトのように融資実行が複数回に分かれる場合は、それぞれの時点）においても要求される。

必ずしも正確ではないが、事実の表明および保証において現時点を縛り、コベナンツにおいて将来を縛るというふうに考えると理解しやすい。

㉔　融資実行の前提条件（CP、Conditions Precedent）

プロジェクト・ファイナンスにおいては、融資契約を締結したからといっ

て、無条件で融資を認めることはない。通常、融資を行うにあたり借入人およびスポンサーが貸出人と事前に合意した条件を充足してはじめて融資を実行する。このような条件を融資実行の前提条件あるいは貸付実行の前提条件、略してCPなどという。

プロジェクト・ファイナンスにおいては、CPは多岐にわたることが多いため、融資実行回数別や、資金使途別に設定することも珍しくない。

㉕ **借入人による誓約事項（コベナンツ）（Borrower's Covenants）**

誓約事項の遵守状況を管理することにより、適切な与信管理が可能となるように設定する必要がある。借入人による誓約事項は多岐にわたるが、以下のように分類されることが多い。

A．アファーマティブ・コベナンツ（Affirmative Covenants）

　借入人が積極的に行うべき誓約事項の総称で、貸出人からの事前承諾の取得、許認可の取得、各種書類の提出、プロジェクトの遂行、法令遵守、期限の利益喪失事由発生時の通知などがあげられる。

B．ネガティブ・コベナンツ（Negative Covenants）

　借入人が行ってはならない事項の総称で、融資対象プロジェクト放棄の禁止、融資対象プロジェクト以外の事業を行うことの禁止、担保提供・保証の禁止などがあげられる。

C．フィナンシャル・コベナンツ（財務制限条項、Financial Covenants）

　借入人の財務諸表に関する誓約事項の総称で、デット・エクイティ・レシオ、流動比率、DSCRの維持などがあげられる。

㉖ **スポンサーによる誓約事項（コベナンツ）（Sponsors' Covenants）**

主としてスポンサー・サポート契約においてスポンサーに課される誓約事項であり、COS、CDS、各種契約の遵守義務、借入人株式の譲渡・担保提供禁止、プロジェクトへの協力義務などがあげられる。

㉗ **期限の利益喪失事由（Events of Default）**

期限の利益を喪失した場合、貸出人から請求があれば、借入人は借入金を直ちに返済しなければならない。貸出人による担保権の行使も可能となる。通常の融資契約と異なる点は、融資対象プロジェクトの特性にあわせ、具体

的かつ詳細に期限の利益喪失事由を設定している点である。また、期限の利益喪失事由発生に至る可能性が生じた場合に備え、潜在的期限の利益喪失事由（Potential Events of Default）を設定することも行われる。

㉘　金利スワップ（Interest Rate Swap）

　本件プロジェクトでは、LIBORベースの変動金利を固定化することにより、金利変動リスクを回避するために締結する。借入金元本に対しどの程度の割合で金利固定化を図るかは、キャッシュフロー分析による金利変動に対する耐性を把握したうえで決定する。

　また、金利スワップ契約の相手方（カウンターパーティ、Counterparty）が契約を履行できなくなるリスク（カウンターパーティ・リスク、Counterparty Risk）を回避するため、格付基準等で相手方を限定する。カウンターパーティをプロジェクト・ファイナンスの参加金融機関などに限定することもある。通常、カウンターパーティはプロジェクト・カンパニーが金利スワップ契約を履行しない場合に備えて、担保を要求する。この場合、プロジェクト・ファイナンスの参加金融機関とカウンターパーティの間で担保の配分（セキュリティ・シェアリング、Security Sharing）について協議し、合意する必要がある。

㉙　税　　金

　通常、プロジェクト・ファイナンスに関連し発生する税金は、借入人負担となる。貸出人が受け取る利息について源泉徴収税（Withholding Tax）が発生する場合、源泉徴収される税額に見合う手数料（Withholding Tax Absorption Fee）を借入人が支払うよう取り決めることもある。

㉚　諸 経 費

　通常、貸出人側弁護士やコンサルタントなどに支払う費用や担保権設定費用などを含め、すべて借入人負担となる。ただし、著しく合理性を欠く経費については認められないこともある。

㉛　準拠法（Governing Law）

　プロジェクト・ファイナンスに限らず、国際金融取引においては、融資契約などの準拠法は英国法（English Law）あるいはニューヨーク州法（the law of the State of New York, USA) を適用することが多い。

　プロジェクト所在国でとる担保に関する契約などについては、所在国の法律を準拠法とすることが多いが、発展途上国の法律は英米法など先進国の法律と異なることも多いので、弁護士の意見を参考に注意深く検討する必要がある。

㉜　弁護士、コンサルタント、フィナンシャル・アドバイザー

　プロジェクト・ファイナンスは多くの専門家の助言を得て行う。以下に専門家を例示するが、どのような専門家から助言を得るかはプロジェクトにより異なる。

- ・貸出人側弁護士
- ・貸出人側市場調査コンサルタント
- ・貸出人側技術コンサルタント
- ・貸出人側保険アドバイザー
- ・借入人側弁護士
- ・借入人側市場調査コンサルタント
- ・借入人側フィナンシャル・アドバイザー
- ・借入人側保険アドバイザー

㉝　アレンジメント・フィー (Arrangement Fee)

　借入人からプロジェクト・ファイナンスの組成依頼（マンデート）を受けたマンデーテッド・リード・アレンジャー（MLA）が借入人より受領する手数料である。役務の内容はプロジェクトにより異なるが、簡単にいうと、「参加金融機関を招聘し、プロジェクト・ファイナンスの組成を成功させること」である。また、MLAが引受け（Underwriting）を行う場合は、引き受けた金額については、参加金融機関の招聘の成否に関係なく、MLAが融資を約束する。

　なお、本件プロジェクトでは、アレンジメント・フィーの料率を融資限度額の1.5％としているが、このなかから参加金融機関へ参加手数料（Participation Fee）を支払うので、MLAの取り分はその分少なくなる。

　参加金融機関の招聘に際しては、融資を約束する額（コミット金額、Com-

図表Ⅱ-9　ステータス、手数料率、コミット額の例

ステータス	手数料率	コミット額
リード・アレンジャー（Lead Arranger）	100bp	30百万米ドル以上
アレンジャー（Arranger）	75bp	25百万米ドル以上
共同アレンジャー（Co-Arranger）	50bp	20百万米ドル以上
シニア・マネージャー（Senior Manager）	37.5bp	15百万米ドル以上
マネージャー（Manager）	25bp	10百万米ドル以上

（注）bpとは、basis point（ベーシス・ポイント）の略で、1bpは0.01％である。手数料や金利を表示する際に使用される。なお、ステータスにはさまざまな呼称があるため、上記例に限られるものではない。

mitment Amount）によりステータス（Status）と手数料率に差をつけることが一般的である。ステータスとは、MLA、アレンジャーなどのことをいい、「〇〇〇プロジェクト・ファイナンスにアレンジャーとして参加した」などという言い方をする。

　参加金融機関は、コミット額どおりに参加が認められるとは限らず、参加希望額の合計がプロジェクト・ファイナンスの組成額を上回る場合は、参加額の配分（ファイナル・アロケーション、Final Allocation）において減額されることもある。

　図表Ⅱ-9に、ステータス、手数料率、コミット額を例示する。

㉞　エージェント・フィー（Agency Fee）

　ファシリティ・エージェントやセキュリティ・エージェントなどが、融資契約締結後、提供するさまざまな役務（⑥、⑦参照）の対価として借入人より徴収する手数料である。㉝のアレンジメント・フィーや参加手数料は最初に一括で徴収する手数料であるため、フロント・エンド・フィー、アップフロント・フィーとも呼ばれるのに対し、エージェント・フィーは役務の提供は融資が完済するまで継続するため、毎年徴収する。

㉟　その他

　貸出人が、借入人から承諾を求められた場合や、借入人の期限の利益を喪

失させる場合、貸出人による意思結集を図る必要がある。承諾事項などの内容に応じて、すべての貸出人の同意を要するもの、融資額ベースで、3分の2以上あるいは過半数の貸出人の同意を要するものなどがある。このようなルールについても、あらかじめ取り決めておく必要がある。

(9) プロジェクト・ファイナンス組成の流れ

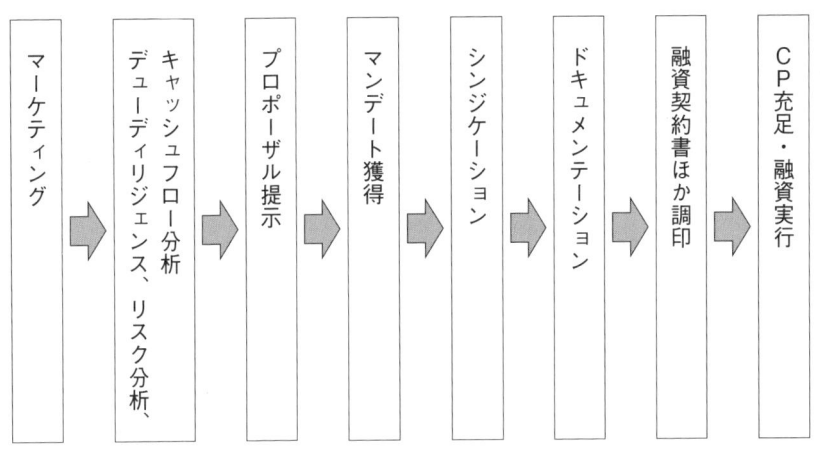

最後にプロジェクト・ファイナンスにおいて融資実行に至るまでの流れを図表Ⅱ-10に例示する。

① マーケティング

まず、プロジェクト・ファイナンスによる支援ができそうな案件を発掘する必要がある。大手総合商社やメーカーなどの取引先企業や新聞などから情報を入手し、スポンサーに接触する必要がある。スポンサーからできる限り正確に、ニーズやプロジェクトに関する情報を入手する。

② デューディリジェンス、リスク分析、キャッシュフロー分析

マーケティングにより入手した情報をもとにプロジェクト・ファイナンスを適用することが可能かどうか、可能であればどのような条件とすべきかを検討する。スポンサーへ条件提示を行う場合は、事前に金融機関内で決裁手

図表Ⅱ-10 プロジェクト・ファイナンス組成の流れ

マーケティング ⇒ デューディリジェンス、リスク分析、キャッシュフロー分析 ⇒ プロポーザル提示 ⇒ マンデート獲得 ⇒ シンジケーション ⇒ ドキュメンテーション ⇒ 融資契約書ほか調印 ⇒ CP充足・融資実行

続を取得する必要もある。

③ プロポーザル提示

スポンサーへ提示する融資条件が決定したら、タームシートを含むプロポーザル（Proposal）をスポンサーへ提示し、マンデートを獲得すべくプレゼンテーションを実施する。優良なプロジェクトであれば、他の金融機関と競合することになる。

プロポーザルのおもな内容はプロジェクトの特性により異なるが、以下に例を示す。

A．プロジェクトの分析
B．分析結果に基づくファイナンス・ストラクチャー
C．さまざまなファイナンス手法との比較
D．タームシート
E．シンジケーション・ストラテジー
F．プロジェクト・ファイナンスに関する取組実績
G．担当するチームの構成・メンバーの経歴・実績

④ マンデート獲得

無事スポンサーからマンデートを獲得すると、弁護士に融資契約書の作成を発注する。万一、プロジェクトがとん挫した場合でも、金融機関がファイナンス組成のために負担した費用は最終的にはスポンサー負担となる。

⑤ シンジケーション

プロジェクトの概要やタームシートを含むインフォメーション・メモランダム（Information Memorandum）を作成し、参加に関心を示す金融機関に送付する。金融機関からプロジェクト・ファイナンスへの参加のコミットを集めた後、各金融機関の参加額を決定する。

インフォメーション・メモランダムのおもな内容はプロジェクトの特性により異なるが、以下に例を示す。通常のシンジケート・ローンと違い、プロジェクト・ファイナンスのインフォメーション・メモランダムは膨大な量となる。

A．エグゼクティブ・サマリー（Executive Summary）

B．経済概況およびプロジェクトの背景

C．プロジェクト・カンパニー

D．スポンサー

E．プロジェクト

F．製品および原材料の需給・価格動向

G．地域社会・環境への影響

H．許認可

I．プロジェクト関連契約

J．ファイナンス・ストラクチャー

K．タームシート

L．キャッシュフロー分析

M．リスク分析

N．スケジュール

⑥ ドキュメンテーション

ドキュメンテーションとは、融資契約書などの契約書の作成作業のことで、借入人と細かな文言を含め、交渉を行う。

⑦ 融資契約書調印

ドキュメンテーションが完了すれば、調印式（サイニング・セレモニー）を開催し調印を行う。新聞社などのマスコミへの正式な公表は調印式の前後に行われることが多い。

⑧ CP充足・融資実行

融資実行の前提条件が充足した後、融資実行が可能となる。融資は資金使途に応じ、コミットメント期間内に複数回に分けて実行される。

【注】

1　Joint and Several Liability

　　スポンサー・サポート契約上、スポンサー2社がそれぞれ出資割合に応じて金融機関団に対し、資金不足発生時の劣後融資実行義務などを負っているとする。このような場合で、スポンサーの1社がスポンサー・サポート契約上の義

務の全部または一部について履行できなかった場合、金融機関団がもう一方のスポンサーに請求すれば、そのスポンサーは義務不履行に陥ったスポンサーの義務を履行する義務を負う。このような義務をjoint and several liabilityという。

2　エクエーター原則（赤道原則、The Equator Principles）

環境問題に関する関心の高まりは、金融業界に大きな影響を及ぼしている。金融機関がプロジェクト・ファイナンスを供与するにあたり、社会・環境上のリスクを回避、軽減するためのスタンダードとして、世界銀行グループの国際金融公社（IFC、the International Finance Corporation）などが中心となり、2003年6月にエクエーター原則が採択された。

エクエーター原則は、原則としてプロジェクトの総コストが10百万米ドル以上のプロジェクト・ファイナンスに適用され、社会・環境を保護するために金融機関が遵守すべきさまざまな基準を示している。

当初は10の金融機関がエクエーター原則を採択したが、現在では、日本のメガバンク3行（三井住友銀行、三菱東京UFJ銀行、みずほコーポレート銀行）を含む世界中の多くの金融機関（2010年3月末現在で67の金融機関）が採択している。

エクエーター原則の詳細（英文。一部和文あり）はhttp://www.equator-principles.comに掲載されている。

3　完工（Completion）

完工には、メカニカル・コンプリーション（物理的完工、Mechanical Completion）とフィナンシャル・コンプリーション（金融的完工、Financial Completion）の2種類がある。メカニカル・コンプリーションは文字どおりEPC契約に基づいてプラントの建設が完了したことを意味する。EPCコントラクターからプロジェクト・カンパニーへのプラントの引渡しは、物理的完工後、設計どおりの製品生産能力、品質などを確認した後、行われる。

一方、フィナンシャル・コンプリーションは、プロジェクト・ファイナンス供与の前提となる事業計画に沿った収入を得ることができる条件が整ったことを意味する。事業計画に沿った収入を得ることができる条件とは、本件プロジェクトの場合、金融機関団が満足する内容の低密度ポリエチレン販売契約の締結などである。

4　完工保証（Completion Guarantee）

EPCコントラクターがプロジェクト・カンパニーに対し、あるいはスポンサーが金融機関団に対し、完工を保証するものである。定められた期間内に定められた請負額でプラントを完工させることや、完工が遅延した場合の損害賠償義務などの規定が金融機関団にとり満足のいくかたちで織り込まれていることを確認する必要がある。なお、完工保証の規定について、たとえば戦争や地震の発生など、不可抗力により完工が遅延した場合について、EPCコントラクターなどの工事請負業者に適用することは、国によっては優越的地位の濫用と

みなされ無効とされるリスクがあるため注意を要する。
5 COS（コスト・オーバーラン・サポート、Cost Overrun Support）
　スポンサー・サポート契約において、プラントの建設コストが計画を上回った場合に、スポンサーがプロジェクト・カンパニーに対し劣後融資や出資などにより、一定限度額まで追加コストを支援する規定をいう。
6 O&M契約などへの担保権設定と同契約上の債権の劣後化
　本件プロジェクトにおいては、O&M契約などの受託者がスポンサーの一社であるため、担保権設定と劣後化を課している。スポンサー・サポート契約によっては、過去にスポンサーが受け取った受託料相当額について、スポンサーに対し、プロジェクト・カンパニーへの出資または劣後融資の供与義務を課しているケースもある。
　なお、O&M契約などの受託者がスポンサーとは関係ない第三者の場合は、担保権設定や劣後化などを行うことは困難であるばかりか、事業運営上必要な業務に対する受託料として、少なくとも平時においては、融資債権より支払充当順位が高くなることもありえる。
7 CDS（キャッシュ・ディフィシェンシー・サポート、Cash Deficiency Support）
　スポンサー・サポート契約において、運営中のプラントの事故発生や点検長期化などにより生産が中断するなどの理由で、プロジェクト・カンパニーが資金不足に陥った場合、スポンサーがプロジェクト・カンパニーに対し劣後融資や出資などにより、一定限度額まで不足資金を支援する規定をいう。注5で解説したCOSが、プラント完工までの資金不足へのスポンサー・サポートであるのに対し、CDSはプラント運営中の資金不足へのスポンサー・サポートである。
8 テイク・アンド・ペイ契約（Take-and-pay Agreement）
　テイク・アンド・ペイ契約とは、本件プロジェクトの場合、低密度ポリエチレンの売り手であるプロジェクト・カンパニーが低密度ポリエチレンを引き渡すことを条件に、買い手であるスポンサーが低密度ポリエチレンを購入し、購入代金を支払う義務を負う契約である。テイク・アンド・ペイ契約においては、製品購入者による購入量の増減オプションや天災などの不可抗力発生時や経済環境が変化した場合の取決めなどが規定されている。したがって、当初の事業計画どおり低密度ポリエチレンの生産ができたからといって、いかなる場合でも計画どおりの収入が得られるとは限らない。
　一方、低密度ポリエチレンの売り手であるプロジェクト・カンパニーが低密度ポリエチレンを引き渡すかどうかにかかわらず、買い手であるスポンサーが一定額を支払う義務を負う契約を、テイク・オア・ペイ契約（Take-or-pay Agreement）という。ここでいう一定額とは、プロジェクト・ファイナンスにより調達した資金の元利金返済額相当の金額であったり、プロジェクト運営に最低限必要な固定費相当の金額であったりする。このような売り手にきわめて

有利な契約は一般商取引においては想定しがたいが、IPPプロジェクト（独立発電事業、Independent Power Producer Project）における売電契約（PPA、Power Purchase Agreement）などにおいてみられることがある。

9　低密度ポリエチレン市場における需給動向および価格推移

　　低密度ポリエチレン販売が長期契約で確保されていたとしても、必ずしも十分でないことは、注8で解説したとおりである。したがって、低密度ポリエチレン市場の需給動向や販売価格について精査する必要がある。ここでは、低密度ポリエチレンの需給動向およびエチレン価格とのマージンについて例示的に検証を行っているが、実際の需給動向やマージンを参考にしたものではない。また、かりに低密度ポリエチレンとエチレンの過去の価格推移が統計的に有意であったとしても、将来も同じ動きを示すとは限らない点、注意が必要である。実際、1997年のアジア危機においては、ポリエチレンなどの石油化学製品とエチレンなどの原材料との価格の連動性が崩れたことも原因のひとつとなり、東南アジアにおける石油化学プロジェクトのいくつかが危機的状況に陥った。

10　キャッシュ・ウォーターフォール（Cash Waterfall）の構築

　　プロジェクト・ファイナンスにおいては、プロジェクトから生み出されるキャッシュフローをプロジェクト専用の口座に入金集中させる。プロジェクト専用口座には担保権を設定のうえ、入金された資金はあらかじめ定められた支払充当順位で引き出される。

　　本件プロジェクトにおける支払充当順位を例示すると以下のとおりとなる。

① 運営・維持管理費用、税金、金融機関団により承認された設備投資資金
② エージェントによる立替費用およびエージェントへの手数料の支払資金
③ プロジェクト・ファイナンスによる借入金利息および手数料支払資金（金利スワップ契約に基づく資金の受払いを含む）
④ プロジェクト・ファイナンスによる借入金元本返済資金
⑤ リザーブ口座への余剰資金振替資金
⑥ 劣後借入金利息支払資金
⑦ 劣後借入金元本支払資金
⑧ 配当金等社外流出支払資金

　　上記支払充当順位は、融資契約上の期限の利益喪失事由（Events of Default）が発生していないことが前提である。期限の利益喪失事由などが発生している場合は、たとえば、O&M契約や技術ライセンス契約上のスポンサーへの支払資金などの支払が優先的に行われるとは限らない。

　　キャッシュ・ウォーターフォールという名称は、これら一連のキャッシュフローを捕捉し、コントロールするための措置が、水が滝（Waterfall）から落ちていくさまに似ていることからつけられたものである。

11　DSCR（デット・サービス・カバレッジ・レシオ、Debt Service Coverage

Ratio)

　プロジェクトの元利金返済能力を測る代表的な指標の一つ。
　「年間の元利金返済前のキャッシュフロー」を「年間の元利金返済額」で割ったもの。DSCRは1を超えて高ければ高いほど元利金の返済能力が高いことを意味する。DSCRが1未満となると、年間の元利金返済額が年間のキャッシュフローでまかなえなくなることを意味する。
　貸出人である金融機関が求めるDSCRの水準はプロジェクトの事業内容に応じて異なる。その他の条件が同じであれば、キャッシュフローが安定したプロジェクトにおいて求められるDSCRの水準は低くなり、キャッシュフローが不安定なプロジェクトにおいて求められるDSCRの水準は高くなる。もちろん、融資期間や元利金返済方法などの融資条件やスポンサー・サポートの条件などにより、求められるDSCRは変わってくる。
　一概にはいえないものの、キャッシュフローが安定したプロジェクトとしては、長期の売電契約がついたIPPプロジェクトやサービス購入型PFIなどがあげられる。一方、キャッシュフローが不安定なプロジェクトとしては、マーケットリスクをとる石油化学プロジェクトや集客リスクをとるテーマパーク、ホテルプロジェクトなどがある。
　プロジェクトの元利金返済能力を図る指標としては、DSCR以外にもLLCR（Loan Life Coverage Ratio）がよく使用される。LLCRは融資期間中に元利金返済に充当することができるキャッシュフローの現在価値を借入金の元本で割ったもので、この数値が高いほど借入金返済能力が高い。なお、スポンサーからみたプロジェクトの採算を図る指標としては、正味現在価値（Net Present Value、NPV）や内部収益率（Internal Rate of Return、IRR）などがある。

コラム　プレシピアムとオール・イン・イールド

　MLAが受け取るアレンジメント・フィーのなかに、プレシピアム（Praecipium）と呼ばれる部分がある。
　たとえば、総額150百万米ドルのプロジェクト・ファイナンスにおいて、アレンジャーの参加額を25百万米ドル、共同アレンジャーの参加額を20百万米ドル、シニア・マネージャーの参加額合計を30百万米ドル、マネージャーの参加額合計を30百万米ドルとする。MLAが受け取るアレンジメント・フィーの料率を1.5%、各参加者の手数料率を図表Ⅱ－9のとおりとすると、アレンジメント・フィーとステータス別の各参加者が受け取る参加手数料の合計は以下のとおりとなる。

① 　アレンジメント・フィー：
　　　150百万米ドル×1.5%＝225万米ドル
② 　アレンジャーの参加手数料：
　　　25百万米ドル×0.75%＝18.75万米ドル
③ 　共同アレンジャーの参加手数料：
　　　20百万米ドル×0.5%＝10万米ドル
④ 　シニア・マネージャーの参加手数料：
　　　30百万米ドル×0.375%＝11.25万ドル
⑤ 　マネージャーの参加手数料：
　　　30百万米ドル×0.25%＝7.5万ドル

　各参加者への参加手数料の支払はアレンジメント・フィーから行われるものとすると、MLAが受け取る参加手数料控除後の手数料は以下のとおりとなる。
　　　①－②－③－④－⑤＝177.5万米ドル
　一方、MLAの参加額はファイナンス総額からMLA以外の参加者の参加額を控除して算出すると以下のとおりとなる。
　　　150－25－20－30－30＝45百万米ドル
　したがって、MLAの参加額に対する手数料率は、以下のとおりとなる。
　　　177.5万ドル÷45百万ドル＝3.944%
　他の参加者と比べ、いかにMLAのとり分が多いかわかるだろう。
　このMLAの実質的な手数料率3.944%と、アレンジメント・フィーの料率1.5%の差額である2.444%をプレシピアムという。これを図に示すと図表Ⅱ－11のとおりとなる。

図表Ⅱ-11 手数料とプレシピアム

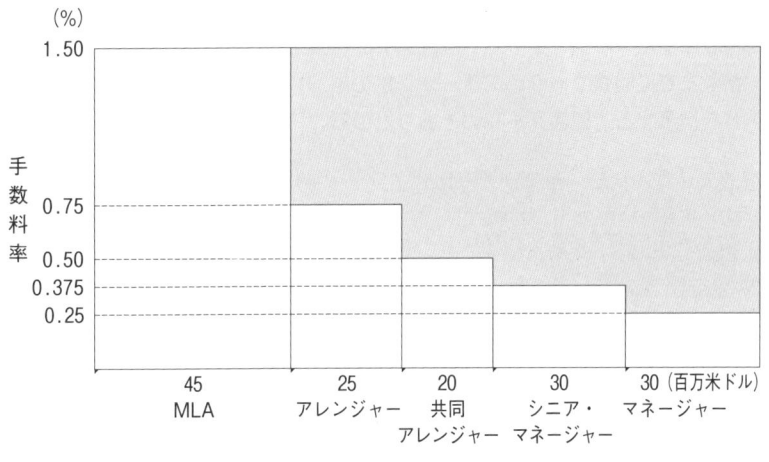

```
(%)
1.50 ┬─────┬──────────────────────────────┐
     │     │                              │
     │     │                              │
手   │     │                              │
数 0.75├─────┼──────┬───────────────────────┤
料   │     │      │                       │
料 0.50│     │      ├──────┬─────────────────┤
率0.375│     │      │      │                 │
  0.25│     │      │      ├──────┬──────────┤
     │     │      │      │      │          │
     └─────┴──────┴──────┴──────┴──────────┘
       45    25    20     30    30 (百万米ドル)
      MLA  アレン  共同  シニア・ マネージャー
           ジャー アレン  マネー
                ジャー  ジャー
             ステータス別参加額
```

図表Ⅱ-11全体の面積がアレンジメント・フィー、つまりすべての参加金融機関が受け取る手数料の総額である。そのうち、網かけ部分がプレシピアムである。MLAとしては、できる限り低い料率で、できる限り多額の参加を得ることができれば、プレシピアムをふやすことができ、結果として収益率(オール・イン・イールド、all-in yield)を高くしつつ、自らの参加額(リスク)を減らすことができるのである。なお、2008年9月のリーマン・ショック以降、プロジェクト・ファイナンスに取り組む金融機関の数が減少しているため、かつてよりプレシピアムを獲得しにくくなっていると考えられる。

ところで、オール・イン・イールドとはどのようなものだろうか。オール・イン・イールドとは、融資適用金利とベースレートの差額(マージン)に受取手数料を加味した、貸出人からみた実質的な投資収益率である。プロジェクト・ファイナンスによる融資は、複数回に分けて引き出され、返済も期限一括ではなく複数回に分けて返済されるので、この点を加味した平均残存期間(アベレージ・ライフ、Average Life)をかりに7.3年とし、マージンを2%とすると、MLAのオール・イン・イールドは以下のとおりとなる。

　　2%+3.944%÷7.3年=2.540%

単純化のため、コミットメント・フィーやエージェント・フィーなどはないものとしている。

また、厳密には受取手数料は融資契約締結時点で受け取っているので、将来受け取る利息収入と比較してより高く評価されることになるので、MLAの実質的なオール・イン・イールドは2.540%（254.03bp）よりも高くなる。
　参考までに図表Ⅱ－9のステータス別の参加金融機関のオール・イン・イールドを例示すると図表Ⅱ－12のとおりとなる。

図表Ⅱ－12　ステータス別オール・イン・イールド

ステータス	マージン (bp)	手数料率 (bp)	平均残存期間 (年)	オール・イン・イールド (bp)
リード・アレンジャー	200	100	7.3	213.70
アレンジャー	200	75	7.3	210.27
共同アレンジャー	200	50	7.3	206.85
シニア・マネージャー	200	37.5	7.3	205.14
マネージャー	200	25	7.3	203.42

　このように、プロジェクト・ファイナンスの仕組みをアレンジする金融機関（MLA）と、でき上がった仕組みに参加する金融機関とでは、オール・イン・イールドが大きく異なる。MLAを獲得することは、収益の獲得においても、レピュテーション（対外的評価）の獲得においてもメリットが大きいといえる。

第 III 編

キャッシュフロー・ファイナンスの実務への適用

第1章
キャッシュフロー・ファイナンスのエッセンス

次章以降で解説する具体的適用方法に先立ち、キャッシュフロー・ファイナンスのエッセンスを以下のとおり示す。第Ⅱ編第2章で示したプロジェクト・ファイナンスのエッセンスと比較しながら読み進めていただきたい。

(1) キャッシュフロー・ファイナンスの返済原資

融資した資金の一義的な返済原資が、融資対象事業から生み出されるキャッシュフローであることは、プロジェクト・ファイナンスと同じである。

通常の融資の場合は融資対象事業が、たとえ返済原資に見合うだけのキャッシュフローを生み出すことが十分には期待できない事業であっても、借入人（融資対象事業を別会社化させている場合は実質的な親会社）に相応の信用力があり、融資対象事業を含む事業全体からのキャッシュフローで返済可能であったり、処分可能な担保が十分にあったりすれば融資を行うこともありうる。しかしながら、このような返済原資に見合うキャッシュフローを生み出すことが期待できない事業に対する融資は、原則としてキャッシュフロー・ファイナンスの対象外である。キャッシュフロー・ファイナンスはキャッシュフローを担保にとることが特徴の一つであるが、融資対象事業以外のキャッシュフローを含めて担保にとることは原則として行わないからである。

(2) キャッシュフロー・ファイナンスの事業主体（借入人）

キャッシュフロー・ファイナンスの事業主体は、融資対象事業から生み出されるキャッシュフローを捕捉、分別管理する必要があるため、原則として別会社化させる。

ただし、キャッシュフロー・ファイナンスの適用対象となる事業は、プロジェクト・ファイナンスと違い、本業と切り離すことがむずかしい事業も多い。したがって、融資対象事業を別会社化させるかどうかは、コストや許認可などを勘案し、その経済合理性や実現可能性などを検討のうえ、個別に判断することになる。たとえば、戸建分譲業者が戸建分譲事業を行う場合（注1）、宗教法人が霊園開発事業を行う場合（注2）などは、法的にもまた許認可上も容易ではない。

　また、プロジェクト・ファイナンスは、スポンサーによる法的な支援義務は、スポンサー・サポート契約上のCOSやCDSなどの追加資金拠出義務などに限定されるリミテッド・リコース型の融資である。一方、キャッシュフロー・ファイナンスは、別会社化させた場合、株主であるかどうかにかかわらず、実質的な親会社から保証あるいは保証に準ずる信用補完を求めることが原則である。

(3) キャッシュフローを担保にとる仕組み

　プロジェクト・ファイナンスと同様、キャッシュフロー・ファイナンスにもキャッシュフローを担保にとる仕組みが組み込まれていることは、第Ⅰ編第2章(1)で解説したとおりである。

　キャッシュフロー・ファイナンスは、いわゆるコベナンツ・ファイナンスや通常の融資とは違い、融資対象事業専用の預金口座の開設、当該預金口座への担保権設定、支払充当順位の設定など、本格的なキャッシュ・ウォーターフォールの構築を行っている。その一方で、キャッシュ・ウォーターフォールの構築・運用方法に工夫を加えることにより、中堅・中小企業などでも実務上の対応が可能な仕組みの構築を実現している。

(4) 担　　保

　キャッシュフロー・ファイナンスは、プロジェクト・ファイナンスと同様、原則として全資産担保の概念を採用している。

　全資産担保とは、融資対象事業に関連する資産について、処分価値の有無

にかかわらず、担保としてとることを意味する。全資産担保の概念は近年の社会・金融環境の変化をふまえ、通常の融資においても、少なくとも部分的には取り入れを検討すべきものである。この点については、本編第4章で詳しく考察する。

(5) 融資実行後のモニタリング

　融資実行後、融資対象事業の進捗状況をモニタリングする必要があることは、通常の融資であっても、プロジェクト・ファイナンスであっても、キャッシュフロー・ファイナンスであっても変わるところはない。

　通常の融資と、プロジェクト・ファイナンスやキャッシュフロー・ファイナンスとの大きな違いは、銀行がモニタリングを円滑に実施することができるよう、借入人に対しさまざまな義務を課している点である。キャッシュフロー・ファイナンスにおいては、貸借対照表などの財務諸表の提出義務だけではなく、事業計画や工事進捗状況、事業の実績などについて詳細な報告義務を課している。これらの措置はキャッシュフローを担保にとる仕組みの一部を構成するものでもあるが、事業に問題が発生した場合、早期に発見し、問題解決についての借入人との協議を行うことが可能となる。

　問題発見は早ければ早いほど、借入人、銀行の双方が納得のいく解決策を見出せる可能性が高まる。ところが、通常の融資のように借入人との信頼関係を拠り所として、自発的な報告を待っていたのでは、問題発見が遅れ、気がついたときには貸出債権の回収に向けて動き出す以外、銀行としてとるべき手段がなくなっていることもありうる。このような事態はできる限り避けるべきであることは言うまでもないが、定型的な融資契約書に基づく通常の融資においては、そのための契約上の手当が十分とはいえない。

(6) 借入人などに対する行動制限

　キャッシュフロー・ファイナンスにおいても、プロジェクト・ファイナンスと同様、キャッシュフローを担保にとる仕組みの構築、キャッシュフロー下振れリスクの軽減を目的に、借入人などの行動についてコベナンツを設定

し制限を加える。

　具体的には、事業・財産の譲渡、合併・会社分割・組織変更・解散、増減資、定款変更、取締役変更・追加、口座開設、借入れ、デリバティブ取引、担保提供・保証、株主変更、事業放棄、新規事業・投資、事業関連契約締結・解約・譲渡・変更など多岐にわたる。これらの制限の一部は保証人にも課される。

　これらの措置は、定型的な融資契約書に基づく通常の融資においては十分に手当することが困難である。

(7)　案件特性に応じて個別に作成する融資契約書

　これまで解説してきたキャッシュフロー・ファイナンスの仕組みを構築するためには、プロジェクト・ファイナンスと同様に、キャッシュフロー・ファイナンスにおいても融資契約書などの契約書を個別に作成する必要がある。定型的な融資契約に基づく通常の融資の場合は、融資契約書の内容を修正することはできないので、別途合意書を作成し最低限のコベナンツを記載することになるが、記載内容は限られる。

(8)　プロジェクト・ファイナンスおよび通常の融資との比較

　プロジェクト・ファイナンス、キャッシュフロー・ファイナンス、定型的な融資契約書に基づく通常の融資の違いをまとめると、図表Ⅲ－1のとおりとなる。

(9)　ま　と　め

　これまで解説したキャッシュフロー・ファイナンスのエッセンスを整理すると以下のとおりとなる。
① 　キャッシュフロー・ファイナンスの適用対象となる事業は、融資した資金の返済原資となるキャッシュフローを生み出すことができる事業である。

図表Ⅲ-1 プロジェクト・ファイナンス、キャッシュフロー・ファイナンス、通常の融資の比較表

項　目	プロジェクト・ファイナンス	キャッシュフロー・ファイナンス	定型的な融資契約書に基づく通常の融資
返済原資	融資対象事業から生み出されるキャッシュフロー	融資対象事業から生み出されるキャッシュフロー	融資対象事業を含むすべての事業から生み出されるキャッシュフロー
事業主体	SPC	原則SPC	原則通常の事業会社
親会社支援	あり（リミテッド・リコース型融資）	あり（保証などの信用補完）	―（別会社化させた場合は保証有）
キャッシュフロー担保	あり	あり	なし
融資実行後のモニタリング	融資契約書への記載あり	融資契約書への記載あり	融資契約書への記載なし
借入人等に対する行動制限	融資契約書への記載あり	融資契約書への記載あり	融資契約書への記載なし
融資契約書	個別作成	個別作成	定型書式を使用

② 借入人である取引先企業などの信用力、不動産などの処分可能な担保に加えて、融資対象事業から生み出されるキャッシュフローを担保にとる。

③ キャッシュフローを担保にとる仕組みを構築するため、融資対象事業の特性などにあわせ、融資契約書を個別に作成する。これにより、取引先企業と銀行との約束事が明確になる。

④ キャッシュフローを捕捉するために、融資対象事業専用の預金口座を開設し入金集中を図る。さらに、専用口座への担保権設定、専用口座からの出金ルール（支払充当順位）を規定し、融資した資金が優先的に返済される仕組みをつくる。

⑤ キャッシュフローが下振れる可能性のある借入人の行動に制限を加え、かつ金融機関によるモニタリングを強化するため、コベナンツを設定する。
⑥ 融資対象事業に関連する資産を処分価値の有無にかかわらず、担保としてとる。担保としてとる資産のなかには、不動産のほか、事業専用口座、事業関連契約や、借入人を別会社化させている場合はSPC（特別目的会社）株式などが含まれる。
⑦ このような仕組みを構築することにより、借入人は、
・将来の資金調達についてもメドをつけることが可能となる
・長期間の資金調達が可能となる
・事業再生案件など難易度の高い案件の資金調達が可能となる
といったメリットを享受することができる。

なお、これまで解説してきたキャッシュフローを担保にとる仕組みの構築、全資産担保、適切なコベナンツの設定などさまざまな手法を活用した保全策をセキュリティ・パッケージ（Security Package）という。キャッシュフロー・ファイナンスは、通常の融資にセキュリティ・パッケージを組み合わせることにより成り立っているのである。

キャッシュフロー・ファイナンスの基本概念を図表Ⅲ－2に示す。

本書で解説するキャッシュフロー・ファイナンスはプロジェクト・ファイ

図表Ⅲ－2　キャッシュフロー・ファイナンスの基本概念

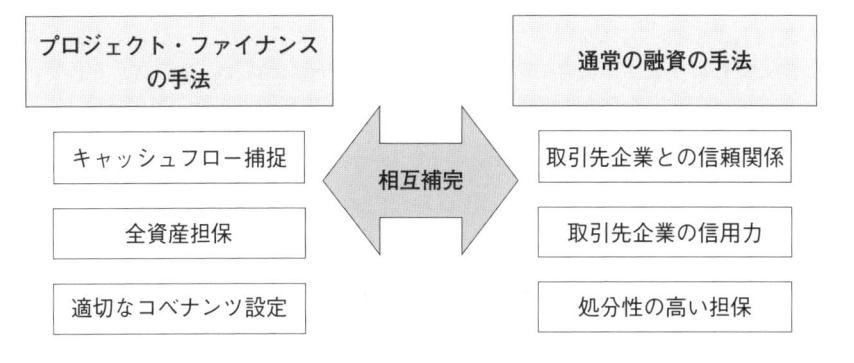

プロジェクト・ファイナンスの手法	相互補完	通常の融資の手法
キャッシュフロー捕捉		取引先企業との信頼関係
全資産担保		取引先企業の信用力
適切なコベナンツ設定		処分性の高い担保

ナンスの仕組みを活用したものである。したがって、キャッシュフローを担保にとるなど基本的な仕組みはプロジェクト・ファイナンスと同じであるが、キャッシュフロー・ファイナンスはノンリコースあるいはリミテッド・リコースベースの融資ではない。

また、プロジェクト・ファイナンスの場合、事業者は大手総合商社など、大規模なプロジェクトを遂行する高い能力を保持する企業である。一方、キャッシュフロー・ファイナンスの場合、事業者は中堅・中小企業、事業再生を目指そうとする企業、第三セクター、地方公社、医療法人、時には宗教法人であることもある。

したがって、キャッシュフロー・ファイナンスを取り組むに際しては、プロジェクト・ファイナンスとは異なるアプローチが求められる。次章以下では、この点もふまえ、具体的適用方法について解説する。

【注】
1 戸建分譲業者が融資対象事業となる特定の戸建分譲事業を別会社で行おうとする場合、宅地建物取引業法に基づき、別会社において宅地建物取引業の免許を取得する必要がある。しかしながら、免許取得に際しては、継続的に業務を行うことができる事務所の設置や常勤性と専従性を満たした専任の宅地建物取引主任者の雇用などが求められる。戸建分譲を本業として行う事業者が、実体のある戸建分譲会社を新たに設立することは負担感が大きく、合理性に欠けることが多い。
2 霊園などの墓地経営は、「墓地、埋葬等に関する法律」や厚生労働省生活衛生局長通知「墓地経営・管理等の指針について」などにより、地方公共団体、宗教法人、公益法人等に制限されている。したがって、宗教法人が霊園事業を別法人で行おうとする場合、新たに宗教法人あるいは公益法人を設立する必要があるが、宗教法人の属性に照らし合わせると、非現実的であることが多い。

第 2 章
ストラクチャリングの手順

　取引先企業から借入れの相談があった場合、金融機関の営業担当者は融資が可能かどうか検討し、融資が可能と判断した場合、どのような条件とするか検討する。このように融資を行うために案件を組み立てることをストラクチャリングという。

　すべての融資案件において共通しているが、特にキャッシュフロー・ファイナンスにおいては、ポイントを外さずストラクチャリングを行う必要がある。ストラクチャリングにおける失敗は、後日リスクの顕在化を通して重大な損失を招いたり、あるいは取引先企業と金融機関双方において事後管理負担の不必要な増加を招いたりする可能性があるからである。

　本章では、ポイントを外すことなくストラクチャリングを行うための手順について解説する。

(1) 通常のストラクチャリング手順

　まず、金融機関の普通の営業担当者によるストラクチャリングの手順について、保全策に絞って考えてみる。

　資金使途が投資・開発資金であった場合、営業担当者は融資対象事業がそもそも事業として成り立つのかどうか、つまり事業性についてまず検証する。そして事業性に問題がなく、融資が可能であると判断すると、取引先企業の要望や信用力を考慮に入れつつ、どのような保全策であれば、内部決裁がとれそうかを経験に照らし合わせて考える。この場合、担保や保証などは、事業が計画どおりとならなかった場合、融資した資金の回収を図るうえでの重要な保全策となる。

　営業担当者は何の保全策もない状況をベースに、内部決裁がとれ、かつ取引先企業も応諾してくれそうな担保や保証などの保全策を追加してゆく。そ

図表Ⅲ-3　通常のストラクチャリング手順

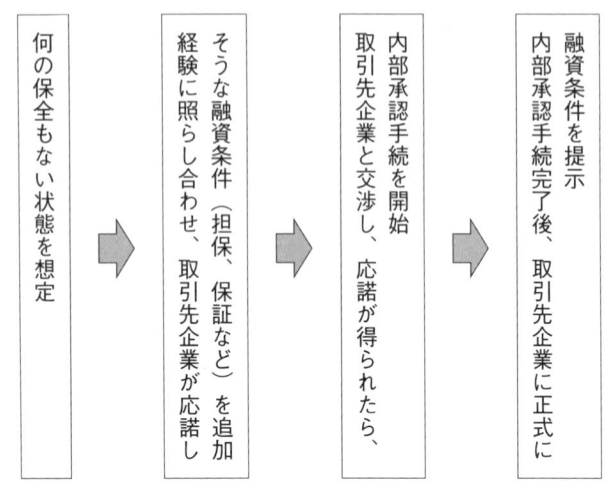

何の保全もない状態を想定 ⇒ そうな融資条件（担保、保証など）を追加経験に照らし合わせ、取引先企業が応諾し ⇒ 内部承認手続を開始取引先企業と交渉し、応諾が得られたら、 ⇒ 融資条件を提示内部承認手続完了後、取引先企業に正式に

メリット	・顧客ニーズに迅速に対応 ・単純な案件であれば、見落しなし
デメリット	・内部決裁条件が必要十分条件となりがち ・複雑な案件であれば見落しリスクあり

してできあがった融資条件について取引先企業に打診し、内諾が得られたら、内部承認手続（多くの場合は審査部の承認）に駒を進める。

　首尾よく追加条件なしで内部承認を得ることができれば、取引先企業に正式に融資を行うことを伝える。もし、追加条件を付与された場合は、取引先企業に再度打診し、承諾をもらう。経験豊富で優秀な営業担当者であれば、保全策の落としどころについて迅速で正確な判断を行うことができ、追加条件などを最小限に抑えることができるだろう。

　このようなストラクチャリングの手順は取引先企業のニーズに迅速に応えることができるというメリットがあるが、看過しがたい問題もある。本来、内部決裁条件は最低限満たさなければならない条件（＝必要条件）であるはずである。しかしながら、このような手順でストラクチャリングを行うと、最低限必要な条件が、必要かつ十分な条件となってしまうおそれがある。

　また、何の保全もない状況をベースに担保や保証などの保全策を追加して

いくので、本来検討すべき条件がもれてしまう可能性がある。特にキャッシュフロー・ファイナンスのように案件が複雑になればなるほど、本来検討すべき条件をもらすリスクが高まる。単純な融資案件に取り組む場合以外は、勘や経験に頼ってはいけないのである。

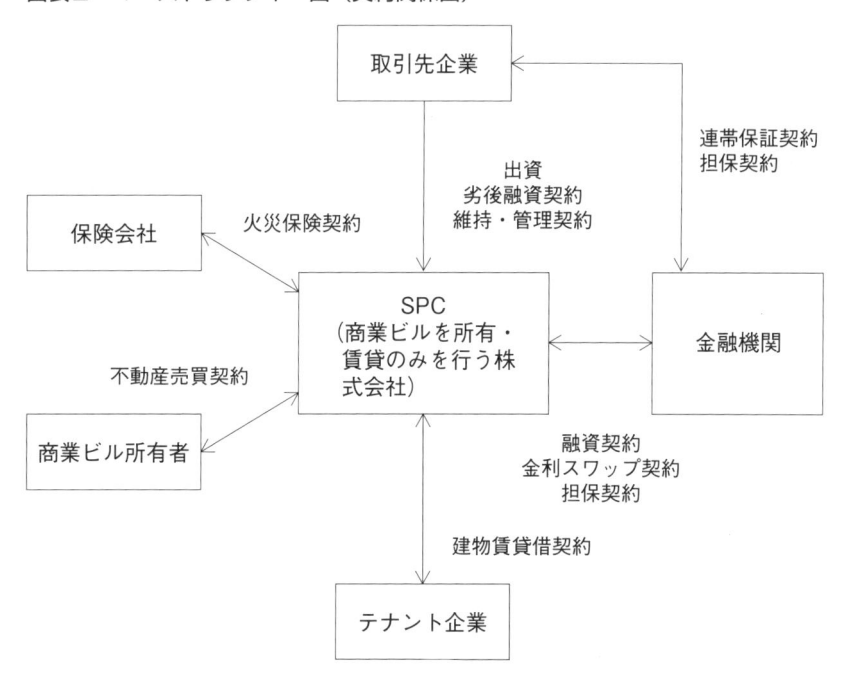

(2) あるべきストラクチャリング手順

通常の営業担当者が行うストラクチャリングの手順に問題があるとすると、複雑な融資案件において、本来あるべきストラクチャリングの手順とはどういうものだろうか。

投資・開発案件などキャッシュフロー・ファイナンスの適用が望ましい複雑な融資案件であれば、まず、取引先企業から案件の内容について詳しく聴取したうえで、ストラクチャー図（契約関係図）を作成する。ストラクチャー図を作成することにより、複雑な融資案件を視覚的に把握し、検討す

図表Ⅲ-4　ストラクチャー図（契約関係図）

図表Ⅲ-5　あるべきストラクチャリング手順

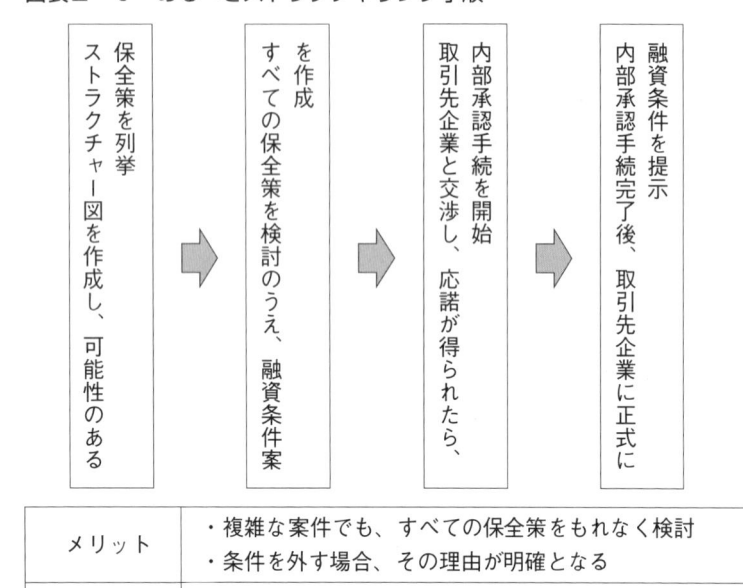

保全策を列挙ストラクチャー図を作成し、可能性のある	⇨
を作成すべての保全策を検討のうえ、融資条件案	⇨
内部承認手続を開始取引先企業と交渉し、応諾が得られたら、	⇨
融資条件を提示内部承認手続完了後、取引先企業に正式に	

メリット	・複雑な案件でも、すべての保全策をもれなく検討 ・条件を外す場合、その理由が明確となる
デメリット	・煩雑で意思決定に時間がかかる

べき保全策の見落しを防ぐのである。

　SPCを設立して、テナントに一棟貸している商業ビルに投資する案件のストラクチャー図を図表Ⅲ-4に例示する。

　次に、ストラクチャー図を参考に契約関係を正確に把握し、融資対象事業がもつリスクを分析したうえで、可能性のある保全策を列挙する。そのうえで、取引先企業の信用力や要望も考慮に入れつつ、保全策として何が必要かを検討し、融資条件を決める。そしてできあがった融資条件について取引先企業に打診し、内諾が得られたら、内部承認手続（多くの場合は審査部の承認）に駒を進める。

　首尾よく追加条件なしで内部承認を得ることができれば、取引先企業に正式に融資を行うことを伝える。もし、追加条件を付与された場合は、取引先企業に再度打診し、承諾をもらう。

　このようなストラクチャリングの手順をとることにより、すべての保全策

についてもれなく検討を行ったうえで、融資条件を決めることができる。また、保全策の一部を外す場合はなぜそれを外したのかが明確となるのである。

(3) 提　言

本項(1)の手順をとっても、(2)の手順をとっても、特に比較的単純な案件であれば、結果として同じ保全策となることは十分ありうる。また、どのような手順を踏んだとしても、とれると考えてとったリスクの一部が、なんらかの理由で顕在化することは避けられない事態かもしれない。

しかしながら、ある保全策を外したことが結果として失敗であったとしても、リスクについて認識し、熟慮のうえ外した場合と、リスクについて気がつかず、あるいはよく検討せずに外した場合とでは、プロとアマほどの差があるといえる。

(1)の手順をとった場合、かりにリスクについて認識したうえで、特定の保全策を外したとしても、記録として残らない可能性もある。融資を実行してから、数年が経ち、当初の担当者から次の担当者へ、そしてさらに次の担当者へと引き継がれていくうちに、なぜ当初の融資条件となったのか、なぜ特定の保全策を外したのか、わからなくなってしまうなどということは、金融機関としてあってはならないことである。

このように考えると、ストラクチャー図の作成→リスク分析→融資条件の決定というプロセスは、リスクを見極め損失を最小限に抑える必要のあるシニアデットの投資家として当然のことではないだろうか。

残念ながら、(2)の手順は煩雑ということもあり、通常の融資ではあまり採用されていないのが現実ではないだろうか。しかしながら、繰り返し主張するが、少子高齢化、慢性的低成長、グローバル規模での大競争の時代にあっては、予測不可能性が増している。このような時代の到来をふまえ、特に複雑な案件や長期にわたるキャッシュフローを返済原資とする案件については、(2)の手順をとることを強く提言したい。

なお、実際の融資取上げに際しては、融資金利、融資期間、返済方法など

も重要な検討事項であり、保全策だけが融資条件ではないことを申し添えておく。

第 3 章
キャッシュフロー管理

　本章では、キャッシュフロー管理の具体的方法について比較的単純な案件をベースに解説する。キャッシュフロー管理はキャッシュフロー・ファイナンスの心臓部ともいえる部分である。キャッシュフローを担保にとるという行為そのものが決して単純なものではないので、貸出人である金融機関にとっても、借入人である取引先企業にとっても、相応の事後負担は避けられない。

　しかしながら、キャッシュフロー管理があまりに厳格すぎたり、手続が煩雑すぎたりしないような仕組みづくりをすることにより、双方の事後負担を最小限に抑えることは可能である。その意味で、キャッシュフロー・ファイナンスを実務に適用するに際し、キャッシュフローを適切に管理するノウハウはきわめて重要である。

(1) キャッシュフロー管理の概念図

　まず、図表Ⅲ－6のキャッシュフロー管理の概念図をご覧いただきたい。この概念図は前章(2)の図表Ⅲ－4のストラクチャー図で示した商業ビル投資事業に関するものである。点線で囲んだ部分は、融資対象事業のみを行うSPCが保有する事業専用の預金口座と資金の流れを示している。

　事業専用の預金口座は大きく分けて、入金口座、出金口座、各種リザーブ口座の3種類に分かれている。それぞれの口座の名称からわかるように、入金口座は、事業キャッシュフローを含め、SPCが受け取るすべての資金を入金する口座である。各種リザーブ口座は、元利金返済資金留保のための口座、修繕金積立のための口座、差入保証金留保のための口座など事業内容に応じて複数開設される。また、出金口座は、SPCによるすべての外部宛支払を行う口座である。

図表Ⅲ-6 キャッシュフロー管理の概念図

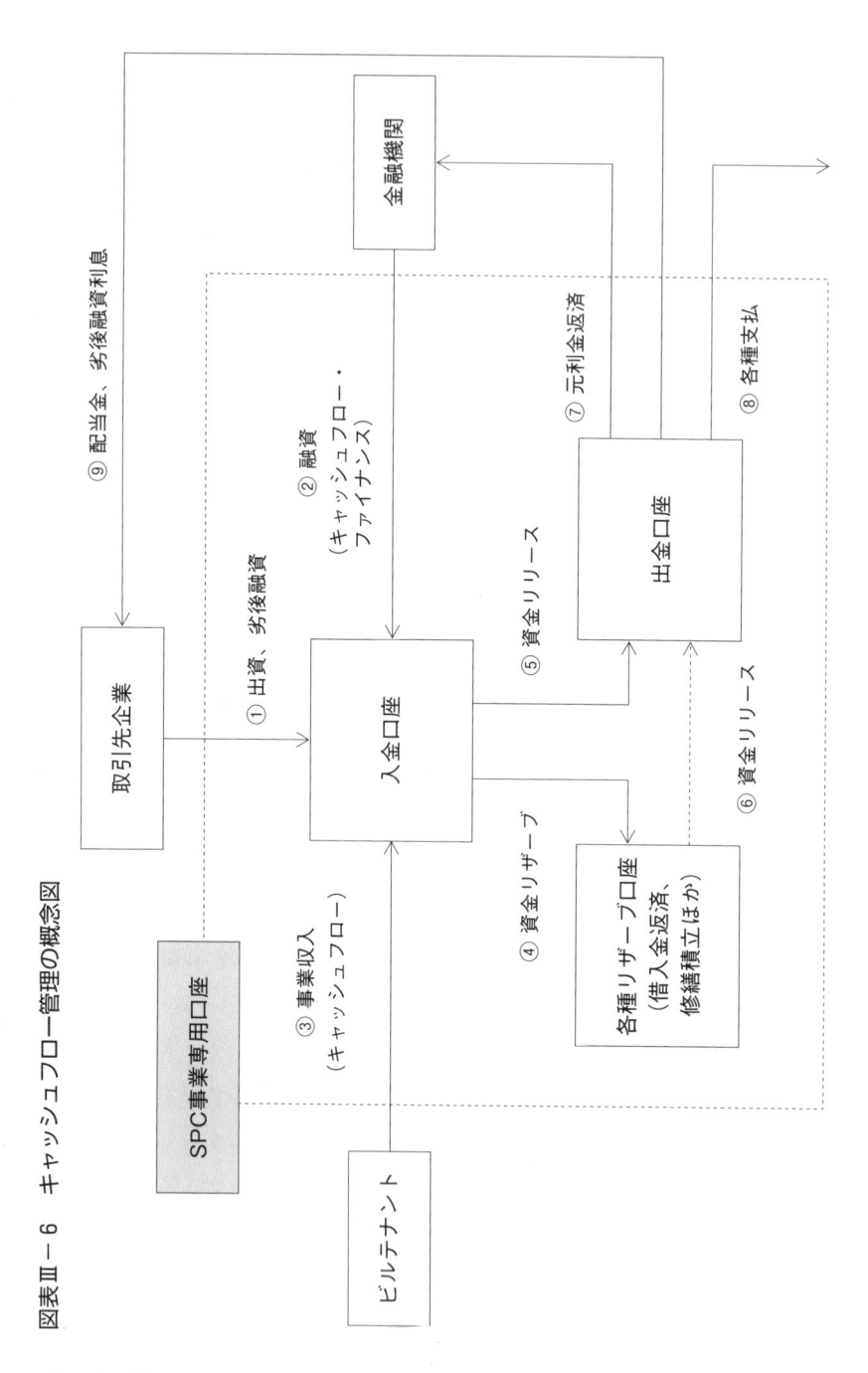

次項(2)で解説するキャッシュフロー管理の手法は一つの例にすぎない。実際の管理手法は事業や取引先企業の個別特性をふまえ、大きく変わりうる点にはご留意願いたい。複数のアニメーション制作のための資金調達にキャッシュフロー・ファイナンスの仕組みを適用した事例では、事業専用口座の数は作品ごとのキャッシュフローを管理する目的で10を超えたこともある。

キャッシュフロー管理の仕組みを構築する際に重要なポイントは、常に実務に則して検討することである。いかに立派な仕組みを構築したとしても、複雑すぎて双方が実務的に遵守できないような仕組みでは意味がない。この点については、実務をふまえて取引先企業と金融機関が時間をかけて十分に協議することにより、簡潔かつ有効な仕組みを構築することが強く求められる。

(2) キャッシュフロー管理の具体的方法

以下では図表Ⅲ－6の概念図におけるキャッシュフローの流れに則して、金融機関によるキャッシュフロー管理の具体的方法について解説する。

SPCは親会社である取引先企業から出資金および劣後融資により資金を調達（①）する。親会社からの資金調達完了後、金融機関から融資（キャッシュフロー・ファイナンス）（②）を受ける（注1）。これにより、融資対象事業を実施するための資金調達が完了する。調達した資金はSPCが保有する入金口座に入金される。親会社および金融機関から入金口座に入金された資金は、出金口座を経て（⑤）、商業ビル購入資金などの各種の支払に充当される（⑧）。

事業が始まると、事業が生み出すキャッシュフロー（賃料収入など）は、まずSPCの入金口座に入金される（③）。入金口座に滞留する資金の一部はSPCが保有する各種のリザーブ口座に目的別に移し替えられる（④）。

リザーブ口座の種類は、本件については元利金返済準備金留保のための口座、修繕金積立のための口座、テナントからの差入保証金留保のための口座などが考えられる。

リザーブ口座への資金留保・積立の水準は、案件ごとに異なるため一概に

はいえないが、経費として支出が予想される性質のものであれば、向こう6カ月分、元利金返済準備金であれば、向こう3カ月〜6カ月分、テナントからの差入保証金であれば全額、といった水準をメドとする。

リザーブ口座からの資金の取崩し（⑥）は、定期的に必要な修繕費用の支払であったり、不測の事態発生による一時的なキャッシュフロー不足を補てんするための支払であったりさまざまであるが、これらの支払はすべて出金口座を経由して行われる（⑧）（注2）。

金融機関への元利金返済（⑦）や事業を運営するうえで必要な各種支払（⑧）は、入金口座に滞留した資金や、支払目的によってはリザーブ口座に留保・積み立てた資金を出金口座に振り替えたうえで行う（⑤、⑥→⑦、⑧）。このうち、事業を運営するうえで必要な各種の振替え（⑤、⑥→⑧）はあらかじめ金融機関が承諾した事業計画に基づいて行う。出金口座への1回当りの振替額は向こう1カ月分をメドとする。キャッシュフローの入りだけでなく、出を押さえなければキャッシュフローを担保にとっているとはいえないので、事業計画の妥当性についてはよく検討する必要がある。

親会社である取引先企業への配当金支払や劣後融資の利息支払（注3）（⑨）も十分な余剰資金があれば、入金口座に滞留している資金を出金口座に振り替えたうえで、行う（⑤→⑨）。ただし、支払充当順位は原則として最後となる。

SPCの入金口座、各種リザーブ口座には、プロジェクトの運営に必要な大切な資金が滞留しているので、担保権を設定する。借入人であるSPCによる資金引出しは、貸出人である金融機関の承諾を得て、支払停止解除、資金引出し、支払停止再設定、という手順を経て行われる。

出金口座については、事業計画に基づいて金融機関が入金口座ほかから引出しを承諾した資金のみが滞留しているので、通常は担保権を設定せず、引出しはSPCに任せる。前述のように振替額に制限を加えることで、出金口座への滞留資金を最大で向こう1カ月分の支払資金としておけば、万一、SPCが融資契約の規定に違反して資金引出しを行ったとしても、リザーブ口座の滞留資金などを勘案すれば、直ちに支払不能に至る可能性は低いといえる。

出金口座に担保権を設定しないのは、資金引出しのつど、支払停止解除、資金引出し、支払停止再設定を行う必要があり、実務的に煩雑であるという事情もある。たとえば、出金口座にも担保権を設定すると数百円の文房具を購入するための資金引出しですら金融機関の承諾が必要となる。これではSPCにとっても、金融機関にとっても、事務負担が大きく、実務的に困難である。したがって、出金口座への担保権設定は事業そのものや取引先企業などになんらかの問題が発生し、厳格なキャッシュフロー管理が必要となった場合に限定する。

　なお、本章で解説したキャッシュフロー管理は第Ⅱ編第3章で解説したキャッシュ・ウォーターフォールの一部を構成するものである。また、事業専用口座は同じく第Ⅱ編第3章で解説したプロジェクト関連口座に相当するものである。

【注】
1　SPCが事業遂行に要する資金については、事業においてとるリスクの重い順に、まずエクイティ・ファイナンス（親会社による出資など）による資金拠出の後、デット・ファイナンス（銀行による融資など）による資金拠出が行われることが原則である。

　　これをエクイティ・ファーストという。景気が上向き金融が緩んだときはこの原則が破られることがあるが、本来、返済順位の低い親会社などによる資金拠出より先に銀行が融資を行うことはあってはならない。

2　事業計画上、支払が予定されている資金について、リザーブ口座への資金の留保・積立義務を課すことは借入人の理解が得られやすい。一方、不測の事態に備えての資金留保・積立義務については、その必要性や金額について借入人と交渉になることが多い。借入人からみると、リザーブ口座に滞留する資金が多ければ多いほど、資金効率が悪くなるからである。

　　しかしながら、事業に投資した資金の回収に長期間を要する場合、その間に発生するかもしれない不測の事態に備えておくことは保険的な意味合いをもっており、事業を継続する点からも大切なことである。たとえば、元利金返済資金について、ある一定期間分の資金をリザーブ口座に留保しておかなかった場合、なんらかの理由でキャッシュフローが止まると、いきなり延滞ということになりかねない。もし、リザーブ口座からの資金引出しにより、1回分の元利

金返済を行うことができれば、次回の返済までの間に、対応を協議することも可能となるのである。

　リザーブ口座への資金留保・積立義務については、このような点について取引先企業に丁寧に説明し、納得してもらうことが肝要である。

3　本件事業については、劣後融資の拠出者が親会社であり、劣後融資がエクイティとしての性格が強いことから、利息のみの支払としている。劣後融資についての詳細は、次章(2)④Ｆの劣後融資契約についての解説を参照されたい。

第4章 担　　保

(1) 担保をとる目的とは何か

　キャッシュフロー・ファイナンスでは、プロジェクト・ファイナンスと同様、原則として、融資対象事業に関連するあらゆる資産を担保にとる。本項では、一般銀行実務においてあまり知られていないものも含め、担保にとる目的について解説する。

　日本国内の銀行における通常の融資では、不動産や上場有価証券、定期預金など、その価値や処分性が比較的安定している資産を担保にとる。これは、いざというときに担保を処分して回収を図るためである。一方、キャッシュフロー・ファイナンスにおいては、原則として、融資対象事業に関連するあらゆる資産を担保にとる。担保にとる資産のなかには、その価値を評価することがむずかしいものや処分がむずかしいものも含まれる。

　たとえば、融資対象事業を新しく設立したSPCで行う場合、SPCへの出資持分を担保にとる。SPCは株式公開しているわけではないので、売却することは容易ではない。また、銀行が担保にとったSPCへの出資持分を処分しようとする場合とは、事業が行き詰まっている場合である。行き詰まった事業のみを行っているSPCへの出資持分を処分することはきわめて困難であり、かりに処分できたとしても、それほど多くの回収は期待できないはずである。

　キャッシュフロー・ファイナンスにおいて融資対象事業に関連する資産を担保にとる目的は四つある。

① 担保処分により融資した資金の回収を図る
② 融資対象事業から生み出されるキャッシュフローを管理する
③ 銀行が融資対象事業に介入する権利を確保する

④　第三者による融資対象事業への介入を阻止する

以下ではそれぞれの目的について解説する。

① 　担保処分により融資した資金の回収を図る

　日本で銀行が通常の融資取引で担保をとるケースの大半はこの目的によるものである。上場株式のなかでも発行済株式数が多く活発な売買が行われている株式や東京など大都市圏の商業ビルなどの不動産は、相応の価値と処分性がある。しかしながら、このような担保をとったからといって、決して安全というわけではない。

　担保処分を行うときは、往々にして景気が下降局面にあるときである。したがって、処分するときの担保価値は融資実行時点での担保価値より下落している可能性がある。こうした理由などにより、金融機関が担保にとるときは、担保価値を時価ではなく、たとえば時価の70％といったかたちで低く見積もるのである。もっともバブル時代の教訓からわかるように、時価に掛け目を設定して担保価値を低く見積もろうが、資産価値が上昇傾向にあろうが、事業性を軽視し担保をみて融資をすることは厳に慎むべきであることは言うまでもない。

② 　融資対象事業から生み出されるキャッシュフローを管理する

　融資対象事業から生み出されるキャッシュフローを管理するためには、事業専用の預金口座を開設し、融資契約書で入金集中や支払充当順位を規定するだけでは十分ではない。なぜなら、借入人がなんらかの理由で融資契約書の規定に反して預金口座から資金を引き出し、他の用途に流用する可能性があるからである。このような事態は借入人の業績が思わしくないようなときに起こりがちである。そこで、事業専用口座に担保権を設定し、貸出人である銀行の承諾なく借入人が専用口座から資金を引き出せないようにする必要がある。ただし、煩雑さを避けるため、平時においては出金口座に担保権を設定することを留保することは、前章(2)で解説したとおりである。これら一連の措置により、キャッシュ・ウォーターフォールを構築することができるのである。

　なお、担保権を設定する預金口座の種類は通常は普通預金などの流動預金

口座であるが、元利金返済準備金留保用の口座など、平時においてほとんど資金移動のない口座については、普通預金との金利差を考慮して定期預金とすることもある。

③ 銀行が融資対象事業に介入する権利を確保する

　融資対象事業に重大な問題が発生した場合に備え、銀行が事業に介入する権利を確保しておくことは重要である。なぜなら、銀行にとっては、事業から生み出されるキャッシュフローが融資した資金の一義的な返済原資であるからである。事業に問題が発生した場合、返済原資となるキャッシュフローにも問題が発生する可能性が高くなる。

　たとえば、融資対象事業を新しく設立したSPC（株式会社とする）で行う場合、SPC株式を担保にとる。SPCは融資対象プロジェクトのみを行う特別目的会社であり、株式公開もしていない。したがって、その株式は処分性が低く、担保にとることは無意味なように思われる。

　しかしながら、SPC株式を担保にとることにより、担保権を行使し株式を第三者に譲渡するなどして事業に介入する権利をもつことができる。日本では銀行は銀行法および独占禁止法（注1）により、事業会社の株式保有に制限が課されている。また、事業に重大な問題が発生したとしても、事業会社であるSPCの株式を銀行が取得することは実務上は容易ではない。しかしながら、問題発生時にSPCの株式を事業遂行能力の高い第三者に譲渡するといった打開策を、銀行が主導的に交渉することが状況次第では可能となる。

　なお、事業に介入する権利をステップ・イン・ライト（Step-in Right）という。

④ 第三者による融資対象事業への介入を阻止する

　前号③とも関係するが、銀行の意図に反して融資対象事業に第三者が介入することを防ぐことも担保をとる重要な目的の一つである。

　キャッシュフロー・ファイナンスにおいては、融資対象事業に関連する契約やSPC株式などは、融資契約において銀行の承諾なく、借入人や親会社が第三者に譲渡、担保提供することを禁止または制限している。しかしながら、たとえ融資契約で規定したとしても、借入人や親会社が契約に反して一

第4章　担　　保　　145

方的に、事業関連契約やSPC株式を譲渡あるいは担保提供するというリスクは排除できない。融資対象事業や親会社の業績に重大な問題が発生した場合、こうしたリスクが顕在化する可能性が高まる。SPC株式が反社会勢力の手に渡るといったことも可能性としてはありうるのである。

こうした事態に備え、第三者の手に渡った場合、融資対象事業の遂行や借入金の返済に重大な影響を及ぼす可能性のあるものについては、担保としてとっておく必要がある。

本項で解説した担保にとる四つの目的は、キャッシュフロー・ファイナンスにおいてのみ当てはまるというわけではない。通常の融資においても、融資条件を決定する際に検討すべき事項であるが、十分には検討されていないことも多いのではないだろうか。

(2) 何をどのようにして担保にとるのか

あらゆる資産を担保にとるといっても、実際に何を担保にとればよいのだろうか。またどのようにして担保にとればよいのだろうか。以下では、事例を通してこれらの点について解説するとともに、担保に関する考え方を見直す必要性について考察する。

① 前提条件

取引先企業が商業ビルに投資する事業を考えてみる。前提条件は以下のとおりとする。

A．取引先企業が設立する本件事業専用のSPC（株式会社）を通して投資する。

B．取引先企業のSPCに対する出資比率は100％とする。

C．SPCによる銀行借入れに対し、取引先企業は連帯保証を行う。

D．出資金と銀行借入れでまかないきれない資金は、取引先企業がSPCに劣後融資を行う。

E．商業ビルはテナント企業に一棟貸しされており、SPCはその賃貸借契約を商業ビルの現所有者から引き継ぐ。

F．SPCは商業ビルの維持・管理を取引先企業に委託する。
G．保険会社と火災保険契約を締結し、不測の事態に備える。

② ストラクチャー図

　前号の前提条件のもと、本件事例について、第2章(2)「あるべきストラクチャリング手順」で示したとおり、契約関係をもれなく把握するため、ストラクチャー図を作成すると、図表Ⅲ-4のとおりとなる。なお、本来のストラクチャー図はより複雑であるが、解説の関係上簡略化している。

③ 担　　保

　図表Ⅲ-4のストラクチャー図に基づき、担保としてとることを検討する資産と担保のとり方を例示すると、図表Ⅲ-7のとおりとなる。

④ 担保についての解説

　図表Ⅲ-7で例示した担保にとることを検討する資産と担保のとり方について解説する。

A．商業ビル土地・建物および火災保険契約

　　通常の融資と同様、商業ビル土地・建物について根抵当権を設定する

図表Ⅲ-7　資産と担保のとり方（例）

資　　産	担保のとり方
商業ビル土地・建物	根抵当権
火災保険契約	質権
SPC預金口座（普通預金口座）	質権
SPC株式	質権
建物賃貸借契約	譲渡担保権 契約上の地位譲渡予約
維持・管理契約	譲渡担保権 契約上の地位譲渡予約
劣後融資契約	譲渡担保権 契約上の地位譲渡予約

が、被担保債務が特定の債務のみの場合は抵当権を設定する。

　火災保険契約については、通常の融資の場合、抵当権に基づく物上代位（注2）が火災保険への質権に優先するとの考えから、担保権を設定しないこともある。しかしながら、キャッシュフロー・ファイナンスにおいては、全資産担保の見地から質権を設定する。質権を設定することにより、借入人が融資契約上のコベナンツに反して、火災保険契約を勝手に解約したり、契約内容を変更したりすることを防ぐことが期待できるからである。

B．SPC預金口座

　SPCが保有する融資対象事業専用の預金口座について、預金債権へ質権を設定する。事業専用口座は普通預金とすることが一般的であるが、日々残高が変動する普通預金への担保権設定の有効性については、法的には明確とはいえない。たとえば、普通預金残高が100万円のときに設定した担保権が、その後残高が200万円となった場合でも、預金残高全額をカバーしているかどうかについては、明確とまでは言い切れない。

　キャッシュフロー・ファイナンスは、プロジェクト・ファイナンスほど融資額が大きくないため、シンジケーションによるリスク分散を図ることはせず、本件事例のように一行で融資するケースが多い。したがって、案件によっては、直ちに相殺権を行使して預金からの回収を図ることも可能であるので、預金開設時に預金債権質権設定契約書を締結し、確定日付を取得しておくだけですませることもある。質権を行使して回収を図ることも可能性としては存在するが、回収は相殺権行使を前提とし、質権設定は融資契約上の規定とあわせ、借入人による事業専用口座からの引出しを制限する法的根拠という整理とするのである。もちろん、このような手当で法的に絶対に大丈夫であると言い切ることはできないが、実務的な手間暇と法的リスクのレベルを勘案すると、案件によっては、現実的な選択肢かもしれない。

　シンジケーションの場合は、法的リスクについてさらに慎重な検討が必要になる。なぜなら、通常、シンジケーションに参加する金融機関の意思

結集は、シンジケーションへの参加割合により定められた投票権（これをVoting Rightという）に基づく投票によって決定されるからである。当然意思結集には相当な時間がかかるため、事業専用預金口座を開設している金融機関（通常はエージェント）が直ちに担保権を行使することが困難である可能性がある。実務上の対応は、たとえば、預金残高のピーク時にあわせ、一月に2回、預金債権質権設定契約の締結と確定日付の取得を行うといった方法がとられていたりするが、これで大丈夫とまではいえない。

流動預金への担保権設定については、以上解説したように法律や判例よりも実務が先行している。このため、流動預金への担保権設定について弁護士に法律意見書の提出を要求した場合、その有効性について意見を留保する弁護士も存在する。こうした状況の解消に向けて、これまでも金融の専門家により法整備等の提言が行われてきたが、いまだ実現していない。今後、日本においてキャッシュフローを重視した融資を普及していくうえで、重要なポイントといえるものであり、できる限り早期に法整備が整うことを期待したい。

C．SPC株式

SPC株式について質権を設定する。SPCが株券発行会社の場合、質権設定手続は、(a)株式質権設定契約の締結、(b)株券の受領、(c)株主名簿への質権設定登録（対抗要件の具備）、(d)株主名簿謄本の受領、により完了する。一方、SPCが近年増加している株券不発行会社の場合は、(a)株式質権設定契約の締結、(b)株主名簿への質権設定登録（対抗要件の具備）、(c)株主名簿謄本の受領、により質権設定手続が完了する。いずれの場合においても、商業登記簿謄本（履歴事項全部証明書）での発行済株式数の確認、原本証明付定款の写しでの質権設定登録手続の確認（注3）を行う。

また、SPCは通常非上場会社であり、譲渡制限がついている場合がほとんどであるので、この点についてSPCの商業登記簿謄本および原本証明付定款の写しで確認（注3）しておく必要がある。株式に譲渡制限がある場合、担保権の行使がむずかしいため、担保権設定時にあらかじめ譲渡を認める旨の手続を行う。株式譲渡を認めるための手続としては、株主総会あ

るいは取締役会での承認を要することが多いが、担保権設定時点での承認手続が融資契約期間中にわたり有効であるとはいえない可能性もあるので、定期的（たとえば、3カ月ごと）に承認手続をとる、あるいは貸出人が要求すれば直ちに承認手続をとるといったコベナンツを融資契約において課すことも検討する必要がある。

D．建物賃貸借契約

　建物賃貸借契約を含め事業関連契約の多くは、譲渡担保権設定契約と契約上の地位譲渡予約契約を同時に締結することにより担保権を設定する。対抗要件は、債務者（建物賃貸借契約の場合はビルテナント）から異議なき承諾を取り付けたうえ、確定日付を取得することにより具備する。単なる承諾ではなく、異議なき承諾を取り付けることにより、債務者は反対債権などがあったとしても、譲受人である銀行に対し相殺などの抗弁の主張ができなくなる。

　なお、事業関連契約に譲渡制限が付されていない場合は、承諾にかえて債務者に対し通知を行う方法もあるが、やはり、債務者が譲受人である銀行に対し相殺などの抗弁の主張を行う可能性があるので、債務者から異議なき承諾を取り付けることが望ましい。

　また、譲渡担保権設定契約については、債権譲渡登記所において債権譲渡登記を行ったうえで債務者への登記事項証明書の交付・異議なき承諾の取付けを行うことにより、第三者および債務者への対抗要件を具備することも可能であるが、本件事例のように債務者が多数ではない場合は、債務者からの異議なき承諾取付けと確定日付の取得のほうが手続面で簡便である。

　ところで譲渡担保権設定契約と契約上の地位譲渡予約契約は厳密には矛盾する契約である。譲渡担保権設定契約において、借入人であるSPCから貸出人である金融機関に賃料債権の所有権が移転しているにもかかわらず、契約上の地位譲渡予約契約において、SPCがもつ契約上の地位の譲渡（賃料債権の所有権も含まれることになる）を将来、金融機関に譲渡することを予約する

からである。これは、将来の法制度・判例等の変更に備え念のため、二重に契約を締結するものである。この方法に関しては、譲渡担保権設定契約で十分とする意見もあり、判断が分かれる。

E．維持・管理契約

　本件において担保としてとるものは、親会社である取引先企業がSPCに対してもつ商業ビル建物の維持・管理料債権と維持・管理契約上の地位である。全資産担保という概念に立てば、SPCの側からも同様に担保をとることも検討できるが、あまりに煩雑となることを避けるため、実務上はSPCの側からは担保にはとらないほうがいいかもしれない。

F．劣後融資契約

　劣後融資契約についても、親会社である取引先企業が契約上保有する貸出債権と劣後融資契約上の地位を担保としてとる。ただし、劣後融資契約による融資が直ちに実行されない場合は、借入人であるSPCが劣後融資を受ける権利も担保としてとることも検討する必要がある。

　なお、取引先企業からSPCへの融資を劣後融資としているが、銀行から受ける融資にいかなる場合でも返済順位が劣後していることを意味している。取引先企業が自ら投資した資金を、あらかじめ定められた利鞘などの収益しか見込めない銀行が融資した資金より先に回収することは、原則として認められない。

　劣後融資には2種類ある。一つは、エクイティ（出資金）と同じ目的で行われるものである。この目的で行われた劣後融資の元本は、原則として銀行が融資した資金が全額返済されるまで返済を受けることができない性質のものである。

　もう一つは、銀行融資より高いリスクをとるが、投資目的で行われるものである。この場合は一定割合で元本の返済を認めることもある。劣後融資の拠出者が取引先企業とは直接関係のない投資家の場合などがそうである。劣後融資の拠出者も返済順位は異なるものの、投資家として銀行と同じ立場に立っているので、劣後融資契約を銀行に担保提供することは認められないこともある。この場合、銀行は劣後融資の拠出者やSPCと債権者

間協定書を締結し、SPCによる債務の返済順位において、銀行融資のほうが劣後融資より優先することを明確にする。

⑤ 担保にとらなかった場合、想定される事態

事業専用口座やSPC株式、事業関連契約などを担保にとらなかった場合、どういうことが起こりうるだろうか。融資契約書において幅広くコベナンツを設定し、事業専用口座への入金集中義務や支払充当順位などを設定、事業関連資産の譲渡・担保提供の制限などを行ったとしても、借入人や親会社が契約条件を破ることはありうる。

以下に想定される事態を例示する。

- 商業ビル土地建物を第三者に売却し、売却代金を親会社の資金繰りに充当していた。
- 商業ビル土地建物を担保提供していた。
- 火災保険会社を信用力の低い保険会社に変更していた。
- 火災保険契約の保険額を低い金額に引き下げていた。
- 火災保険契約を解約していた。
- SPCの事業専用口座から資金を引き出し、親会社の資金繰りに充当していた。
- 他の銀行に口座を開設し、事業専用口座から引き出した資金を積み立てていた。
- SPCの資金を新規事業資金に充当していた。
- 経営者の事業運営能力を信頼して融資したにもかかわらず、親会社がSPC株式を第三者に譲渡し、経営主体が変わった。
- SPC株式を第三者に担保提供し、担保権を行使された。
- 親会社がSPCから多額の配当を受領していた。
- 建物賃貸借契約を変更し、賃料の入金口座を他行に変更していた。
- 建物賃貸借契約を担保提供し、賃料債権を差し押えられた。
- より有利な条件でテナントを入れることを企図し、建物賃貸借契約を解約していた。
- 維持・管理契約の内容を改定し、親会社へ支払う維持・管理料を引き上

げていた。
- 維持・管理契約を実績のない第三者に譲渡していた。
- 維持・管理契約を第三者に担保提供し、維持・管理料債権を差し押えられた。
- 劣後融資契約を解約し、期限前返済を行っていた。
- 期限一括返済が条件の劣後融資契約を変更し、約定返済をつけていた。
- 劣後融資契約の金利を引き上げていた。
- 親会社が劣後融資契約を第三者に譲渡していた。
- 親会社が劣後融資契約を第三者に担保提供し、担保権を行使された。

　平時においては、借入人や親会社と銀行は強固な信頼関係で結ばれている。したがって、借入人や親会社の錯誤や技術的なミスによる契約違反が発生することはあっても、故意に上記のような重大な違反を犯すことは想定しがたい。

　しかしながら、キャッシュフロー・ファイナンスの適用対象となる融資案件は、融資した資金が全額完済となるまで、10年を超える長期間となるケースも数多く存在する。その間に取引先企業の業績が悪化し資金調達に問題が生じたり、融資対象事業が不調になり借入金の返済に支障をきたしたりした場合はどうだろうか。時と場合によっては、それぞれの立場の違いが深まり、取引先企業と銀行との間で十分な信頼関係を維持することが困難となることも起こりうるのではないだろうか。起こってほしくないときほど、このような事態は起こりやすいともいえる。であれば、平時からこのような事態に備えることが重要ではないだろうか。

⑥　時代の変化と金融市場の変化への対応の必要性

　通常の融資において流動預金や非上場株式、事業関連契約に担保権を設定するケースはあまり見かけない。しかし、担保権を設定しないことによるリスクは以前より増している。

　前述のとおり、少子高齢化、慢性的低成長、グローバル規模での大競争の時代においては予測不可能性が増しており、個別企業の信用力や処分性の高い担保などに基づいた融資判断はますますむずかしくなっている。

それだけではない。ここ10年くらいの間に資金調達手段が多様化してきた。資金調達手段の多様化の背景には、資金の出し手の多様化があり、両者は互いに影響しあいながら日本の金融市場に変化をもたらしている。

　かつては法人向け融資の資金の出し手は邦銀が大半であったが、現在はそうではない。ノンバンク、さまざまなタイプのファンド、ベンチャーキャピタル、日系もあれば外資系もある。彼らの資金調達ソースは邦銀と必ずしも同じではない。資金調達ソースのニーズにあわせて資金運用の方法も変わって当然である。

　資金の出し手の多様化により、日本の金融市場の厚みが増すことは、大変よいことに違いない。しかしながら、新規参入者のなかには、ハイリスク・ハイリターンを追求し、状況次第では、処分価値のない担保を武器にメインバンクに揺さぶりをかけてくるといったことも現実に発生している。

　これまでの融資慣行を変えることは金融機関だけではできない。当然のことながら、契約の相手方である取引先企業の理解も得なくてはならない。これには大変な努力と時間を必要とするかもしれない。しかしながら、時代の変化や金融市場の変化にあわせ、不測の事態に備えてとるべき担保をとっておくことは、キャッシュフロー・ファイナンスにおいてだけでなく、通常の融資においても真剣に検討すべき時期に来ているのではないだろうか。

【注】
1　銀行法および独占禁止法の該当条文を以下に示す。なお、非上場会社については、銀行は事業再生子会社を通して5％を超える議決権を保有することが可能となったので、今後は事業再生子会社を通したステップ・イン・ライトの行使も考えられる。

> 「銀行法」第16条の3
> 銀行またはその子会社は、国内の会社（前条第1項第1号から第6号まで、第11号および第13号に掲げる会社を除く。以下この条において同じ。）の議決権については、合算して、その基準議決権数（当該国内の会社の総株主等の議決権に100分の5を乗じて得た議決権の数をいう。以下この条において

同じ。）を超える議決権を取得し、又は保有してはならない。
2 前項の規定は、銀行又はその子会社が、担保権の実行による議決権の取得その他の内閣府令で定める事由により、国内の会社の議決権をその基準議決権数を超えて取得し、又は保有することとなる場合には、適用しない。ただし、当該銀行又はその子会社は、合算してその基準議決権数を超えて取得し、又は保有することとなつた部分の議決権については、当該銀行があらかじめ内閣総理大臣の承認を受けた場合を除き、その取得し、又は保有することとなつた日から一年を超えてこれを保有してはならない。
（以下省略）

「私的独占の禁止および公正取引の確保に関する法律（独占禁止法）」第11条
銀行業または保険業を営む会社は、他の国内の会社の議決権をその総株主の議決権の100分の5（保険業を営む会社にあっては、100分の10。次項において同じ。）を超えて有することとなる場合には、その議決権を取得し、又は保有してはならない。ただし、公正取引委員会規則で定めるところによりあらかじめ公正取引委員会の認可を受けた場合及び次の各号のいずれかに該当する場合は、この限りでない。
一 担保権の行使又は代物弁済の受領により株式を取得し、又は所有することにより議決権を取得し、又は保有する場合（以下省略）

2 民法が定める物上代位とは、本件事例に則して説明すると、根抵当権を設定済の商業ビル建物が火事で焼失した場合、その商業ビルにつけられた火災保険契約に基づきSPCが受け取る保険金についても担保物権としての効力が及び、保険金により貸出人は債権の優先弁済を受けることができるということである。該当条文を以下に示す。

「民法」第304条（物上代位）
先取特権は、その目的物の売却、賃貸、滅失又は損傷によって債務者が受けるべき金銭その他の物に対しても、行使することができる。ただし、先取特権者は、その払渡し又は引渡しの前に差押えをしなければならない。
2 債務者が先取特権の目的物につき設定した物権の対価についても、前項と同様とする。
第372条（留置権等の規定の準用）
第296条、第304条及び第351条の規定は、抵当権について準用する。

3 定款における質権登録および譲渡制限株式の記載例を以下に示す。
質権の登録
　当会社の株式について質権の登録または信託財産の表示を請求する場合は、

第4章 担　保　155

当該会社所定の書式による請求書に各当事者が署名または記名押印し、請求しなければならないものとする。その登録または表示の抹消についても同様とする。

株式譲渡制限
　当会社が発行する株式はすべて譲渡制限株式とする。株式を譲渡によって取得する場合は【株主総会／取締役会】の承認を要するものとする。

第 5 章
コベナンツの設定と与信管理

　キャッシュフロー・ファイナンスにおいては、キャッシュフローを担保にとるとともに、キャッシュフローを下振れさせないためにさまざまなコベナンツを設定する。本項では、まず、適切なコベナンツ設定の重要性について、コベナンツの設定と与信管理の関係を通して解説する。そのうえで、キャッシュフロー・ファイナンスで求められるコベナンツおよびそれらの遵守状況の確認方法について解説する。

(1)　コベナンツの設定と与信管理

　金融機関における融資業務は融資を実行したら終わりというわけではない。融資した資金が利息を含め全額完済されるまで、与信管理を行う必要がある。融資対象事業が順調に推移しているか、借入人がSPCであれば、いざというときの後ろ盾である親会社の信用状態に変化はないか、といったことを常時あるいは定期的にモニタリングするわけである。

　与信管理の目的は、借入人などになんらかの問題が発生した場合、早期に融資した資金を回収することであるとみる向きもある。しかしながら、これは極端な見方である。問題は早期に気がつくほど解決しやすいものである。また、問題の解決は借入人と金融機関にとって共通の利益となるものである。したがって、問題を早期に発見し、借入人と金融機関が問題の解決に向けて協議し、双方にとって納得のゆく対策を講じるために最大限努力することが与信管理の一義的な目的である。

　融資案件の取上げに際しては、取上げの可否について詳細な検討を行う必要がある。そして融資可能と判断すると、融資条件を決めるが、これらの作業は高度な専門性と大変な労力を必要とする。しかしながら、融資実行時に詳細な検討を行ったとしても、その後の与信管理を怠ると、問題の早期発見

ができず、いざというときに有効な対策を打ち出すことができなくなる可能性がある。その結果、不良債権が発生すると、金融機関は多大な損失を被る。金融機関の利鞘は2％にも満たないケースが大半であることを考えると、与信管理は融資実行と同じか、それ以上に大切である。

キャッシュフロー・ファイナンスにおける与信管理は、案件の特性上長期間にわたる。その間の与信管理の手助けとなるものがコベナンツである。本編第1章において、キャッシュフロー・ファイナンスのエッセンスとして、キャッシュフローを担保にとること、キャッシュフローを下振れさせる可能性のある借入人の行動に制限を加え、かつ銀行によるモニタリングを強化することを目的として、コベナンツを設定することをあげた。

適切なコベナンツを設定すれば、コベナンツ管理は与信管理を行ううえで大変役に立つ。長期間にわたる与信管理の間に、金融機関の担当者は何度も交代する可能性があるが、融資契約書に規定されているコベナンツを確認すれば管理すべき事項の多くがわかるからである。

(2) コベナンツの設定と遵守状況の確認方法

では、実際にどのようなコベナンツを設定し、どのようにしてコベナンツの遵守状況を確認すればよいのだろうか。図表III－8に代表的なコベナンツとその遵守状況の確認方法について示す。ここに示したコベナンツおよびその確認方法は一つの例を示したものである。実際のコベナンツの設定やその確認方法は、融資案件の特性などに応じて個別に決定する必要があることは言うまでもない。

キャッシュフロー・ファイナンスにおけるコベナンツの数は、通常案件でも50を超えることが多い。やみくもにコベナンツの数を増やすと、借入人、金融機関双方にとり大変な事後負担となる可能性がある。したがって、コベナンツの設定に際しては、必要なコベナンツは決してもらさない一方で、余計なコベナンツは排除することに注意を払わなくてはならない。

当然のことながら、コベナンツ遵守状況の確認は書類だけで行うものではない。どんなに手間がかかっても、定期的に借入人、親会社、融資対象事業

図表Ⅲ-8 コベナンツと遵守状況確認方法(例)

コベナンツ	遵守状況確認方法
決算書など各種情報・資料の提出	各種情報・資料提出状況の定期的確認および内容精査
表明および保証違反発生時の通知	借入人、親会社などへのヒアリング 事業所在地の実査 最新の決算書、事業計画、実績報告などの資料、情報の内容精査 事業専用口座の入出金状況の検証 最新の法人登記簿謄本、定款、出資者名簿、不動産登記簿謄本の内容確認
財産、経営、業況などについての重大な変化発生時の通知	
期限の利益喪失事由発生時などの通知	
事業遂行義務・放棄の禁止、新規事業の制限	
事業・財産の譲渡・放棄の制限	
合併、会社分割、解散・残余財産処分、増減資、定款変更、役員・出資者変更などの制限	借入人、親会社などへのヒアリング 最新の法人登記簿謄本、定款、出資者名簿、不動産登記簿謄本などの資料の入手・内容確認
新規事業、口座開設、借入れ、デリバティブ取引、配当金などの社外流出、劣後借入金返済の制限	借入人、親会社などへのヒアリング 最新の決算書、事業計画、実績報告などの資料・情報の内容精査 事業専用口座の入出金状況の検証
担保提供、保証の制限	借入人、親会社などへのヒアリング 最新の決算書、不動産登記簿謄本、出資者名簿などの資料・情報の内容確認
融資実行後の事業用資産への担保権設定	最新の不動産登記簿謄本、出資者名簿などの資料・情報の内容確認
事業計画、実績報告などの提出、承諾取付け	最新の事業計画、実績報告などの資料・情報の内容精査
事業に必要な許認可、資格などの取得、維持	借入人、親会社などへのヒアリング 許認可、資格取得状況を書類などで確認
事業関連契約の締結、変更、譲渡、	借入人、親会社などへのヒアリング

解約、破棄などの制限	事業関連契約の原本による確認 最新の事業計画、実績報告、決算書などの資料・情報の内容精査 事業専用口座の入出金状況の検証
リザーブ口座への積立・留保	口座残高の確認 最新の事業計画、実績報告、決算書などの資料・情報の内容精査
入金口座への入金集中 事業専用口座の目的外使用の禁止	事業専用口座の入出金状況の検証 最新の事業計画、実績報告、決算書などの資料・情報の内容精査
各種財務制限条項	最新の決算書などの資料・情報で確認

所在地などを訪問し、資料や情報を直接入手するだけでなく、詳細なヒアリングを行う必要がある。また取引先企業などから聴取した事項については、どれだけ親密な関係にあったとしても、彼らの説明を鵜呑みにするようなことがあってはならない。

　コベナンツ管理に際しては、コベナンツの要旨を記載した管理表を作成し、いつどのような方法で遵守状況を確認したかがわかるように時系列的に記録を残すことが望ましい。また、コベナンツ違反が発生した場合についても、管理表を作成し、発生日や対応状況について記録を残すことが望ましい。これにより、担当者交代時のスムーズな引継ぎ、本部検査部署などによる検証、コベナンツ違反への対応などを円滑に行うことが可能となる。

　コベナンツ遵守状況の確認頻度は案件により異なるが、借入人などへのヒアリングや口座の入出金状況などの確認を通して常日頃から行うことが基本である。また、決算書や事業計画・実績報告の提出にあわせ、確認作業を行うことも必要である。通常案件であれば、最低でも３カ月に１回はコベナンツ管理表に確認結果を記録しておくべきである。

　理念としては理解できても、キャッシュフロー・ファイナンスの実務への適用は容易ではない。適切なストラクチャリング、適切な担保の設定、

キャッシュフロー管理体制の構築、適切なコベナンツの設定、コベナンツ管理体制の構築のいずれが欠けても、キャッシュフロー・ファイナンス業務を組織として立ち上げることはできない。

　特に、本編第3章で解説したキャッシュフロー管理と本章で解説したコベナンツ管理は融資実行後の要となる業務である。この二つの業務を怠ると、通常の融資となんら変わりがなくなる。キャッシュフロー管理体制の構築とコベナンツ管理体制の構築については、しっかりとした組織とルールづくりが不可欠である。与信管理は銀行など金融機関が最も得意とするところではあるが、各種管理表の制定、管理要員の配置、業務フローの制定などを含む管理体制の構築は一朝一夕には成し遂げることはできない。

… 第 6 章

融資契約書の基本構成

本章では、まず、キャッシュフロー・ファイナンスにおける融資契約調印までのプロセスを解説する。そのうえで、キャッシュフロー・ファイナンスで使用される融資契約書の基本構成について解説する。本章は第Ⅳ編で解説するケーススタディの橋渡しとなるものである。

(1) 融資契約書調印までのプロセス

定型的な融資契約書と比較すると、キャッシュフロー・ファイナンスで使用される融資契約書はかなり複雑な内容であることはこれまで解説したとおりである。このため、融資契約書やタームシートの作成には、プロジェクト・ファイナンスほどではないにしても、相応の時間と費用がかかる。したがって、取引先企業への提案に際して、いきなり融資契約書のドラフトや詳細な条件を記載したタームシートを提示することはしない。取引先企業のニーズが想定とは異なるものであった場合、無駄となる可能性があるからである。

融資契約書調印までのおもなプロセスを示すと図表Ⅲ-9のとおりとなる。

まず、銀行は主要な融資条件のみを記載した簡易版タームシートを作成のうえ、取引先企業へ提示し、ニーズの確認と主要な融資条件のすり合せを行う。

主要な融資条件についてのすり合せが終わった段階で、詳細な融資条件を記載した本格的なタームシートを作成し、取引先企業へ提示する。タームシートの本文は15ページ近くになるため、取引先企業へのタームシートの提示に際しては、十分理解を得るために詳細な説明を行う必要がある。融資契約書本文が原則30ページ以内であるにもかかわらず、タームシート本文が

15ページ近くとなるのは、取引先企業がキャッシュフロー・ファイナンスに不慣れであるケースが多いため、タームシートの内容をできる限り詳細にしておく必要があるからである。

　タームシートの内容について取引先企業の合意が得られると、銀行は取引先企業からマンデート・レター（融資申込書）を受領する。マンデート・レターには、取引先企業（場合によっては、SPC）からの融資申込み、排他的交渉権の付与、秘密保持、費用負担などの規定が盛り込まれる。

　銀行はマンデート・レター受領後、渉外弁護士に融資契約書などの契約書の作成を発注する。なお、融資案件が比較的簡単な場合は、銀行が自ら契約書のドラフトを作成し弁護士に内容を点検してもらうことで、スピードアップとコスト削減を図る。

　契約書のドラフトが仕上がると、取引先企業に提示する。取引先企業の側も弁護士を雇用し細かな文言に至るまで確認する。取引先企業と銀行との間で契約書の修正について交渉を行い、合意に至ると契約書の最終ドラフトが完成する。最終ドラフトが完成すれば、契約当事者における内部手続を経て契約書の締結（調印）を行う。

　銀行内での内部決裁をとるタイミングは、それぞれの銀行の内部規則によって異なるが、通常の融資にはないドキュメンテーションのプロセスがあることから、以下のように2回に分けて内部決裁をとることが適切と考えられる。

① 簡易版タームシートのすり合せ終了から詳細なタームシート作成までの間

　簡易版タームシートを取引先企業に提示した段階でニーズにあわないことが判明することも考えられるので、内部決裁は簡易版タームシートによるすり合せ後とすることが合理的といえる。また、内部決裁取得時に追加で融資条件を付される可能性もあるので、本格的なタームシート作成前に内部決裁をとっておくことが望ましい。

② 最終ドラフト完成から契約書調印までの間

　最終ドラフトが完成するまでは、交渉過程で融資条件が一部変更となる可

図表Ⅲ-9　融資契約書調印までのおもなプロセス

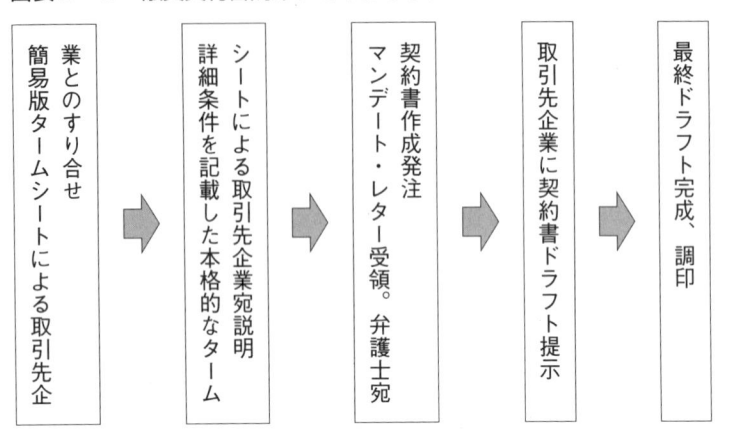

業とのすり合わせ簡易版タームシートによる取引先企 ⇒ シートによる取引先企業宛説明詳細条件を記載した本格的なターム ⇒ 契約書作成発注マンデート・レター受領。弁護士宛 ⇒ 取引先企業に契約書ドラフト提示 ⇒ 最終ドラフト完成、調印

能性がある。したがって、すべての融資条件がほぼ固まった最終ドラフト完成段階でもう一度、内部決裁をとっておくことが望ましい。

これら一連の作業について余裕をもって取り組もうとすると、マンデート・レター受領から融資契約書などの契約書完成まで、1カ月以上かかるとみておいたほうがよいだろう。

(2) 融資契約書の基本構成

キャッシュフロー・ファイナンスで使用される融資契約書は、融資案件の内容によって大きく変わるが、相対融資の場合の融資契約書の構成を例示すると以下のとおりとなる。実際の融資契約書作成に際しては以下の内容をできる限り、わかりやすく、かつコンパクトにまとめる必要がある。

① 表紙
② 目次
③ 前文
④ 定義集
⑤ 事業関連契約一覧
⑥ 貸出人による融資実行義務

⑦　資金使途

⑧　融資実行の前提条件（CP）

⑨　融資実行

⑩　貸付不能事由

⑪　増加費用

⑫　元本返済および利息支払方法

⑬　期限前返済方法

⑭　遅延損害金

⑮　各種手数料

⑯　諸経費および公租公課等

⑰　借入人による元利金返済方法

⑱　事業専用口座一覧

⑲　事業専用口座からの資金引き出しルール

⑳　担保

㉑　連帯保証

㉒　借入人および保証人による事実の表明および保証

㉓　借入人および保証人の義務（コベナンツ）

㉔　期限の利益喪失事由

㉕　相殺

㉖　契約の変更

㉗　契約上の地位および権利義務の譲渡

㉘　一般規定

　A．守秘義務

　B．危険負担、免責、賠償、補償

　C．契約の可分性

　D．権利放棄

　E．銀行取引約定書との関係

　F．通知方法

　G．届出事項の変更

H．休日処理方法

　　I．公正証書の作成

　　J．準拠法、合意管轄、言語

　　K．誠実協議

㉙　調印欄

㉚　別紙

(3) 融資契約書を構成する項目の解説

　以下ではキャッシュフロー・ファイナンスで使用される融資契約書を構成する項目について解説する。

① 表　　紙

　表紙には日付、融資契約書の表示、融資契約金額、借入人名、貸出人名、保証人名などを記載する。表紙の主たる目的は、融資額や契約当事者などが一目でわかるようにするためである。契約書によっては、表紙の記載事項にはなんらの法的意味がないことをあえて記載しているものもある。

② 目　　次

　融資契約書の条項名と各条項が記載されているページを記載する。融資契約書の分量は決して少なくはないので、後日融資契約書の該当条項を確認する際などに便利なものとなる。

③ 前　　文

　融資契約書の全当事者が融資契約書の内容について合意のうえ、締結したことを記載する。

④ 定 義 集

　融資契約書を読みやすくすること、および契約当事者間で後日、用語の解釈に不一致が生じないようにすることを目的として、使用頻度の高い用語について定義集を定める。

　融資適用金利や融資実行を許容する期間（コミット期間などという）、元本の最終返済日なども、トランシェごとに異なるなど複雑でなければ、定義集に記載してよい。定義集の分量が多くなる場合は、融資契約書の最後に別紙

として定義集を添付する方法をとることもある。

⑤ 事業関連契約一覧

　事業関連契約は、融資対象事業を遂行するうえで不可欠なものであり、また、CPやコベナンツなどで締結期限などについて具体的条件を付すものもあるので、もれや見落しがないように一覧表にして記載する。事業関連契約の数が多い場合は、前述の定義集と同様、融資契約書の最後に別紙として定義集を添付する方法をとってもよい。

⑥ 貸出人による融資実行義務

　貸出人は融資契約の各条項に従い、借入人に対し融資を実行する義務を負っていることを明確にする。なお、貸出人による融資実行義務は、無条件ではなく、⑧で解説する融資実行の前提条件（CP）が充足されていることが条件となる。

⑦ 資金使途

　定型的な融資契約書では、資金使途はたとえば、「設備資金」などと簡潔に記載するケースが多いが、キャッシュフロー・ファイナンスにおいては、厳格な資金使途確認の必要性、および資金使途をめぐっての解釈相違の防止の観点から、より具体的に記載する。

⑧ 融資実行の前提条件（CP）

　融資実行に際し、借入人などが事前に充足すべき条件である。大きく分けて、融資契約書締結時点において充足すべき条件と、融資実行日において充足すべき条件に分かれる。なお、融資実行日において充足すべき条件は、融資実行が複数回に分かれる場合は、資金使途や事業計画の進捗にあわせて設定されるので、毎回同一とする必要がない点は注意願いたい。

　融資契約書締結時点において充足すべき条件および融資実行日において充足すべき条件について主要な条件を以下に例示する。当然のことながら、CPは個別案件ごとに異なるので、例示した条件がすべての案件に当てはまるわけではない。

A．融資契約書締結時において充足すべき条件

　(a) 借入人に関する以下の書類の提出

第6章　融資契約書の基本構成　167

商業登記簿謄本、定款、株主名簿謄本、印鑑証明書、銀行取引約定書、印鑑届、株主総会あるいは取締役会議事録謄本（融資契約および劣後融資契約に基づく借入れ、融資契約などの融資関連契約の締結、事業関連契約の締結、借入人株式の担保提供、借入人株式の譲渡などの承認）など。

(b) 保証人（借入人の親会社）に関する以下の書類の提出

　　　商業登記簿謄本、定款、株主名簿謄本、印鑑証明書、銀行取引約定書、保証書、印鑑届、株主総会あるいは取締役会議事録謄本（借入人に対する保証、借入人株式などの担保提供、劣後融資契約に基づく融資、融資契約などの融資関連契約の締結、事業関連契約の締結などの承認）など。

　　　保証人が借入人や親会社の代表者など、個人の場合は、株主総会議事録などは不要となる。

(c) 事業関連契約の写し、許認可・資格に関する書類の写し

(d) 借入人側弁護士による法律意見書

　　　法律意見書（リーガル・オピニオン、Legal Opinion）は融資契約の内容などが複雑かつ多岐にわたるため、借入人による融資関連契約や事業関連契約の締結、許認可・資格などについて、行為能力、適法性、有効性、執行可能性などを確認するためのものである。特に、借入人側が複雑な契約書に不慣れな場合、貸出人が十分と考えられる説明を行ったとしても、誤解などが起こる可能性は否定しきれない。したがって、できる限り早い段階から借入人側弁護士に内容を精査させ、借入人側に誤解が生じないようにしたうえで、法律意見書の提出を受けることが望ましい。

B. 融資実行日において充足すべき条件

(a) 融資契約書記載の条件に従った借入申込書の提出

(b) 貸付不能事由が発生していないこと

　　　貸付不能事由とは、インターバンク市場などの混乱により貸出人が正常な資金調達を行えないような事態を意味する。

(c) 借入人および保証人による事実の表明および保証が真実であること

(d) 期限の利益喪失事由が発生していないこと

(e) 資金使途確認書類の提出
(f) 事業関連契約の締結
(g) 劣後融資契約に基づく融資の実行
(h) 担保契約の締結
(i) 事業計画書の提出および貸出人による承認
(j) 重大な変化が発生していないこと

　　重大な変化とは、Material Adverse Change (MAC) といわれるもので、借入人などの契約当事者や融資対象事業を取り巻く社会情勢などの環境が著しく変化し、貸出人による融資実行、借入人などによる融資対象事業の計画どおりの遂行や借入金の返済などに重大な悪影響を及ぼす可能性のある変化を意味する。

⑨ **融資実行**

　前号⑧で示したCPが充足されたことを「貸出人」が確認した場合のみ、融資が実行されることを記載する。CPが充足されたことの判断を、借入人ではなく貸出人が行う点に注意願いたい。

　キャッシュフロー・ファイナンスにおいては、融資契約の締結と融資の実行が同時に行われるとは限らないため、コミット期間中に定められた書式の借入申込書を提出することにより融資を実行する方法をとる。借入申込書の提出期限は案件により異なるが、たとえば、短期プライムレートによる融資の場合は融資実行の2営業日前、TIBORなどの市場金利による融資の場合は融資実行の3営業日前、シンジケーション案件の場合は融資実行の5営業日前をメドとするなど、余裕をもたせておいたほうがよい。

　これは、貸出人の側からすると、以下の理由によるものである。

A．通常の融資と違い、CP充足状況の確認を行う必要がある。
B．市場金利による融資の場合、通常、ベースレートの決定は2営業日前に行われる。
C．シンジケーションの場合、エージェントから各参加金融機関へ通知するなどの作業が加わる。

　なお、キャッシュフロー・ファイナンスにおいては、多くのケースにおい

て、資金使途が土地購入代金の支払であったり、建設請負業者への代金支払であったりするため、かなり以前からいつ支払が発生するかわかっている。したがって、借入人が通常の融資よりも早く借入れの申込みを行うことは実務的に問題ないことが多い。

⑩　貸付不能事由

　本項⑧B．(b)で解説したとおりである。

⑪　増加費用

　法令等の変更による貸出人側の費用が増加した場合の借入人による負担義務を記載する。定型的な融資契約書とおおむね同じ内容である。

⑫　元本返済および利息支払方法

　定型的な融資契約書とおおむね同じ内容である。

⑬　期限前返済方法

　任意期限前返済だけではなく、強制期限前返済についても案件特性に応じて規定することがある。また金利スワップ契約を締結している場合の扱いや期限前返済手数料を設定している場合の扱いについても規定する。なお、金利スワップ契約については、期限前返済相当分について、借入人の費用で解約することが原則である。

⑭　遅延損害金

　定型的な融資契約書とおおむね同じ内容である。

⑮　各種手数料

　手数料としては、融資契約締結時点あるいは初回融資実行時点で受領する手数料と、融資契約の期間中、定期的に受領する手数料の2種類があるが、手数料についての記載は必ずしも融資契約書に記載する必要はなく、別途、手数料に関する覚書を締結してもよい。

　以下では、それぞれについて主要な手数料を例示するが、すべての案件において、例示する手数料を必ず設定するということではなく、案件ごとにどのような手数料を設定することが妥当であるか検討する必要があるので注意願いたい。

A．融資契約締結時点あるいは初回融資実行時点で受領する手数料

(a) アレンジメント手数料（アレンジメント・フィー）

　　ファイナンス・ストラクチャーの構築およびストラクチャーに関する助言、各種事業関連契約に関する助言、事業計画に関する助言、参加金融機関の招聘（シンジケーションの場合のみ）、メザニン投資家（注1）の招聘など、融資契約締結までに貸出人が行う役務に対する対価である。案件によって役務の内容が異なる点については注意を要する。

　(b) 融資手数料（ローン・フィー）

　　キャッシュフロー・ファイナンスの契約の構成上、融資契約を締結したからといって融資実行が確実となったわけではないこともあり、実際に融資実行が完了した時点で、利息に加え、融資実行の対価として手数料を受領することがある。

B．融資契約の期間中、定期的に受領する手数料

　(a) 口座管理手数料

　　貸出人が融資契約書の規定に基づき、事業専用口座の入出金業務を行うことに対する対価である。

　(c) コミットメント手数料（コミットメント・フィー）

　　貸出人がコミット期間中に借入人に対し負う貸出義務に対する対価である。

　(d) エージェント手数料（エージェント・フィー）

　　シンジケート・ローン形式の場合、エージェント業務の対価として手数料を受領する。なお、本章では相対融資の場合の融資契約書の例について解説しているので、エージェント手数料は存在しない。

　上記手数料については、利息制限法あるいは出資法上のみなし利息と解される可能性があるものも含まれている。したがって、手数料受領のタイミングおよび手数料率などについて、法的な見地からの慎重な検討が必要となる（注2）。

⑯　諸経費および公租公課等

　諸経費および公租公課等は原則として借入人負担であることを記載する。

⑰ 借入人による元利金返済方法

　元利金の返済方法や支払資金の入金期限などを定める。たとえば、シンジケート・ローン形式の場合、エージェントから各参加金融機関へ資金を送金する必要があるので、午前中の早い時間帯までに支払資金を所定の口座に入金するなどの措置を講じておく必要がある。

　また、借入人により事業専用口座から支払われた資金の充当順位についても明確にしておく。案件特性により異なるが、例示すると以下のようになる。

　　第1順位　諸経費および公租公課等
　　第2順位　貸出人あるいはエージェント（シンジケート・ローン形式の場合）が負担する経費、手数料
　　第3順位　各種損害金、清算金、金利スワップ契約に基づく遅延損害金および同契約解約費用
　　第4順位　利息、金利スワップ契約に基づく決済金
　　第5順位　元本
　　第6順位　事業計画に基づくその他の支払

　なお、上記支払充当順位は平時におけるものであり、期限の利益喪失事由発生あるいはそのおそれがある場合は、貸出人（シンジケート・ローン形式の場合は貸出人の要請を受けたエージェント）が個別に支払充当順位および支払方法を指示することになる。

⑱ 事業専用口座一覧

　事業専用口座の目的別のリストである。契約書本文ではなく、別紙に記載してもよい。

⑲ 事業専用口座からの資金引出ルール

　第3章(2)で解説したルールを記載する。

⑳ 担　　保

　不動産、事業専用預金、事業関連契約等を含む担保のリストである。

㉑ 連帯保証

　通常の連帯保証とおおむね同じ内容である。別途、保証書を締結すること

で、本条項を簡略化あるいは省略することも検討可能である。

㉒ 借入人および保証人による事実の表明および保証

　第Ⅱ編第3章(8)㉓で解説したとおり、借入人および保証人による事実の表明および保証は、貸出人が確認できない事項も含め、融資契約締結の前提となる重要な事実について、相違がないことを確認するためのものである。借入人および保証人による事実の表明および保証は、融資契約書締結日だけではなく、融資実行日（融資実行が複数回に分かれる場合は、それぞれの融資実行日）においても要求される。

　主要な事実の表明および保証を以下に例示する。案件ごとに内容が異なる点は他の条項と同じである。

A．法人として、適法に設立され、有効に存在していること。
B．融資契約について、社内において必要な手続をすべて完了していること。
C．融資契約について、法令等、社内規則および他の契約に違反しないこと。
D．融資契約が拘束力を有しており、執行可能であること。
E．財務諸表が完全、正確かつ適法であり、作成後重大な変化が発生していないこと。
F．重大な訴訟、仲裁、行政手続、その他の紛争が発生していないこと。
G．融資契約上の期限の利益喪失事由が発生していないこと。
H．事業関連契約上の違反がないこと。
I．借入人について、融資対象事業以外の事業を行っていないこと。
J．借入人について、許認可・資格を取得していること。
K．借入人について、事業専用口座を開設ずみであること。
L．借入人について、事業専用口座以外の口座を保有していないこと。
M．借入人について、借入れ、担保提供、保証などを行っていないこと。
N．融資契約上の借入人の義務が、他の無担保などの義務に劣後していないこと。
O．借入人株式について、担保権が設定されていないこと。

P．反社会勢力に属していないこと。

㉓　借入人および保証人の義務（コベナンツ）

　コベナンツの内容、設定に際しての考え方、遵守状況確認方法は第5章(2)で解説したとおりである。

　補足すると、キャッシュフロー・ファイナンスにおいては、借入人のみならず、保証人に対しても多数のコベナンツを課している。これにより、保証人は単なる連帯保証人ではなく、融資対象事業や借入人の事業遂行について、問題発生の有無にかかわらず、支援、協力することが求められているのである。

　なお、コベナンツは多岐にわたっており、多くの事項について、借入人や保証人は貸出人の事前承諾を取得することが規定されているが、その運用については注意が必要である。

　特に、事前承諾の可否の判断については、貸出人は合理的かつ遅滞なく行う必要がある。貸出人が不当に承諾を行わない、あるいは長期間にわたり回答を留保するといった行動をとった場合、民法第1条に規定する基本原則や同第90条に規定する公序良俗違反とみなされるおそれがある（注3）。

㉔　期限の利益喪失事由

　期限の利益喪失事由は通常、当然喪失事由と請求喪失事由の2種類に分けて設定される。

　当然喪失事由とは、当該事由が発生した場合、貸出人から請求がなくとも、借入人と保証人は当然に期限の利益を喪失し、連帯して直ちに借入金を全額返済する事由である。

　一方、請求喪失事由とは、当該事由が発生した場合、貸出人から請求があれば、借入人と保証人は期限の利益を喪失し、連帯して直ちに借入金を全額返済する事由である。

　当然喪失事由および請求喪失事由を以下に例示する。

A．当然喪失事由
　(a)　借入人について、支払停止、特定調停、破産、民事再生手続開始、会社更生手続開始、会社整理開始、特別清算開始、民事再生開始など

(b) 借入人について、解散の決議、解散命令
  (c) 借入人による融資対象事業の放棄
  (d) 借入人について、手形交換所取引停止処分など
  (e) 貸出人に対し借入人・保証人が有する債権について、仮差押え、保全差押え、差押えの命令、通知の発送など
B．請求喪失事由（借入人に関する事項）
  (a) 融資契約および融資関連契約上の支払義務遅延
  (b) 上記契約以外の契約上の支払義務遅延
  (c) 事実の表明および保証の虚偽の判明
  (d) 融資契約、融資関連契約、事業関連契約上の義務違反
  (e) 差し入れられた担保の目的物について、差押え、競売手続開始
  (f) 融資契約、融資関連契約以外の債務における期限の利益喪失
  (g) 融資対象事業が事業計画どおりに進捗しない場合
  (h) 許認可・資格の取得不能、取消し
  (i) 貸出人の事前承諾のない事業関連諸契約の締結、破棄、変更、譲渡、担保提供など
C．請求喪失事由（保証人に関する事項）
  (a) 上記A．(a)、(b)、(d)に相当する事由
  (b) 上記B．(a)〜(f)、(i)に相当する事由
  (c) 保証人が提供した担保に関する差押え、競売手続開始

　当然喪失事由は、銀行取引約定書に規定されている当然利益喪失事由（注4）とおおむね同じである。一方、請求喪失事由は銀行取引約定書で規定されている事由のみならず、個別案件の特性を考慮に入れた事由について、保証人に関する事項も含め、具体的かつ幅広く設定している。

　具体的かつ幅広く請求喪失事由を規定することにより、銀行はなんらかの問題発生時に早期に借入人および保証人と交渉することができ、双方が納得できる解決策を見出せる可能性が高まる。

　なお、請求により期限の利益を喪失させるかどうかは融資契約上、貸出人の裁量に委ねられる。しかしながら、軽微な違反事由や短期間で違反状態の

第6章　融資契約書の基本構成　175

治癒が可能な事由について、銀行が直ちに期限の利益喪失のための請求を行った場合、権利の濫用などととられかねない点は、本章(2)㉓で解説したコベナンツにおける事前承諾事項の取扱いと同じである。したがって、融資契約書に具体的記載があるかどうかにかかわらず、権利の行使に際しては、常に慎重な判断が求められる。

㉕　相　　殺

銀行取引約定書とおおむね同じ内容である。

2000年4月に廃止された銀行取引約定書ひな型（注5）においては、借入人は、弁済期にある借入人の預金と弁済期が未到来の借入人の債務を相殺できることになっている。しかしながら、現在、各銀行が個別に作成している銀行取引約定書においては、期限前返済が制限されている場合などについて除外規定を設定しているケースが多いと考えられる。

㉖　契約の変更

契約当事者全員の合意がなければ、変更不可であることを明確する。なお、シンジケート・ローン形式とした場合、借入人などから変更依頼があれば、多数貸付人による合意などで変更を認める条項もある。

㉗　契約上の地位および権利義務の譲渡

定型的な融資契約書とおおむね同じ内容である。

㉘　一般規定

A．守秘義務

　例外事項（関係する役職員への開示、弁護士など専門家への開示、法令等による開示、官公庁・裁判所への開示など）を設定したうえで、契約当事者全員が守秘義務を負う。

B．危険負担、免責、賠償、補償

　銀行取引約定書とおおむね同じ内容である。

C．契約の可分性

　融資契約の条項の一部が不適法あるいは執行不可能である場合でも、他の条項は有効であることを明確にしている。英米法に基づく契約書の規定を参考にしたものであるが、本規定がいかなる場合でも有効であるかどう

かは、必ずしも明確となっていない点については注意願いたい。
D．権利放棄

　貸出人が権利行使を留保した場合でも、当該権利を放棄したことにはならないことを明確にするものである。

E．銀行取引約定書との関係

　銀行取引約定書などの基本約定書を締結している場合は、当該基本約定書と融資契約書の規定に不一致が生じる可能性があるため、規定するものである。通常は、融資契約書の規定を優先させる。

F．通知方法

　通知手段、契約当事者全員の通知先について詳細に規定している。これは頻繁に発生する通知、報告などについて、確実を期すための措置である。

G．届出事項の変更

　借入人および保証人に届出事項の変更があった場合の通知義務である。

H．休日処理方法

　定型的な融資契約書とおおむね同じ内容である。

　特に決まりはないが、フォローイングあるいはモディファイド・フォローイング（注6）とすることが多い。

I．公正証書の作成

　銀行取引約定書とおおむね同じ内容である。

J．準拠法、合意管轄、言語

　銀行取引約定書には準拠法の記載がないなどの違いがある。合意管轄については、遠隔地での裁判となることを回避するため、東京地方裁判所あるいは銀行取引部店の所在地にある地方裁判所とすることが一般的である。準拠法および言語は、特別な理由がない限り、それぞれ、日本法および日本語とする。

K．誠実協議

　融資契約書に規定のない事項などについての誠実協議規定である。

㉙ 調印欄

　借入人、貸出人、保証人など契約当事者全員が調印し、かつ原則として、全員が原本を保有する形式をとる。

㉚ 別　　紙

　返済スケジュール、借入申込書、不動産目録、事業計画書、事業実績報告書などの必要な情報や書式のうち、契約書本文に挿入することが、読みやすさなどの観点から必ずしも適切でないものについて記載する。契約書により、定義集、事業関連契約一覧、事業専用口座一覧、CP、事業専用口座からの資金引出ルール、担保一覧、通知先など、さまざまなものが別紙として添付される。

　なお、シンジケート・ローン形式の場合は、貸出人の意思決定の方法、エージェントに関する規定なども必要となる。

【注】
1　メザニン投資家とは、債権の返済を受ける順位が、銀行などの通常の貸出人と株式などの出資者の中間に位置する投資家の総称である。投資の形態は、劣後融資、匿名組合出資、優先株出資など、さまざまである。
2　利息制限法において、元本100万円以上の貸付金についてはその上限金利を年率15％と定めている。また、上限金利を算出する際の利息については、通常の利息のみならず、債権者が債務者から受け取る元本以外の金銭も「みなし利息」として利息に加算することを求めている。一方、出資法においてもみなし利息について同様の規定がある。利息制限法および出資法におけるみなし利息に共通している点は、みなし利息を幅広く規定している点である。このため、貸出人などが受領する手数料について、みなし利息に該当するかどうか慎重に検討のうえ、みなし利息に該当する可能性がある場合は、①当該手数料を受領するタイミングを融資実行時点とする、②手数料を加算した実効金利を利息制限法上の上限金利以下とする、などの措置が必要となる。

> 「利息制限法」第1条（利息の最高額）
> 　金銭を目的とする消費貸借上の利息の契約は、その利息が左の利率により計算した金額をこえるときは、その超過部分につき無効とする。

> 元本が十万円未満の場合　年二割
> 元本が十万円以上百万円未満の場合　年一割八分
> 元本が百万円以上の場合　年一割五分
> 　（以下省略）
> **第3条（みなし利息）**
> 　前二条の規定の適用については、金銭を目的とする消費貸借に関し債権者の受ける元本以外の金銭は、礼金、割引金、手数料、調査料その他何らの名義をもってするを問わず、利息とみなす。但し、契約の締結及び債務の弁済の費用は、この限りでない。

> **「出資の受入れ、預り金及び金利等の取締りに関する法律（出資法）」第5条（高金利の処罰）**
> 　（省略）
> 7　金銭の貸付けを行う者がその貸付けに関し受ける金銭は、礼金、割引料、手数料、調査料その他何らの名義をもってするを問わず、利息とみなして第1項前段、第2項前段及び第3項前段の規定を適用する。貸し付けられた金銭について支払を受領し、又は要求する者が、その受領又は要求に関し受ける元本以外の金銭についても、同様に利息とみなして第1項後段、第2項後段及び第3項後段の規定を適用する。

　上記以外にも、コミットメント手数料などが、特定融資枠契約に関する法律に基づき利息制限法および出資法の適用除外となるかどうか、シンジケーション取引に関連し受領するアレンジメント手数料などが、出資法第4条に規定する媒介手数料に該当するかどうかなどの観点から慎重な検討を行う必要がある。

3　民法の該当条文を以下に示す。

> **「民法」第1条（基本原則）**
> 2　権利の行使及び義務の履行は、信義に従い誠実に行わなければならない。
> 3　権利の濫用は、これを許さない。
> **第90条（公序良俗）**
> 　公の秩序又は善良の風俗に反する事項を目的とする法律行為は、無効とする。

4　銀行取引約定書の該当条文については、第Ⅰ編第1章注2に示すとおりである。
5　該当条文を以下に示す。

> **第 7 条の 2 （同前）**
> 1 弁済期にある私の預金その他の債権と私の貴行に対する債務とを、その債務の期限が未到来であっても、私は相殺することができます。

（出所）　全国銀行協会連合会（現全国銀行協会）　銀行取引約定書ひな型

6 元利金返済日が休日であった場合の対応方法は通常以下の三つであり、融資契約締結時に決めておく必要がある。別途、金利スワップ契約を締結する場合は、融資契約と同一の休日処理方法をとる必要がある。
① フォローイング（Following）
　元利金返済日などの期日が休日の場合は、それ以降最初に到来する営業日を当該期日とする。
② モディファイド・フォローイング（Modified Following）
　元利金返済日などの期日が休日の場合は、それ以降最初に到来する営業日を当該期日とする。ただし、当該期日が翌月となる場合は、それ以前の最後の営業日を当該期日とする。
③ プリシーディング（Preceding）
　元利金返済日などの期日が休日の場合は、それ以前の最後の営業日を当該期日とする。

コラム　キャッシュフロー・ファイナンス業務の立上げ

　筆者が本書で提唱するキャッシュフロー・ファイナンスは、プロジェクト・ファイナンスの仕組みを活用したものである。しかしながら、プロジェクト・ファイナンスの経験があるだけでは、キャッシュフロー・ファイナンス業務を立ち上げることは困難であったと考えている。もしそれが可能であるならば、筆者が発案するよりずっと以前に立ち上がっていたはずである。第Ⅰ編でキャッシュフロー・ファイナンスの普及策として、さまざまな取組みを紹介した。一つひとつの取組みは決して珍しいものではないが、もし筆者がプロジェクト・ファイナンスの専門家としてだけキャリアを積んできたら、このような取組みは困難だった。

　筆者がこれまで、キャッシュフロー・ファイナンス業務に加え、香港で株式引受業務、日本でシンジケート・ローン業務を立ち上げたことは序文で述べたとおりである。三つの業務はそれぞれあまり関係がないように思われるかもしれないが、キャッシュフロー・ファイナンス業務の発案、立上げは、残りの二つの業務立上げ経験がなければ、なしえなかったものである。

　香港で任された株式引受業務の立上げを通して、同じ金融でも銀行業務とはまったく違う自由な発想を身につけることができた。銀行業務は基本的にはアセットビジネスであるがゆえに制約事項が多い。一方、手数料ビジネスである株式引受業務においては、ルールに縛られることなくいかにして顧客ニーズにあわせた提案を行うかが重要なポイントとなってくる。もちろん株式引受業務においても多くの制約があるが、銀行員としてキャリアを積んできた筆者からみると、大変自由なビジネスであった。また、エクイティ・ファイナンスに直結する業務の性格上、当時30歳前後の若手だった筆者であっても経営トップと面談することができたということもあり、業務が立ち上がった当時は、もう一度銀行員に戻るなどということは考えられなかったくらいである。株式引受業務での自由な経験がなければ、プロジェクト・ファイナンスを通常の融資案件に結びつけるという発想はおそらく思いつかなかっただろう。

　アジアの金融危機で株式引受業務を中止し、1998年10月に日本に帰国したのち、自ら手をあげてシンジケート・ローン業務を立ち上げた。シンジケート・ローン業務自体は特にむずかしい業務ではないが、問題は日本においてどうすれば普及させることができるかという点であった。この時、筆者は営業担当者や本部スタッフに対し、研修会や勉強会を短期間に大量開催し、シンジケート・ローン業務を日本で推進する必要性について積極的に訴えたのである。ま

た取引先企業への提案に際しては、どちらかといえば教科書的な内容の多い従来型の銀行の提案書作成の方法は踏襲せず、エクイティ・ファイナンスで使用されている提案書を参考により具体的でわかりやすい提案書を使用した。この結果、ある時点からシンジケート・ローンの認知度と成約件数が急激に高まり、業務立上げが完了したのである。シンジケート・ローン業務立上げに際し身につけた新規業務の認知度を高めるための手法は、キャッシュフロー・ファイナンス業務の立上げに際しても踏襲した。

　キャッシュフロー・ファイナンス業務は、シンジケート・ローン業務の立上げにメドがついたころから具体的案件をベースに立上げ作業を進めつつあったが、海外勤務のため、いったん中断せざるをえなくなった。その後、海外勤務を終え帰国した大阪で本格的な業務立上げを行った。マーケットが小さく、本部機能が少ない大阪での業務立上げは、東京での業務立上げと比べハンディキャップが大きいと感じることもあったが、二つの業務の立上げ経験があったおかげで、無事立上げを完了させることができた。現在は業務の比重が東京に移りつつあるが、地方においても、普遍的なニーズのある業務であれば立上げを行うことができるという点は強調しておきたい。

第 IV 編

ケーススタディ

本編においては、これまで解説してきたキャッシュフロー・ファイナンスの理論と実務への適用方法をふまえ、ケーススタディを行う。案件は地方におけるホテル建設・賃貸事業に対する融資である。ケーススタディの目的はストラクチャリングからタームシートおよび融資契約書作成までの実際の業務の標準的な流れについて、理解を深めることにある。

　なお、本編において示した融資契約書などの例は、読者にキャッシュフロー・ファイナンスについての理解を深めてもらうために筆者が作成したものであり、日本ローン債権市場協会（JSLA）が推奨するタームローンひな型の文言を相当部分使用しているものの、実例に基づくものではなく、また筆者が所属するいずれの組織においても使用されているものではない。ケーススタディにおいて示した事業や固有名詞は実在のものではない。また、本編において示した各種の例を個別の融資案件に適用しようとする場合は、法律、税務、会計上の解釈を含め、専門家の助言を得て適用すべきであり、筆者は、各種の例の正確性や個別融資案件への適用の適切性などについてなんらの責任を負うものではない。

第1章 案件概要

(1) 背 景

① 西日本に所在する地方中核都市楠本市は江戸時代から交通の要所として栄える歴史のある都市である。国宝に指定されている世界的にも有名な神社などがあり、年間を通して国内外から観光客が訪れている。

② また、楠本市郊外には大手エレクトロニクスメーカーの工場などが進出しており、人口は40万人程度ながら、第二次世界大戦以降は工業都市としても知られている。

③ 楠本市には地方の中核都市として、東京や大阪に本社を置く大手企業の支社、支店も多数あったが、近年は、撤退が相次ぎ、大手企業は本社からの出張ベースで業務を行う傾向が強まっていた。

④ 楠本市に本社を置く東浦開発株式会社は、楠本市に進出している企業に対する不動産賃貸業などを行ってきたが、楠本市から撤退する企業が増加し、一部の優良物件を除くとテナント集めが困難となりつつあった。

⑤ このため、同社の足元の業績は思わしくなかった(図表Ⅳ-1)。同社には長年の蓄積があり、直ちに行き詰まるという心配はなかったものの、このままではじり貧となるという強い危機感があった。

図表Ⅳ-1 東浦開発株式会社業績推移   (単位：百万円)

	売上高	当期利益	総資産	借入金
(X-3)期	1,200	100	2,000	300
(X-2)期	1,000	30	1,950	250
(X-1)期	700	10	1,900	200

⑥　米国北東部に本社を置き、低価格帯ホテルのチェーンを世界的に展開するホテルグループの日本法人イースタンホテル株式会社は、国内外からの観光客やビジネス客が見込まれる楠本市に着目、ホテル運営事業を計画し、東浦開発株式会社に協力を呼びかけた。イースタンホテル社は20年前に事業開始以降、日本において50を超えるホテルを運営し、業績好調な優良企業である。

⑦　イースタンホテル社から東浦開発への申出は、東浦開発グループが楠本市中心部において土地を賃借のうえ、ホテルを建設し、イースタンホテル社が定期建物賃貸借契約でホテルを賃借し運営するというものだった。また、イースタンホテル社はホテル建設に関し3億円を建設協力金として拠出することも約束した。

⑧　東浦開発がホテルの事業性についてコンサルタントに調査させたところ、ホテルの立地がよく、また底堅い需要が見込まれることから、競合ホテルの進出を見込んだとしても、長期間にわたり十分な競争力を維持できるとの結論だった。

⑨　主力銀行である株式会社西播銀行楠本支店は、今回の事業が借地上にホテルを建設、賃貸し長期間にわたり賃料収入による借入金返済を行う事業であることから、返済原資であるホテルオペレーターであるイースタンホテル社からのキャッシュフローを担保にとることが適切であるとの考えであった。また、東浦開発の業績が振るわないことから、東浦開発の企業としての信用力およびホテル建物の担保価値だけを見て融資することはそもそも困難という事情もあった。

(2) 事業概要

①　東浦開発代表取締役社長東浦茂氏が100％出資する休眠会社を株式会社EHKに社名変更のうえ、本件事業専用のSPCに衣替え。

②　EHKが個人地主明石正一氏より定期借地契約（期間：27年、賃料：年間15百万円（固定））により賃借した土地にホテルを建設。

③　EHK社はイースタンホテル社に対しホテル建物を定期建物賃貸借契約

（期間：25年、賃料：年間150百万円、5年ごと10百万円ずつ上昇）により賃貸。賃貸期間中の維持管理、修繕などについてはイースタンホテル社が負担。

④ ホテル建設資金を含むEHK社の総事業費は15.6億円。イースタンホテル社からは3億円の保証金をホテル完工時に受領。残りは、銀行借入れ（12億円）、東浦開発からの劣後借入れ（50百万円）、東浦茂氏からの出資金（10百万円）により調達。

⑤ ホテル建設は大手ゼネコン株式会社高砂組、設計・監理は大手設計会社阿弥陀設計株式会社であり、いずれも信用力、実績ともに問題なし。

⑥ スケジュール

事業の大まかなスケジュールは下記図表Ⅳ-2のとおりである。

⑦ ホテル事業収支計画

事業収支計画を作成する際には当然、貸借対照表や損益計算書の計画なども作成するが、ここでは、キャッシュフロー計画のうち、解説上必要な部分

図表Ⅳ-2 スケジュール

X年5月	融資契約他融資関連契約締結 定期借地契約締結、定期建物賃貸借契約締結、ホテル建設工事請負契約締結、設計・監理契約締結など主要な事業関連契約を締結
X年6月	ホテル建設工事開始
（X+1）年12月	ホテル完工・引渡し ホテル建物に関する保険契約締結
（X+2）年1月	ホテル営業開始
（X+16）年12月	借入金完済
（X+26）年12月	定期建物賃貸借契約終了 ホテル建物返還
（X+27）年5月	定期借地契約終了 土地を更地にして地主へ返還

図表Ⅳ-3　キャッシュフロー計画

(単位：百万円)

	〜(X+1)	(X+2)	(X+3)	(X+4)	(X+5)	(X+6)	(X+7)	(X+8)
賃料収入		150	150	150	150	150	160	160
建設協力金	300							
借入金	1,200							
出資金	10							
劣後借入金	50							
諸費用・税金支払（＊）	1,500	25	25	25	25	25	40	40
借入金返済		80	80	80	80	80	80	80
借入金利息支払		59	55	51	47	43	39	35
配当他社外流出								
キャッシュフロー	0	−14	−10	−6	−2	3	2	6
前期繰越し			60	47	37	32	30	33	34
次期繰越し	60	47	37	32	30	33	34	40
借入金残高	1,200	1,120	1,040	960	880	800	720	640

（＊）建設中の利息支払を含む

(単位：百万円)

	(X+9)	(X+10)	(X+11)	(X+12)	(X+13)	(X+14)	(X+15)	(X+16)
賃料収入	160	160	160	170	170	170	170	170
諸費用・税金支払	40	45	45	50	50	50	55	60
借入金返済	80	80	80	80	80	80	80	80
借入金利息支払	31	27	23	19	15	11	7	3
配当他社外流出	5	5	5	15	20	25	25	25
キャッシュフロー	5	4	8	7	6	5	4	3
前期繰越し	45	49	53	60	67	72	77	80
次期繰越し	49	53	60	67	72	77	80	83
借入金残高	560	480	400	320	240	160	80	0

図表Ⅳ-4　要資・調達計画　　　　　　　　　　　　　　　（単位：百万円）

要　　資		調　　達	
ホテル建設費用他	1,500	銀行借入れ	1,200
予　備　費	60	建設協力金	300
		劣後借入れ	50
		出　資　金	10
合　　計	1,560	合　　計	1,560

のみを図表Ⅳ-3に例示している。

　なお、上記キャッシュフロー計画は解説しやすいように作成しているので、実際のキャッシュフロー計画とは異なる。また、端数処理の関係で、表示されている計算結果が手計算による結果と異なる部分がある。

⑧　要資・調達計画

　通常の計画とおおむね同じであるが、建設期間中のコストオーバーランなどに備え、予備費60百万円を計上している。なお、当該予備費の一部は賃貸開始後、運転資金に充当される計画。

⑨　銀行からの融資条件（計画）

　A．融資額　　　：12億円
　B．融資期間　　：16年7カ月
　C．元金返済方法：3カ月ごと元金均等返済
　D．融資金利　　：全銀協日本円TIBOR＋2.5％
　　　（金利スワップによる金利固定化後は、5％）

(3)　ストラクチャー図（契約関係図）の作成

　まず、第Ⅲ編第2章(2)で示した手順に従い、上記(1)、(2)の情報をもとにストラクチャー図（契約関係図）を作成する。ストラクチャー図作成の目的が複雑な案件を視覚的に把握し、見落しを防ぐことであることは前述のとおりである。この手法は、案件が複雑になればなるほど、効果を発揮する。

図表Ⅳ-5　ストラクチャー図（契約関係図）

契約関係図：

- 東浦開発 → 銀行：連帯保証契約、担保契約
- 東浦茂 → 銀行：連帯保証契約、担保契約
- 東浦茂 → 東浦開発：出資
- 東浦開発 → EHK：劣後融資契約
- EHK（事業主体、借入人） ↔ 銀行：融資契約、金利スワップ契約、担保契約
- EHK → 明石正一（地主）：借地契約
- EHK ↔ イースタンホテル（ホテルオペレーター）：建物賃貸借契約
- 保険会社 → EHK：火災保険契約
- 高砂組 → EHK：建設工事請負契約
- 阿弥陀設計 → EHK：設計・監理契約

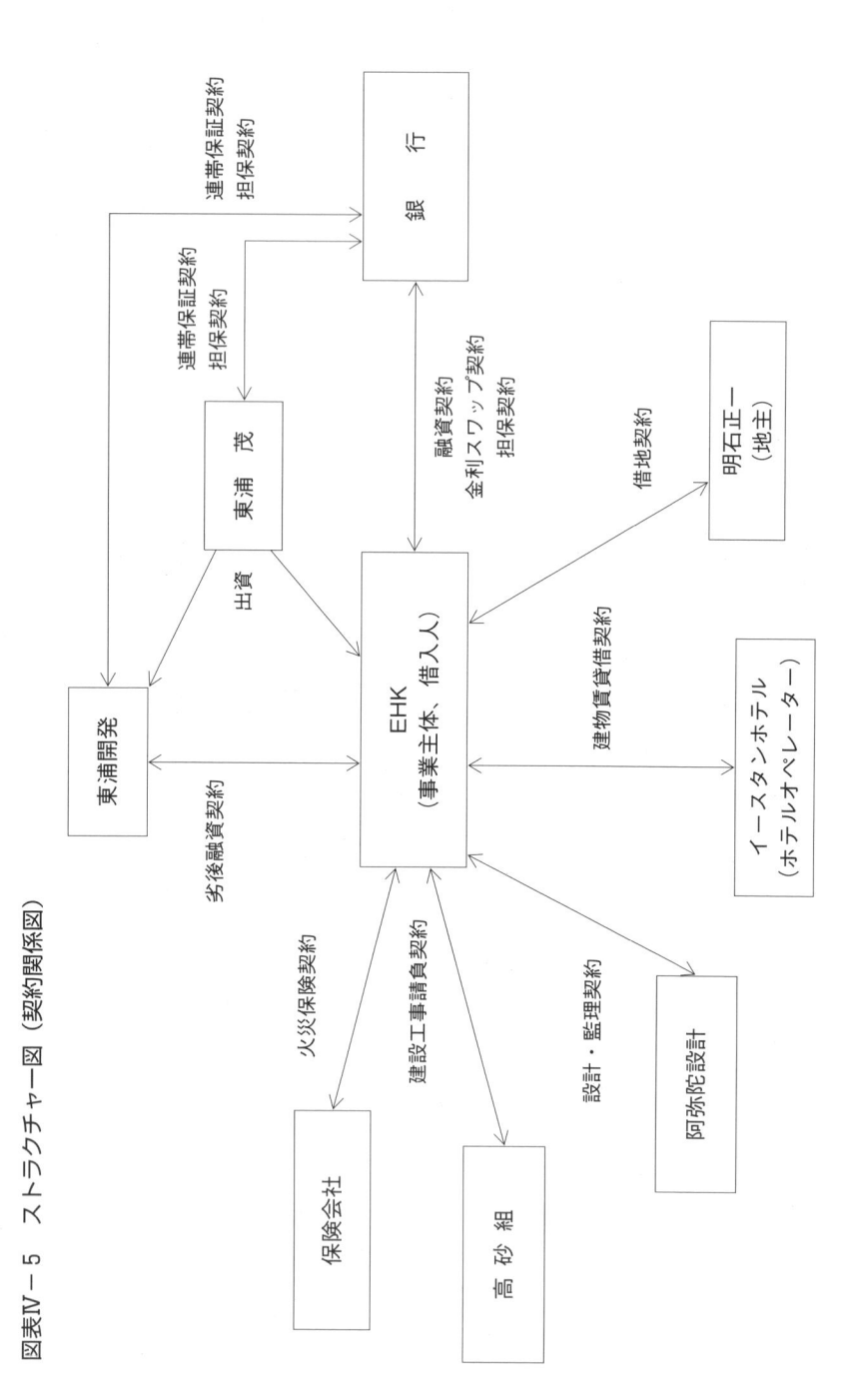

(4) リスク分析

次に、前項で作成したストラクチャー図を参考にしてリスク分析を行う。考えられるリスクを抽出し、評価を行ったうえで、必要であればリスクの軽減あるいは回避策を検討する。

図表Ⅳ－6　リスク分析

リスクの内容	評　　価	リスク軽減・回避策
親会社リスク	実質的な親会社である東浦開発の業績は下降傾向にあるものの、自己資本が手厚く、本件事業に支障をきたす可能性は低い。 また不動産賃貸業が本業であり、ホテル賃貸事業についても、運営能力に問題なし。	事業主体を親会社社長個人が出資するSPCとしたうえで、プロジェクト・ファイナンスに準じるセキュリティ・パッケージを構築し、東浦開発に万一のことがあった場合の悪影響を極力排除。 また、キャッシュフローを担保にとることにより、資金流用リスクも排除。
完工リスク	建設請負業者、設計・監理業者ともに信用力・実績に問題なし。 本件ホテル建物は特殊な仕様によるものではなく、設計変更、工事費増加、完工遅延などが発生する可能性は低い。	建設請負契約において完工保証を課すとともに、不測の事態に備え、予備費を計上。
土壌汚染、埋蔵物リスク	ホテル建設予定地は現在更地であり、土壌汚染、埋蔵物などが存在しないことについて調査ずみ。	
許認可リスク	市中心部における通常のホテル建設であり、必要な許認可が取得できない可能性はき	

		わめて低い。	
オペレーターリスク		ホテルオペレーターの運営能力および信用力は非常に高く、賃料不払リスクは低い。またコンサルタントによる調査結果からも、十分な事業性が認められており、事業不振による撤退リスクも低い。 　賃貸借契約を中途解約する場合は、残存する元利金返済相当額や建物解体費用をカバーする違約金を支払う契約内容としている。 　また、ホテル建物の維持管理、修繕費用はオペレーター負担としている。	賃貸借契約に担保権を設定。
借地契約解約リスク		賃料を支払い続ける限り、借地契約を解除されるリスクは低い。	担保権実行などの場合の賃貸継続に関する地主の承諾書を取得することにより、解約リスクを軽減。
キャッシュフロー・リスク		賃貸借契約が維持されれば、資金不足に陥る可能性がきわめて低いことを、キャッシュフロー計画において検証ずみ。	定期建物賃貸借契約とすることにより、賃料減額リスクを排除。 　また、配当など社外流出の制限、リザーブ口座への資金留保義務を設定することにより、リスクを軽減。
不可抗力リスク		A市は過去大地震、台風などの大規模災害発生がなく、リスク顕在化の可能性は低い。	地震保険を含む火災保険の付保を義務づけることにより、リスクを軽減。
金利上昇リスク		賃料収入が定額であるため、金利上昇リスクをとることは回避する必要がある。	金利スワップ契約締結により、全額を固定化。

第 2 章 タームシートの作成

　本章では、前章での分析結果（図表Ⅳ-6）に基づき、タームシートを作成する。まず、金融機関側の考える主要な融資条件が取引先企業のニーズに合致していることを確認する必要がある。取引先のニーズを確認しないまま、いきなり分厚いタームシートを提示することは時間の無駄となる可能性もある。このため、まず、第Ⅲ編第6章(1)で解説した簡易版タームシートを取引先企業に提示し、顧客ニーズを確認したうえで、主要な融資条件について取引先企業とすり合せを行う。そのうえで、本格的なタームシートの作成、提示、マンデート獲得へと進んでいく。

(1) 簡易版タームシートの作成

① 主要融資条件案

　簡易版タームシートはその目的から、内容は簡潔に記載し、分量は最大でも3ページにとどめたほうがよい。ただし、リスク分析の結果（図表Ⅳ-6）、必要とされたリスク軽減・回避策や費用負担については、取引先への説明上重要なポイントなのでもらさないように注意が必要である。

　図表Ⅳ-7に主要融資条件案の例を示す。なお、本例で示す金利などを含む融資条件は個別の案件ごとに千差万別である点、注意願いたい。

図表Ⅳ-7　主要融資条件案（例）

借入人	株式会社EHK （楠本市におけるホテル建設・賃貸事業のみを行う特別目的会社（SPC）。東浦開発株式会社代表取締役社長東浦茂氏が100％出資）
貸出人	株式会社西播銀行

保証人	東浦開発株式会社（法人保証人）および東浦茂（個人保証人） （連帯保証）
貸出方式	コミット期間付証書貸付
貸出限度額	12億円（コミット金額）
契約日	X年5月31日（予定）（コミット期間開始日）
コミット期間終了日	（X＋1）年12月31日（予定）
資金使途	ホテル建設・賃貸事業資金
貸出単位	【　】円以上【　】円単位
最終返済日	（X＋16）年12月31日
元本返済方法	（X＋2）年3月31日より3カ月ごとの月末日に均等返済
貸出利率	全銀協3カ月日本円TIBOR＋2.5％
利息支払方法	3カ月ごと後払い
金利スワップ	想定元本全額について金利スワップ契約を締結し金利を固定化（注1）
貸付実行の前提条件（主要なもののみ）	(1) 融資契約締結などに関する借入人および保証人の株主総会／取締役会議事録謄本、商業登記簿謄本、定款、印鑑証明書、銀行取引約定書、保証書、印鑑届などの提出 (2) 融資対象事業専用口座（入金口座、出金口座、元利金リザーブ口座）の開設および担保権設定（入金口座、出金口座） (3) 貸出人による事業計画の承諾 (4) 借入人株式への担保権設定 (5) 法人保証人による劣後融資（50百万円）への担保権設定 (6) 元利金リザーブ口座への【　】円以上の資金預入 (7) ホテル土地借地契約の締結およびホテル建物への担保権設定他に関する地主の承諾書の取得 (8) ホテル賃貸借契約締結および担保権設定

	(9) 金利スワップ契約の締結 (10) 資金使途が工事代金支払の場合 　建設工事請負契約および設計・監理契約締結、開発許可・建築確認などの許認可の取得 (11) 融資契約などの締結に関する行為能力、適法性、有効性、執行可能性などを確認できる借入人側弁護士の法律意見書
担　保	(1) 融資対象事業専用口座 (2) ホテル建物および火災保険契約 (3) ホテル賃貸借契約に基づき借入人が保有する債権への譲渡担保権設定 (4) ホテル賃貸借契約上の借入人の地位譲渡に関する予約 (5) 劣後融資契約に基づき法人保証人が保有する債権への譲渡担保権設定 (6) 劣後融資契約上の法人保証人の地位譲渡に関する予約 (7) 借入人株式
主要な借入人および保証人の義務（コベナンツ）（主要なもののみ）	(1) 入金口座への入金集中、出金口座からの資金引出しルールの設定、元利金リザーブ口座への【　】円以上の預金維持などのキャッシュ・ウォーターフォール (2) 事業計画書および実績報告書の【　】カ月ごとの提出および貸出人の承諾取得 (3) ホテル建物完工後、建物および火災保険契約への担保権設定 (4) 新規事業、口座開設、借入、デリバティブ、担保提供、保証、配当・劣後融資元利金返済などの社外流出、資産譲渡、事業関連契約の締結・解約・変更、増減資、役員変更、資産譲渡などについての制限 (5) その他、各種遵守、報告、通知義務
手　数　料	(1) アレンジメント手数料：【　】円（消費税別） (2) 口座管理手数料：年間【　】円（消費税別）
諸経費および公租公課等	借入人負担 （弁護士費用、印紙税、消費税、確定日付取得費用を含む）

② **資金の流れ**

キャッシュ・ウォーターフォールのイメージについて、文章で説明するのは容易ではない。したがって簡易版タームシートに図を添付し視覚的に理解できるようにしたほうがよい。図表Ⅳ-8に例を示す。

③ **ディスクレーマー（Disclaimer）**

簡易版タームシートの取引先企業宛提示に際して、銀行内で融資に関する決裁手続を完了していない場合は銀行として正式に融資を約束するものではない点などについて、口頭で説明するだけでなく、簡易版タームシート上に明確に記載しておく必要がある。このような注意書きをディスクレーマー（Disclaimer）という。以下に例を示す。

なお、本例は提示の趣旨を勘案し、簡潔な内容としているが、本格的なタームシート提示に際しては、さらに詳細なディスクレーマーを記載するほうが無難である。

- 本提案書記載の主要融資条件案は、現時点で貴社よりお伺いしている楠本市におけるホテル開発事業に関する情報をもとに作成したものです。
- 本提案書は貴社がご検討されますうえでの参考に資することのみを目的に作成されたものであり、現在または将来にわたり、当行が本提案記載の条件での融資契約の締結および／または融資の実行を約束するものではなく、随時、当行の裁量で変更を行う可能性があります。
- 本提案書記載の条件による融資契約の締結および／または融資の実行につきましては、当行における所定の内部決裁手続が完了することが条件の一つとなります。
- 本説明書の一部または全部を第三者に対し開示あるいは複写する場合は当行の書面による事前承諾を必要とするものとさせていただきます。

図表Ⅳ-8 資金の流れ（例）

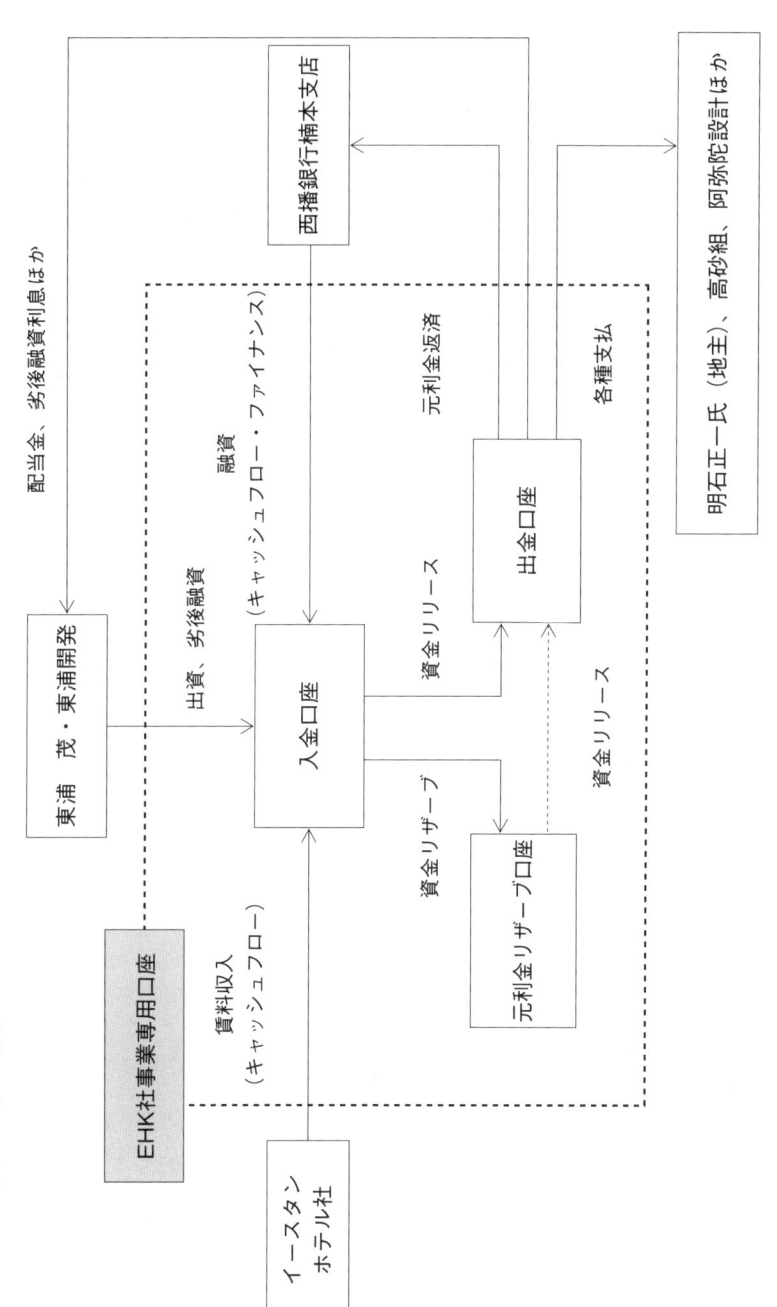

第2章 タームシートの作成　197

(2) タームシートの作成

① タームシート

　図表Ⅳ-7および図表Ⅳ-8で示した簡易版タームシートによる取引先企業のニーズ確認、主要融資条件すり合せを経て、銀行内での決裁手続が終了すると、いよいよ本格的なタームシートの作成、提示となる。タームシート作成においては、取引先企業がキャッシュフロー・ファイナンスに不慣れであることを前提にできる限り詳細に記載する必要がある。これにより、取引先企業に融資条件についての理解を深めてもらい、ドキュメンテーションを円滑に進めることが可能となる。図表Ⅳ-9にタームシートの例を示す。タームシート（例）は本書のサイズ（A5）の関係で、ページ数が長くなっているが、A4サイズであれば15ページ程度となる。融資条件が個別案件ごとに大きく異なる点は、簡易版タームシートと同じである。

図表Ⅳ-9　タームシート（例）

借 入 人	株式会社EHK 東浦開発株式会社代表取締役社長東浦茂氏が100％出資し、楠本市においてホテル建設・賃貸事業（以下、「本件事業」という）のみを行う株式会社（SPC）。
貸 出 人	株式会社西播銀行
貸出方式	コミット期間付き証書貸付
貸出限度額	12億円（日本円）
契 約 日	X年5月31日（予定）
コミット期間終了日	【　】年【　】月【　】日〜（X＋1）年12月31日
資金使途	(1)　ホテル建物（以下、「本件建物」という）建設資金 (2)　ホテル土地（以下、「本件土地」という）賃借資金 (3)　その他の関連諸費用
貸出単位	【　】円以上【　】円単位
最終返済日	（X＋16）年12月31日

元本返済方法	（X＋2）年3月31日より3カ月ごとの月末日に均等返済 （合計60回）
貸出利率	全銀協3カ月日本円TIBOR＋2.5％ （年率、変動金利、両端、後払い、実日数／365日ベース）
利息支払方法	3月、6月、9月、12月の各末日に後払い。
金利スワップ	初回の貸付実行日までに想定元本全額について貸出人との間で金利スワップ契約（以下、「本件金利スワップ契約」という）を締結し、本融資契約に基づく支払金利を固定化（注1）。
営 業 日	日本における銀行の休日以外の日。
事業専用口座	以下の本件事業専用の普通預金口座を借入人名義で株式会社西播銀行東浦支店に開設する。 (1) 入金口座 　借入人が受領するいっさいの金員を入金する口座 (2) 出金口座 　借入人が支払ういっさいの金員を留保する口座 (3) 元利金リザーブ口座 　借入人が貸出人に支払ういっさいの金員（以下、「元利金返済資金」という）を積立金として留保する口座
事業関連契約	(1) 借地契約 　本件土地の賃借に関し、借入人（賃借人）が明石正一（賃貸人）と締結した（または締結する）定期借地契約、および付随するいっさいの契約（以下、「本件借地契約」という）。 (2) 設計・監理契約 　本件建物の設計および工事監理に関し、借入人（発注者）が株式会社阿弥陀設計（受注者）と締結した（または締結する）契約、および付随するいっさいの契約（以下、「本件設計・監理契約」という）。 (3) 建設工事請負契約 　本件建物の建築工事に関し、借入人（発注者）が株式会社高砂組（工事請負業者）と締結した（または締

	結する）契約、および付随するいっさいの契約（以下、「本件工事請負契約」という）。 (4) 建物賃貸借契約 　　本件建物の賃貸借に関し、借入人（賃貸人）がイースタンホテル株式会社（以下、「イースタンホテル」という）（賃借人）と締結した（または締結する）定期建物賃貸借契約、および付随するいっさいの契約（以下、「本件賃貸借契約」という）。 (5) 劣後融資契約 　　本件事業に係る資金調達に関し、借入人（借主）と東浦開発株式会社（貸主）が締結した（または締結する）劣後融資契約、および付随するいっさいの契約（以下、「本件劣後融資契約」という）。 (6) 保険契約 　　本件建物を対象とする火災保険契約（以下、「本件火災保険契約」という）を含め、本件事業に関連するいっさいの保険契約。 (7) その他、本件事業に関連するいっさいの契約。
担　　保	(1) 事業専用口座。 (2) 本件建物および本件火災保険契約。 (3) 本件賃貸借契約に基づき借入人がイースタンホテルに対して有するいっさいの債権への譲渡担保権設定。 (4) 本件賃貸借契約における借入人の地位譲渡予約。 (5) 本件劣後融資契約に基づき東浦開発株式会社が借入人に対して有するいっさいの債権への譲渡担保権設定。 (6) 本件劣後融資契約における東浦開発株式会社の地位譲渡予約。 (7) 借入人が発行するすべての株式（以下、「借入人株式」という）。
連帯保証	(1) 東浦開発株式会社（以下、「法人保証人」という） (2) 東浦茂（以下、「個人保証人」という） （両者を総称して以下、「保証人」という）
貸付方法	「各貸付実行の前提条件」（後記）がすべて充足していると貸出人が判断できることを条件に、貸出限度額の範囲内で、コミットメント期間内に各貸付を分割して実

	行。
各貸付実行の前提条件	(1) 本融資契約締結時における以下のすべての書類の提出。 ① 借入人に関する書類 商業登記簿謄本 定款 株主名簿謄本 印鑑証明書 貸出人所定の銀行取引約定書および印鑑届 以下の事項を承認した株主総会議事録謄本（注2） (I) 本融資契約を含むいっさいの融資関連契約（以下、「本契約等」という）および事業関連契約の締結。 (II) 本契約等に基づく借入れ、担保提供および金利スワップ (III) 本件劣後融資契約に基づく借入れ。 (IV) 借入人株式について貸出人を第1順位担保権者とする質権設定。 (V) 貸出人による質権実行により、貸出人が自ら借入人株式を取得することおよび／また貸出人の指定する第三者が借入人株式を譲り受けることについてあらかじめ承諾すること。 ② 法人保証人に関する書類。 商業登記簿謄本 定款 株主名簿謄本 印鑑証明書 貸出人所定の銀行取引約定書、保証書および印鑑届 以下の事項を承認した取締役会議事録謄本（注2） (I) 本契約等および事業関連契約の締結。 (II) 本契約等に基づく保証および担保提供。 (III) 本件劣後融資契約に基づく貸付。 ③ 個人保証人に関する書類 印鑑証明書

貸出人所定の銀行取引約定書、保証書および印鑑届
④　事業関連契約
　　貸出人が合理的に満足する内容の、締結ずみの事業関連契約（本件借地契約、本件賃貸借契約および本件劣後融資契約を含む）の写し。
⑤　本件許認可・資格に関する書類
　　貸出人が合理的に満足する内容の、取得ずみの本件許認可・資格に関する書類の写し。
⑥　法律意見書（注3）
　　貸出人が合理的に満足する内容の、本契約等、事業関連契約および許認可・資格に関する行為能力、適法性、有効性、執行可能性等を確認できる、借入人側の日本法弁護士の法律意見書。なお、本融資契約締結日以降に締結および／または取得することを貸出人が認めた事業関連契約および／または許認可・資格については、当該契約の締結および／または許認可・資格の取得後すみやかに、法律意見書を提出。
(2)　各貸付実行希望日における以下の全項目の充足。
①　必要事項をすべて記載した通知書（後記）が貸出人へ提出されていること。
②　各貸付実行希望額が貸出限度額の未使用残高を超えていないこと。
③　各貸付実行希望日がコミット期間内の営業日であること。
④　「貸付不能事由」（後記）事由が発生していないこと。
⑤　「借入人および保証人による事実の表明および保証」（後記）の内容がすべて真実であること。
⑥　「期限の利益喪失事由」（後記）が発生しておらず、また発生するおそれもないこと。
⑦　借入人および保証人が本契約等の各条項に違反しておらず、また違反するおそれもないこと。
⑧　各貸付金の資金使途が本融資契約に定めるとおりであること。
⑨　資金使途を確認できる書類が貸出人へ提出されていること。

⑩　資金使途が本件建物建設工事費用支払資金の場合は、貸出人が合理的に満足する内容で、
　　（Ⅰ）本件設計・監理契約および本件工事請負契約が締結されており、
　　（Ⅱ）本件建物に係る建築確認が取得されており、
　　（Ⅲ）同契約書の写しおよび同建築確認済証の写しが貸出人へ提出されていること。
⑪　個人保証人による借入人宛追加出資（10百万円）が完了していること。
⑫　法人保証人による借入宛劣後融資（50百万円）が完了していること。
⑬　貸出人が合理的に満足する内容で、本件劣後融資契約に基づき法人保証人が借入人に対して有するいっさいの債権について、貸出人を第1順位担保権者とする譲渡担保権設定契約が締結され、同譲渡担保権設定に関し確定日付が付された借入人の異議なき承諾書が貸出人へ提出されていること。
⑭　貸出人が合理的に満足する内容で、本件劣後融資契約における法人保証人の契約上の地位譲渡予約契約が締結され、同地位譲渡予約に関し、確定日付が付された借入人の異議なき承諾書が貸出人へ提出されていること。
⑮　貸出人が合理的に満足する内容で、本件建物完工後に同建物に対して貸出人を第1順位担保権者とする極度額12億円の根抵当権設定を行うこと等について明石正一（地主）の承諾書（注4）が貸出人に提出されていること。
⑯　貸出人が合理的に満足する内容で、入金口座および元利金リザーブ口座について、貸出人を第1順位担保権者とする質権設定契約が締結されたうえ、同契約書へ確定日付が付されていること。
⑰　元利金リザーブ口座に【　】円以上の預金残高があること。
⑱　借入人が、想定元本全額について貸出人との間で本件金利スワップ契約が締結されていること（注1）。
⑲　貸出人が合理的に満足する内容で、本件賃貸借契約に基づき借入人がイースタンホテルに対して有す

	るいっさいの債権について、貸出人を第1順位担保権者とする譲渡担保権設定契約が締結され、同譲渡担保権設定に関し確定日付が付されたイースタンホテルの異議なき承諾書が貸出人へ提出されていること。 ⑳　貸出人が合理的に満足する内容で、本件賃貸借契約における借入人の契約上の地位譲渡予約契約が締結され、同地位譲渡予約に関し、確定日付が付されたイースタンホテルの異議なき承諾書が貸出人へ提出されていること。 ㉑　貸出人が合理的に満足する内容で、借入人株式について、貸出人を第1順位担保権者とする質権設定契約が締結され、同契約に基づく質権設定について記載された借入人の株主名簿謄本が貸出人へ提出されていること。 ㉒　本件事業に関する事業計画書（以下、「事業計画書」という）が貸出人へ提出され、その内容について貸出人が書面により承諾していること。 ㉓　公租公課等、法令等、社会情勢等に重大な変更が生じていないこと。
借入れの申込みおよび各貸付の実行	(1)　各貸付実行希望日の【　】営業日前の【　】時までに、貸出人所定の通知書（以下、「通知書」という）を貸出人に提出。各貸付実行希望の通知は取消不可。 (2)　貸出人は各貸付実行希望日に入金口座へ各貸付金を入金。
貸付不能事由	以下の場合、貸出人の判断により、各貸付の実行義務を免除。 (1)　地震・台風・津波などの天災、戦争・騒乱の勃発、電気・通信・各種決済システムの不通・障害により、各貸付の実行が不能となった場合。 (2)　東京インターバンク市場において通常の円資金貸借取引を行いえない場合。 (3)　その他、貸出人の責めによらない事由により、各貸付の実行が不可能となった場合。
増加費用	法令等の制定、改廃、変更またはその解釈もしくは運用の変更、準備金の設定もしくはその増額等によって、貸

	出人の本契約等の維持および義務の履行に要する費用が実質的に増加する場合、借入人は貸出人の合理的計算により請求する当該増加費用を負担。
期限前返済	(1) 【　】営業日前までに貸出人へ書面により事前通知すること。 (2) すべての各貸付金を一括して全額返済する場合以外は、貸出人の書面による事前承諾を得ること。 (3) 返済日が利息支払日であること。 (4) 期限前返済金と同時に、期限前返済手数料（期限前返済額の【　】％（消費税別））を貸出人に支払うこと。 (5) 貸出人が書面により事前承諾した場合を除き、貸出人が認める日までに本件金利スワップ契約の全部または一部を解約のうえ、当該解約に伴い貸出人に発生する費用を貸出人に支払うこと。
遅延損害金	貸出利率に【　】％を加えた利率または年率【　】％のいずれか高い利率（ただし、法令等に反しない限りとする）。
諸経費および公租公課等	本契約等に関連し、貸出人に発生するすべての費用（弁護士費用を含む）、公租公課等（印紙税、消費税を含む）は、法令等に反しない限り、借入人の負担とする。
借入人の債務の履行	(1) 貸出人が支払期日に出金口座から引き落とす。 (2) 借入人は遅くとも支払期日の午前【　】時までに必要資金を出金口座に入金する。 (3) 事業専用口座へ入金された金員による期日到来ずみの借入人の債務および費用の支払は、貸出人が書面により承諾した直近の事業計画書に基づき以下の順序で充当される。ただし、「期限の利益喪失事由」（後記）が発生したまたは発生するおそれがあると貸出人が合理的判断した場合は、貸出人が適当と認める順序および方法による。 ① 本件事業に係る諸経費および公租公課等 ② 貸出人が負担または立替払いしているいっさいの経費、費用および手数料 ③ 貸出人に支払うべき損害金 ④ 各貸付の清算金および本件金利スワップ契約解約

	に伴い貸出人に発生する費用 ⑤ 各貸付の利息（本件金利スワップ契約に基づく支払を含む） ⑥ 各貸付の元本 ⑦ 上記以外の支払
事業専用口座からの資金の引出ルール	(1) 借入人は入金口座に残存する金員について、貸出人の書面による事前承諾を得て、貸出人に払戻請求書その他必要書類を交付することにより、貸出人が書面により承諾した直近の事業計画書に基づき、必要な金員（ただし、向こう【　】カ月間における必要資金を超過しないものとする）を出金口座へ振り替えることができる。 (2) 貸出人は出金口座の残高が支払期日の午前【　】時において当該支払期日における元利金返済資金の総額に満たない場合、借入人へ事前通知のうえ、他の事業専用口座から出金口座へ必要資金を振り替えることができる。かかる振替には借入人が貸出人へ払戻請求書その他必要書類を交付することを要しない。 (3) 借入人は以下に定める場合を除き、入金口座からいかなる金員も引き出してはならない。 　① 上記(1)および(2)に定める場合。 　② 「借入人および保証人の義務」（後記）(8)⑤に従い「元利金リザーブ口座」へ振り替える場合。 (4) 借入人は以下に定める場合を除き、元利金リザーブ口座からいかなる金員も引き出してはならない。 　① 上記(2)に定める場合。 　② 貸出人の書面による事前承諾を得て、自ら元利金返済資金支払のため出金口座へ振り替える場合。
借入人および保証人による事実の表明および保証	借入人および保証人は、本契約締結日および各貸付実行日において以下の事項が真実かつ正確であることを表明および保証する。 (1) 借入人および法人保証人は、日本法に準拠して適法に設立され、かつ現在有効に存続する株式会社であること。 (2) 借入人および法人保証人による本契約等の締結および履行ならびにそれに基づく取引は、それぞれの会社の目的の範囲内の行為であり、借入人および法人保証

人はこれらについて法令等、定款、その他の社内規則において必要とされるすべての手続を完了していること。

(3) 借入人および法人保証人による本契約等の締結および履行ならびにそれに基づく取引は、以下の各号いずれにも違反していないこと。
  ① 借入人および／または法人保証人を拘束する法令等。
  ② 借入人および／または保証人の定款その他の社内規則。
  ③ 借入人および／または保証人を当事者とする、または、借入人および／または保証人もしくはそれらの財産を拘束する第三者との契約。
  ④ 本契約等は、借入人および保証人に対して適法で有効な拘束力を有し、その各条項に従い執行可能なものであること。

(5) 借入人および法人保証人がそれぞれ作成した決算報告書等は、日本国において一般に公正妥当と認められている会計基準に照らして完全、正確、かつ適法に作成されていること。

(6) 【 】年【 】月期決算終了以降、同年度の決算報告書等に示された法人保証人の事業、財産または財政状態を低下させ、法人保証人の本契約等に基づく義務の履行に重大な影響を与える可能性がある重要な変更が発生していないこと。

(7) 借入人および／または保証人に関して、本契約等に基づく義務の履行に重大な悪影響を及ぼす、または及ぼす可能性のあるいかなる訴訟、仲裁、行政手続その他の紛争も開始されておらず、または開始されるおそれもないこと。

(8) 「期限の利益喪失事由」（後記）が発生しておらず、また発生するおそれもないこと。

(9) 締結ずみの事業関連契約の当事者のいずれかについて、当該契約に基づく義務違反が発生しておらず、また発生するおそれもないこと。

(10) 借入人は、本件事業以外の事業（投融資を含む）または本件事業に無関係な取引を行っていないこと。

(11) 借入人は、貸出人が本融資契約締結日以降に取得す

ることを認めたものを除き、本件事業に必要な許認可・資格の取得をすべて適法に完了していること。
⑿　借入人はすべての事業専用口座を開設ずみであること。
⒀　借入人は事業専用口座を除き、金融機関に資金決済、資金運用他いかなる目的であろうとも、口座を開設していないこと。
⒁　借入人は、本契約等および本件劣後融資契約によるものを除き、借入れ、社債の発行、デリバティブ取引（金利スワップ取引を含む）および／または匿名組合出資の受入れを行っていないこと。
⒂　借入人は、本契約等によるものを除き、現在負担または将来負担するいっさいの債務について担保提供または保証を行っていないこと。
⒃　本契約等における借入人および／または保証人の義務は、法令等によって優先される場合を除き、借入人および／または保証人の他の非劣後または無担保の義務とあらゆる面において常に少なくとも同等の地位を有していること。
⒄　借入人の株主は、個人保証人のみであり、本契約等によるものを除き、借入人株式の一部または全部について、①いかなる担保権も設定されておらず、担保権を設定する約束・合意は存在せず、また借入人はいかなる担保権設定手続の請求も受けておらず、かつ、②信託財産の表示がされておらず、また借入人は信託財産の表示手続の請求も受けていないこと。
⒅　個人保証人は、借入人株式の法的かつ実質的な所有者であり、本契約等によるものを除き、借入人株式の一部または全部について、①いかなる担保権も設定しておらず、担保権を設定する約束・合意もしておらず、またいかなる担保権設定手続の請求も行っておらず、かつ、②信託財産へ組み入れておらず、また信託財産の表示手続の請求も行っていないこと。
⒆　借入人および保証人は、以下のいずれにも該当しないこと。
　①　暴力団
　②　暴力団員
　③　暴力団準構成員

	④　暴力団関係企業 ⑤　総会屋等、社会運動等標ぼうゴロまたは特殊知能暴力集団等 ⑥　その他上記に準ずる者
借入人および保証人の義務	借入人および保証人は、本融資契約締結日以降、貸出人に対する本融資契約上のすべての債務の履行が完了するまで、以下に定めるすべての事項を自らの費用で遵守し、また履行することを確約する。 (1)　借入人および／または保証人は、以下に定めるすべての資料、書類および帳簿類等を作成し、貸出人から請求がある場合はすみやかに貸出人に提出する。 　①　決算報告書等。 　②　借入人および／またはその子会社、関連会社（以下、総称して「借入人等」という）、法人保証人および／またはその子会社、関連会社（以下、総称して「法人保証人等」という）および／または個人保証人の、財産、経営および／または業況に関して貸出人が合理的に請求する資料、書類および帳簿類等。 (2)　借入人および／または保証人は、以下に定める事項の一部もしくは全部が発生したまたは発生するおそれがある場合、直ちに貸出人へ書面により通知する。 　①　「期限の利益喪失事由」（注5）（後記）。 　②　借入人および保証人による事実の表明および保証に反する事態。 　③　借入人等、法人保証人等および／または個人保証人の財産、経営および／または業況についての重大な変化。 　④　その他借入人および／または保証人の本契約等に基づく債務および／または義務の履行に重大な影響を及ぼす事態。 (3)　借入人および／または保証人は以下に定める事項を行おうとする場合、貸出人の書面による事前承諾を得る。 　①　借入人が、借入人等の事業および／または財産の譲渡（信託財産への組入を含む。以下同じ）等を行おうとする場合。

② 法人保証人が、本契約等に基づく債務および／または義務の履行に重大な影響を及ぼすおそれのある、事業および／または財産の譲渡等を行おうとする場合。
③ 借入人が、合併、会社分割、株式交換、株式移転、組織変更または解散および残余財産の処分を行おうとする場合。
④ 法人保証人が、本契約等に基づく債務および／または義務の履行に重大な影響を及ぼすおそれのある、合併、会社分割、株式交換、株式移転または組織変更を行おうとする場合。
⑤ 法人保証人が、解散および残余財産の処分を行おうとする場合。
⑥ 借入人が、募集株式および募集新株予約権の発行、株式および新株予約権の無償割当て、株式の併合・分割または資本金・準備金の額の増加もしくは減少を行おうとする場合。
⑦ 法人保証人が、本契約等に基づく債務および／または義務の履行に重大な影響を及ぼすおそれのある、募集株式および募集新株予約権の発行、株式および新株予約権の無償割当て、株式の併合・分割または資本金・準備金の額の増加を行おうとする場合。
⑧ 法人保証人が、資本金・準備金の額の減少を行おうとする場合。
⑨ 借入人が、定款を変更しようとする場合。
⑩ 借入人が、代表取締役もしくは取締役を変更または追加しようとする場合（注6）。
⑪ 個人保証人が、借入人における代表取締役もしくは取締役の役職を辞任または退任しようとする場合（注6）。
⑫ 借入人が、金融機関に口座を開設しようとする場合。
⑬ 借入人が、借入、社債の発行、デリバティブ取引（金利スワップ取引を含む）および／または匿名組合出資の受入れを行おうとする場合。
⑭ 借入人が、現在負担もしくは将来負担するいっさいの債務について、貸出人以外の第三者に対する担

保提供または保証を行おうとする場合（ネガティブ・プレッジ）。
⑮ 借入人が、借入人株式の一部または全部について、以下の行為を行おうとする場合。
　(Ⅰ) 会社法（平成17年法律第86号。改定後の規定を含む）第156条１項に基づき取得しようとする場合。
　(Ⅱ) 貸出人以外の第三者に対する譲渡もしくは担保提供を行うことを請求され、その承諾を行おうとする場合。
⑯ 個人保証人が借入人株式の一部または全部について貸出人以外の第三者に対して譲渡もしくは担保提供を行おうとする場合。
⑰ 借入人が、保証人に対する金銭等の支払および／または交付（配当金の支払を含む）を行おうとする場合。
⑱ 保証人が、借入人より配当金その他利益の配分および／またはその他借入人に対するいっさいの債権に係る金銭等の受取りを行おうとする場合。

(4) 保証人は、以下に定める事項を行おうとする場合、貸出人に対し、書面による事前通知を行う。
① 法人保証人が、事業および／または財産の譲渡等を行おうとする場合。
② 法人保証人が、合併、会社分割、株式交換、株式移転または組織変更を行おうとする場合。
③ 法人保証人が、募集株式および募集新株予約権の発行、株式および新株予約権の無償割当て、株式の併合・分割または資本金・準備金の額の増加を行おうとする場合。
④ 法人保証人が、代表取締役もしくは取締役を変更または追加しようとする場合（注６）。
⑤ 個人保証人が、法人保証人における代表取締役もしくは取締役の役職を辞任または退任しようとする場合（注６）。

(5) 借入人および／または法人保証人は、本契約等に基づく借入人のいっさいの債務を担保するため、以下に定めるすべての事項を履行すること。
① 借入人は、本件建物完工後直ちに（ただし、遅くとも（X＋１）年12月31日までに）、同建物につい

て、貸出人が合理的に満足する内容で、極度額12億円の根抵当権設定契約を締結し、同契約に基づき貸出人を第1順位担保権者とする根抵当権設定登記が完了したことを確認できる不動産登記簿謄本を貸出人に提出すること。
② 借入人は、本件建物完工後直ちに（ただし、遅くとも（X＋1）年12月31日までに）、貸出人が合理的に満足する内容で、本件火災保険契約を締結し、同契約について貸出人を第1順位担保権者とする質権設定契約を締結し、かつ、当該質権設定に関する確定日付が付された保険会社の承諾書ならびに本件火災保険契約に係る保険証券および保険約款の原本を貸出人に提出すること。
③ 借入人は、本件火災保険契約の期限到来の都度直ちに、貸出人が合理的に満足する内容で、当該本件火災保険契約を更新し、上記②と同様の手続をとること。
④ 貸出人が請求した場合は直ちに、また、貸出人が請求しない場合は（X＋1）年以降、毎年【　】月および【　】月に、貸出人が合理的に満足する内容で、個人保証人は、貸出人による借入人株式に設定ずみの質権の実行により、貸出人が借入人株式を取得することおよび／または貸出人の指定する第三者が借入人株式を譲り受けることについてあらかじめ承諾することを借入人の株主総会において議決し、借入人は、当該株主総会議事録謄本を貸出人に提出すること。
⑤ 借入人および／または法人保証人は、貸出人が請求した場合直ちに、本契約等に関連する担保権設定手続等に必要な書類を貸出人へ提出すること。
⑥ 借入人および保証人は、本契約等における借入人および／または保証人の債務が、法令等により優先される場合を除き、借入人および／または保証人の他の非劣後または無担保の債務と、あらゆる面において常に少なくとも同等の地位を有することを確保すること（パリパス）。
⑦ 借入人および保証人は、自らまたは第三者を利用して以下のいずれかに該当する行為を行わないこ

と。
　　　⑴　暴力的な要求行為。
　　　⑵　法的な責任を超えた不当な要求行為。
　　　⑶　取引に関して、脅迫的な言動をし、または暴力を用いる行為。
　　　⑷　風説を流布し、偽計を用いまたは威力を用いて貸出人の信用を毀損し、または貸出人の業務を妨害する行為。
　　　⑸　その他上記に準ずる行為。
　　⑧　「借入人および保証人による事実の表明および保証」⒆記載のいずれかに該当する者とならないこと。
⑹　借入人および／または保証人は、本件事業に関し、以下に定めるすべての事項を遵守する。
　　①　借入人は、X年【　】月より、【　】カ月ごとの各【　】日を提出期限とし、各提出期限までに、事業計画書を作成・更新し、その内容について貸出人の書面による承諾を得ること。
　　②　借入人は、X年【　】月より、【　】カ月ごとの各【　】日を提出期限とし、各提出期限までに、事業実績報告書を作成・更新し、その内容について貸出人の書面による承諾を得ること。
　　③　上記①および②の規定にかかわらず、貸出人は、貸出人が合理的に必要と認めた場合はいつでも、事業計画書および／または事業実績報告書の作成・更新を借入人に対して請求することができ、借入人は、貸出人の請求に基づき、つどすみやかに事業計画書および／または事業実績報告書を作成・更新し、その内容について貸出人の書面による承諾を得ること。
　　④　借入人は、本件事業を誠実かつ主体的に遂行し、放棄しないこと。
　　⑤　借入人は、本件事業以外の事業（投融資を含む）および本件事業に無関係な取引を行わないこと。
　　⑥　保証人は、借入人が本件事業の遂行および本契約等における義務の履行を円滑に行うことができるよう、借入人および貸出人ほか関係当事者に対し、できる限りの支援および協力を行うこと。

第2章　タームシートの作成　213

⑦ 借入人は、本件事業に必要な許認可・資格を取得し、かつ維持すること。
⑧ 借入人は、本融資契約締結後、新たに必要となった許認可・資格を取得した場合、取得後直ちにその取得を証する書類の写しを貸出人へ提出すること。
⑨ 借入人は、貸出人が本融資契約締結日以降に取得することを認めた許認可・資格について、貸出人が認めた期限（本件建物に係る完了検査は（X＋1）年12月31日）までに、貸出人が合理的に満足する内容で当該許認可・資格を取得し、その取得を確認できる書類の写しを貸出人に提出すること。
⑩ 借入人は、許認可・資格のいずれかが取り消された場合、または取り消されるおそれがある場合、直ちに貸出人へ書面により通知すること。
⑪ 個人保証人は、借入人株式に係る議決権の行使を第三者に委託せず、また本契約等の定めに違反するおそれのある借入人の株主総会の議案に賛成しないこと。
⑫ 借入人は、本件建物が法令等に違反する状態となった場合、直ちに貸出人に報告し、すみやかに、当該法令等違反の状態を解消するために必要な措置を講じること。また、借入人は、関係当局から法令等違反がある旨の通知を受けた場合、直ちに貸出人に報告し、すみやかに当該関係当局の指示に従い必要な措置を講じること。
⑬ 借入人は、主たる事業所に本件事業に関する資料、書類および帳簿類等を保管し、貸出人から請求があれば、すみやかに貸出人による閲覧が可能な状態にしておくこと。

(7) 借入人および／または法人保証人は、自らが当事者となる事業関連契約に関し、以下に定めるすべての事項を遵守する。

① 貸出人が本融資契約締結日以降に締結することを認めた事業関連契約について、貸出人が認めた期限（本件設計・監理契約および本件建設工事請負契約はX年【　】月【　】日）までに、貸出人が合理的に満足する内容で当該契約を締結し、かつ、当該契約の写しを直ちに貸出人に提出すること。

② 事業関連契約の締結、解約、解除、変更、譲渡、破棄、終了または担保提供を行おうとする場合、貸出人の書面による事前承諾を得ること。なお、貸出人の書面による事前承諾を得て事業関連契約の締結等を行った場合、当該契約書の写しを直ちに貸出人に提出すること。
　③ 事業関連契約の一部または全部について、いずれかの当事者により契約上の義務違反、解約、解除、変更、譲渡、破棄、終了または担保提供された場合、またはそのおそれがある場合、直ちに貸出人に書面により通知すること。
　④ 借入人は、本件劣後融資契約に基づく借入金について、貸出人の書面による事前承諾なく、その一部または全額について返済を行わないこと。
　⑤ 法人保証人は、本件劣後融資契約に基づく貸付金について、貸出人の書面による事前承諾なく、その一部または全額について返済を受けないこと。
　⑥ 事業関連契約に基づく義務（契約の相手方の義務も含む）の履行に重大な影響を与える事態が発生した場合、または発生するおそれがある場合、直ちに貸出人に書面により通知すること。
(8) 借入人は、事業専用口座に関し、以下に定めるすべての事項を遵守する。
　① 事業専用口座の一部または全部を解約しないこと。
　② 事業専用口座を本融資契約で定められた目的以外に使用しないこと。
　③ 借入人が受領した（または受領する）いっさいの金員を入金口座へ直接入金すること。
　④ 借入人が支払ういっさいの金員を出金口座から直接支払うこと。
　⑤ 初回の貸付実行日以降、元利金リザーブ口座の預金残高を【　】円以上に維持すること。
　⑥ 「期限の利益喪失事由」（後記）が発生した、または発生するおそれがあると貸出人が判断した場合、出金口座からの金員の引出は貸出人の書面による事前承諾を得て行うこと。また、貸出人から請求があれば直ちに、出金口座について、貸出人が合理的に

第2章　タームシートの作成　　215

	満足する内容で、貸出人を第1順位担保権者とする質権設定契約を締結し、かつ、確定日付が付された同契約書を貸出人に提出すること。
期限の利益喪失事由	(1) 借入人および/または保証人について、以下に定める事由が一つでも発生した場合には、貸出人からの通知催告等がなくとも、借入人および保証人は当然に期限の利益を失い、連帯して直ちに借入人が支払義務を負担する元利金返済資金等の全額を支払う。 　① 借入人について、支払の停止または特定調停、破産、民事再生手続開始、会社更生手続開始、会社整理開始、特別清算開始その他これに類似する法的整理手続開始の申立て（日本国外における同様の申立てを含む）があったとき。 　② 借入人について、解散の決議を行いまたは解散命令を受けたとき。 　③ 借入人が本件事業を放棄したとき。 　④ 借入人が第一回目の不渡りを出したとき、または手形交換所の取引停止処分を受けたとき。 　⑤ 貸出人に対して借入人および/または保証人が有する預金債権その他の債権について仮差押え、保全差押えまたは差押えの命令もしくは通知（日本国外における同様の手続を含む）が発送されたとき、または保全差押えまたは差押えの執行を命じる裁判が行われたとき。 (2) 借入人について、以下に定める事由が一つでも発生した場合には、貸出人の通知により、借入人および保証人は期限の利益を失い、連帯して直ちに借入人が支払義務を負担する元利金返済資金の全額を支払う。 　① 本契約等上の支払義務か否かにかかわらず、借入人による支払義務の全部または一部の履行を遅滞したとき。 　② 借入人および保証人による事実の表明および保証に定める内容について、一つでも真実でないことが判明したとき。 　③ 上記①および②を除き、借入人の本契約等または事業関連契約上の義務違反が発生し、かかる違反が【　】営業日以上にわたって解消しないとき。

④ 本契約等に基づき差し入れている担保の目的物について、差押えまたは競売手続の開始があったとき。
⑤ 本融資契約に基づく債務以外の債務について、期限の利益を喪失したとき。
⑥ 本件事業が、貸出人が書面により承諾した直近の事業計画通り進捗していないか、または進捗しないおそれがあると認められる相当の事由があり、貸出人の債権保全のため貸出人が必要と認めたとき。
⑦ 本件事業に必要な許認可・資格（本融資契約締結時以降、新たに必要となった許認可・資格を含む）の一部もしくは全部を取得できなかったとき、または取り消されたとき。
⑧ 事業関連契約の一部または全部が、貸出人の書面による承諾なく、締結、解約、解除、変更、譲渡、破棄、終了もしくは担保提供されたとき、または事業関連契約の相手方に契約上の重大な義務違反があり、かかる義務違反が【　】営業日以上にわたって解消しないとき。
⑨ 上記を除き、借入人の事業もしくは財産の状態が悪化し、または悪化するおそれがあり、貸出人の債権保全のため貸出人が必要と認めたとき。
(3) 法人保証人について、以下に定める事由が一つでも発生した場合には、貸出人の通知により、借入人および保証人は期限の利益を失い、連帯して直ちに借入人が支払義務を負担する元利金返済資金の全額を支払う。
① 支払の停止または特定調停、破産、民事再生手続開始、会社更生手続開始、会社整理開始、特別清算開始その他これに類似する法的整理手続開始の申立て（日本国外における同様の申立てを含む）があったとき。
② 解散の決議を行いまたは解散命令を受けたとき。
③ 第1回目の不渡りを出したとき、または手形交換所の取引停止処分を受けたとき。
④ 本契約等上の支払義務か否かにかかわらず、支払義務の全部または一部の履行を遅滞したとき。
⑤ 借入人および保証人による事実の表明および保証

に定める内容について、一つでも真実でないことが判明したとき。
⑥ 上記④および⑤を除き、自らが契約当事者となる本契約等または事業関連契約上の義務違反が発生し、かかる違反が【　】営業日以上にわたって解消しないとき。
⑦ 本契約等に基づき差し入れている担保の目的物について、差押えまたは競売手続の開始があったとき。
⑧ 本融資契約に基づく債務以外の債務について、期限の利益を喪失したとき。
⑨ 自らが契約当事者となる事業関連契約の一部または全部が、貸出人の書面による承諾なく、締結、解約、解除、変更、譲渡、破棄、終了もしくは担保提供されたとき、または事業関連契約の相手方に契約上の重大な義務違反があり、かかる義務違反が【　】営業日以上にわたって解消しないとき。
⑩ 上記を除き、法人保証人の事業もしくは財産の状態が悪化し、または悪化するおそれがあり、貸出人の債権保全のため貸出人が必要と認めたとき。

(4) 個人保証人について、以下に定める事由が一つでも発生した場合には、貸出人の通知により、借入人および保証人は期限の利益を失い、連帯して直ちに借入人が支払義務を負担する元利金返済資金の全額を支払う。
① 支払の停止または特定調停、破産、民事再生手続開始、その他これに類似する法的整理手続開始の申立て（日本国外における同様の申立てを含む）があったとき。
② 第1回目の不渡りを出したとき、または手形交換所の取引停止処分を受けたとき。
③ 自らの責めに帰すべき理由によって、貸出人にその所在が不明になったとき。
④ 本契約等上の支払義務か否かにかかわらず、支払義務の全部または一部の履行を遅滞したとき。
⑤ 借入人および保証人による事実の表明および保証に定める内容について、一つでも真実でないことが判明したとき。

	⑥ 上記④および⑤を除き、自らが契約当事者となる本契約等または事業関連契約上の義務違反が発生し、かかる違反が【 】営業日以上にわたって解消しないとき。 ⑦ 本契約等に基づき差し入れている担保の目的物について、差押えまたは競売手続の開始があったとき。 ⑧ 本融資契約に基づく債務以外の債務について、期限の利益を喪失したとき。 ⑨ 上記を除き、個人保証人の財産の状態が悪化し、または悪化するおそれがあり、貸出人の債権保全のため貸出人が必要と認めたとき。 (5) 借入人および／または保証人の責により上記(2)ないし(4)の通知が遅延した場合、または到達しなかった場合には、通常到達すべき時点で借入人および保証人は期限の利益を失い、連帯して直ちに借入人が支払義務を負担する元利金返済資金の全額を支払う。
相　　殺	(1) 支払期日の到来、期限の利益の喪失その他の事由によって、借入人および／または保証人が本契約等に基づき貸出人に対して負う債務を履行しなければならない場合には、貸出人は、①借入人および／または保証人に対する本契約等上の債権と、貸出人の借入人および／または保証人に対する預金債務、その他債務とを、かかる債務の期限のいかんにかかわらず、相殺することができ、また、②事前通知および所定の手続を省略して、借入人および／または保証人にかわり、諸預け金の払戻しを受け、債務の弁済に充当することができる。 (2) 借入人は、借入人が貸出人に対して有する預金債権、その他の債権のうち期限の到来したものについて債権保全上必要があり、かつ、本契約等の各条項に反しない限り、かかる債権と貸出人に対する本契約等上の債務のうち、支払期日が到来ずみの債務とを相殺することができる。
契約の変更	本融資契約は、借入人、貸出人および保証人が書面による合意を行う場合を除き変更することができない。

本融資契約上の地位および権利義務の譲渡	(1) 借入人および保証人は、貸出人の書面による事前承諾なく本契約における地位または権利義務を譲渡することができない。 (2) 貸出人は借入人および保証人への書面による事前通知により本契約における地位および権利義務を譲渡できる。当該譲渡に関して生じた費用等は譲渡人または譲受人がすべて負担する。
危険負担、免責ならびに賠償および補償	(1) 借入人および／または保証人が貸出人に差し入れた書類が、事変、災害等により紛失、滅失または損傷したときには、借入人および／または保証人は貸出人の帳簿、伝票等の記録に基づき、本契約等上の債務を履行する。また、借入人および／または保証人は、貸出人が請求した場合には、すみやかにかわりの書類を作成し、貸出人に提出する。 (2) 貸出人が、本契約等に基づく取引に使用する借入人および／または保証人の代表者、代表者の代理人または本人の印影を、あらかじめ借入人および／または保証人の届出た印鑑と相当の注意をもって照合し、相違ないと認めて行った取引について、印章の偽造、変造、盗用等の事故があり、これにより損害、損失または費用等が発生した場合には、借入人および保証人がこれを負担する。
本融資契約の可分性	本融資契約の一部条項が無効、不適法または執行不可能であるとされた場合でも、その他の条項の有効性、適法性及び執行可能性はいかなる意味においても損なわれない。
権利放棄	貸出人が本契約等に基づく権利、権能または救済措置の一部もしくは全部の行使について、貸出人がこれを怠りまたは遅延した場合も、当該権利、権能または救済措置が損なわれることはなく、またはそれらを放棄したものとはみなされないものとする。
銀行取引約定書	本融資契約に規定されていない事項は、銀行取引約定書の規定に従う。本融資契約の規定と銀行取引約定書の規定に不一致が存在する場合は、当該条項が無効、不適法または執行不可能であるとされた場合を除き、本融資契

通知等	持参、デリバリーサービス、書留郵便、ファクシミリ。ファクシミリの場合は送信者側が受信確認レポートを作成する場合に限り、かつ、正本を別途他の方法で交付する。
届出事項の変更	借入人および保証人は貸出人への届出事項に変更があったときは貸出人にすみやかに通知する。
本融資契約における期日	支払期日または期限到来日が営業日以外の日に該当する場合は、翌営業日（ただし、翌営業日が翌月となる場合は、前営業日）を指すものとする。
公正証書の作成	借入人および保証人は、貸出人が請求したときはいつでも、強制執行の許諾文言のある公正証書の作成に必要な手続をとる。
準拠法、言語および合意管轄	日本法／日本語／東京地方裁判所または【　】地方裁判所（第一審の専属管轄）
言語	日本語
借入人側弁護士	借入人が別途定める弁護士。
貸出人側弁護士	貸出人が別途定める弁護士。
手数料	(1) アレンジメント手数料：【　】円（消費税別）（一括前払い） (2) 口座管理手数料：年間【　】円（消費税別）

② 提案書の構成

　簡易版タームシートはあくまで取引先企業のニーズ確認を主たる目的としている。したがって、取引先企業からのマンデート獲得は図表Ⅳ－9で例示したタームシートをベースとするが、内容はかなり複雑なものである。そこで、取引先企業にもう一度、融資条件の概略をしっかりと確認してもらうために、簡易版タームシートを再度、提案書に組み込んでおく必要がある。また、提案書としての体裁を整えるためには、秘密保持に関する規定、ディスクレーマーなども加える必要がある。以下に提案書の構成を例示する。

A．表紙
B．秘密保持に関する規定
C．挨拶文
D．簡易版タームシート
E．タームシート
F．ディスクレーマー

以下では、B．秘密保持に関する規定および、F．ディスクレーマーについて解説する。

B．秘密保持に関する規定

　可能であれば、タームシート提示前に、別途、取引先企業などとの間で秘密保持契約を締結したほうがよいことはいうまでもない。取引先企業との関係上、それが困難であれば、提案書に秘密保持規定を記載することで秘密保持契約書締結にかえることになる。万全とはいえないまでも、提案書の内容が第三者に漏えいすることをできる限り回避するための措置はとっておいたほうがよい。以下に例を示す。

秘密保持規定

　本提案書の内容は貴社限りとさせていただきます。

　貴社は当行に対し、本提案書の受領に際し、以下の事項について同意したものとさせていただきます。

・本説明書に記載されている情報について、秘密を保持し、当行の書面による事前承諾なく、その全部または一部を第三者に開示、複製または転記を行わないこと。

・当行から請求があれば、本提案書をすみやかに返還または破棄すること。

　貴社が上記事項について同意できない場合は、直ちに本提案書をご返却ください。

F．ディスクレーマー

　本章(1)③で解説したように、タームシートの内容が詳細であることを勘案し、簡易版タームシートよりも詳細に記載したほうがよい。以下に例を示す。なお、ディスクレーマーについても、タームシート同様、案件内容により内容が変わる点については十分、注意願いたい。

ディスクレーマー（注意事項）

・本提案書は、貴社にてご計画中の楠本市におけるホテル開発事業に関する資金調達につきまして、貴社よりお伺いしている事業計画、資料などをもとに、現時点で想定される融資条件案を貴社にてご検討いただくためにご用意させていただいたものです。したがいまして、現在または将来に亘り、当行が、本提案書記載の融資条件案での融資契約の締結および／または融資の実行をお約束するものではなく、またその内容につきましては、随時、当行の独自の判断により変更が加えられる可能性があります。

・本提案書記載の融資条件案による融資契約の締結および／または融資の実行につきましては、当行における所定の内部決裁手続が完了することが条件のひとつとなります。

・本件ホテル開発事業に関する借入人への融資は、本提案書記載の融資条件案ほかをもとに、貴社、借入人および当行などが合意する融資契約の締結が条件のひとつとなりますが、最終的に合意された契約内容が本提案書記載の融資条件案ほかの内容と異なる場合があります。

・融資条件について合意が得られた場合でも、融資契約締結までに、著しい社会・経済環境の変化などにより、契約締結が困難となった場合には、当行の独自の判断により、契約書の作成、締結を中止することがあります。

・本提案書に基づく融資取引ならびに本件ホテル開発事業に関する法

> 律、税務、会計上の取扱につきましては貴社顧問弁護士、顧問税理士、顧問会計士などの専門家にご相談の上、貴社独自にご判断いただく必要があります。

(3) マンデート

　図表Ⅳ-9で例示したタームシートを含む提案書の内容について、取引先企業の合意が得られたら、マンデート・レターを受領し、融資契約書などの契約書作成作業に取りかかることができる。キャッシュフロー・ファイナンスにおけるマンデート・レターの内容は、取引先企業の誤解や理解不足の発生を極力回避するため、通常のシンジケート・ローンにおけるマンデート・レターよりも詳細な形式をとるほうがよい。マンデート・レターの内容は、具体的には、借入申込み、融資契約書などの契約書作成に係る弁護士費用などの費用負担、秘密保持などから構成される。以下に例を示すが、いうまでもなく、マンデート・レターの内容についても、案件ごとに異なる点は注意願いたい。

　　株式会社西播銀行　御中

　　楠本市におけるホテル開発事業に関する借入申し込みの件

　弊社は、弊社が以下の事項を遵守することを条件として、X年【　】月【　】日付の貴行提案書記載の融資条件案に基づく借入の申し込みを行います。
・X年【　】月【　】日までは、貴行の書面による事前承諾なく、貴行以外の金融機関と本件ホテル開発事業に関する資金調達について協議を行いません（注7）。
・貴行が本件ホテル開発事業への融資について内部検討を行うため、本件ホテル開発事業および弊社を含む関係当事者に関する十分な情報を提供します。

- 貴行における内部検討の結果、前提条件の変化、経済・社会環境の変化などにより、融資条件の変更が必要となった場合は、都度、貴行と誠実に協議します。
- 本件ホテル開発事業に関する資金調達に関連し貴行より入手した情報について、理由、内容および方法の如何を問わず、貴行の書面による事前承諾なく、第三者に対し開示を行いません。
- 貴行による本件ホテル開発事業に対する融資の成否にかかわらず、貴行が本件ホテル開発事業に対する融資に関連し、外部委託した弁護士などの専門家による契約書作成費用や、その他本件ホテル開発事業への融資の検討などのために発生したいっさいの諸費用および公租公課等については、貴行より請求あり次第、すみやかに支払います（注8）。
- 本件ホテル開発事業に関する資金調達についての法律、税務、会計上の取扱については、弊社が、弊社顧問弁護士、顧問税理士、顧問会計士などの専門家に相談の上、独自に判断します。

X年【　】月【　】日

【注】

1　本件ホテル開発プロジェクトのように、キャッシュ・イン・フロー（ホテルオペレーターからの賃料収入）の額が決まっている場合は、金利上昇による支払利息の増額リスクを無制限にとることは、銀行としても事業者としてもできない。したがって、キャッシュフロー分析のうえ、適切なレベルでの金利固定化を図るため、金利スワップ契約を締結することは、銀行、事業者双方にとって合理的な判断となる。

　　しかしながら、金利スワップ契約締結による金利固定化を融資実行の条件とすることについては、独占禁止法などの観点より、優越的地位の濫用と解される可能性もあるため、実際の取引先企業宛条件提示に際しては、その可否について、キャッシュフロー分析に基づく経済的側面のみならず、法律的側面からの慎重な検討が不可欠である。

　　独占禁止法の該当条文を以下に示す。

「私的独占の禁止及び公正取引の確保に関する法律(独占禁止法)」

> 第2条
> 9 この法律において「不公正な取引方法」とは、次の各号のいずれかに該当する行為をいう。
> (省略)
>   5 自己の取引上の地位が相手方に優越していることを利用して、正常な商慣習に照らして不当に、次のいずれかに該当する行為をすること。
>   イ 継続して取引する相手方(新たに継続して取引しようとする相手方を含む。ロにおいて同じ。)に対して、当該取引に係る商品又は役務以外の商品又は役務を購入させること。
> (省略)
> 第19条
> 事業者は、不公正な取引方法を用いてはならない。

2 借入れや担保提供などの行為に関し、どのような内部承認手続が必要であるかについては、定款などにより、確認する必要がある。特に、社団法人、財団法人、学校法人、宗教法人などの特殊法人については、定款、寄付行為、宗教法人規則などで、意思決定機関が理事会なのか、社員総会なのか、評議員会なのか、責任役員会なのか、複数の意思決定機関による議決が必要なのか、などについて注意深く確認し、判断がむずかしい場合は弁護士に助言を求めることも検討したほうがよい。

3 借入人側の弁護士より法律意見書(リーガル・オピニオン)の提出を受ける理由は、以下の2点である。
  ① キャッシュフロー・ファイナンスは多数の契約書が絡む複雑な取引であり、貸出人側が法律的側面についてすべて単独で確認することが困難であること。
  ② 借入人側がキャッシュフロー・ファイナンスに不慣れな場合、借入人側の弁護士から専門的な助言を得て融資契約書の締結を含む取引を行ったことを確認する必要があること。

  法律意見書は個別性がきわめて高く、ひな型というものはない。弁護士あるいは弁護士事務所によりさまざまな形式で作成されるので、銀行としても貸出人側の弁護士に内容について助言を求めるなどの対応が必要となる。
  法律意見書の内容については、弁護士の助言を得つつ、特に以下の点に注意しながら、その妥当性について慎重に検討する。
  ① 法律意見の対象となる契約書、書類、許認可・資格などについてもれがないか、その範囲が不当に狭くなっていないか
  ② 法律意見書に過度の留保条件が付されていないか

③ 借入人、保証人などの契約当事者の行為能力および権利能力、法律意見対象契約、書類、許認可・資格などの適法性、有効性および執行可能性などについて、明確な意見が述べられているか
4 地主から取得する承諾書は銀行実務においては、以下の事項を含むことが望ましいと考えられる。
① 地主と賃借人の間で借地契約が存在していること。
② 地主および賃借人の間で借地契約上の争いが存在していないこと。
③ 建物への担保権の実行などにより、第三者が建物を取得した場合、当該第三者に対し、地主は引き続き土地を賃貸すること。
④ 賃借人による賃料不払いなどにより、地主が借地契約を解除しようとする場合、事前に担保権者である銀行に通知すること。
　地主から取得する承諾書の法的有効性については、土地所有者が変わった場合や、借地契約解除に関する地主の事前通知義務などについて、必ずしも万全とはいえないものの、全資産担保の立場から取得が望ましい。
5 期限の利益喪失事由は、当該事由が発生した場合に加え、当該事由が発生するおそれの有無についても、貸付実行の前提条件、支払充当順位、貸出人への通知義務、出金口座への質権設定などの規定に記載がある。このような期限の利益喪失事由が発生するおそれがある事態については、「潜在的期限の利益喪失事由」として定義づけをすることも可能である。
6 本事例においては、SPCである借入人の取締役選任については貸出人の承諾事項、一般事業法人である法人保証人の取締役選任については事前通知事項としている。しかしながら、SPCといえども、取締役の選任に制限を加える条項が適法かどうかは、独占禁止法の観点より、個別事例に応じて慎重な検討が必要であり、検討の結果、事前通知義務とすることもありえる。
7 このように一定期間、借入人が銀行などの金融機関に対し、融資についての独占交渉権を付与する形式のマンデートを排他的マンデートあるいはエクスクルーシブ・マンデート（Exclusive Mandate）という。マンデートという場合、通常はエクスクルーシブ・マンデートのことをいう。
8 複雑な案件ほど、さまざまな理由でとん挫する可能性が高いことから、費用負担についての取決めを明記しておくことは重要である。案件がとん挫した場合、事業主としては、心情的にも費用負担をしたくないものだからである。100万円〜300万円程度の弁護士費用であれば、事業主を相手どり、支払をめぐって裁判を起こすことは手間暇を考えると実務的には容易ではないかもしれない。しかしながら、費用負担に関する条項の存在は、事業主による費用支払拒否に対する抑止力となりえる。

第 3 章 融資契約書

　タームシートの内容について取引先企業の合意が得られ、マンデートを獲得すると、渉外弁護士に融資契約書ほか関連する諸契約の作成を発注することになる。本ケーススタディにおいて渉外弁護士に作成を発注する主要な契約書は以下のとおりである。

・融資契約書および借入申込書

・預金債権質権設定契約書

・株式質権設定契約書

・譲渡担保権設定契約書および承諾書

・契約上の地位譲渡予約契約書および承諾書

・地主の承諾書

　このほかにも、債権者間の優先劣後関係を定めた債権者間協定書など、案件の特性によってさまざまな契約書が必要となる。

　以下では前章で例示したタームシートの内容に基づき作成される融資契約書および借入申込書の例を示す。融資契約書（例）は本書のサイズ（Ａ５）の関係で、ページ数が長くなっているが、Ａ４サイズであれば、本文は30ページ程度となる。言うまでもなく個別案件ごとに融資契約書の内容は大きく異なる。

融資契約書および借入申込書(例)

融 資 契 約 書

1,200,000,000円

X年5月31日

(借入人)

株式会社EHK

(貸出人)

株式会社西播銀行

(保証人)

東浦開発株式会社
東浦　茂

目　　次

第 1 条　定　　義……………………………………………………………(1)
第 2 条　「事業関連契約」……………………………………………………(4)
第 3 条　「貸出人」の義務 …………………………………………………(5)
第 4 条　資金使途……………………………………………………………(5)
第 5 条　「各貸付」実行の前提条件 ………………………………………(5)
第 6 条　「各貸付」の実行 …………………………………………………(8)
第 7 条　貸付不能事由………………………………………………………(9)
第 8 条　増加費用……………………………………………………………(9)
第 9 条　元本の返済…………………………………………………………(9)
第10条　利　　息……………………………………………………………(9)
第11条　期限前返済…………………………………………………………(10)
第12条　遅延損害金…………………………………………………………(10)
第13条　「口座管理手数料」…………………………………………………(10)
第14条　諸経費及び「公租公課等」…………………………………………(11)
第15条　「借入人」の債務の履行 …………………………………………(11)
第16条　「事業専用口座」……………………………………………………(12)
第17条　「事業専用口座」からの金員の引出………………………………(12)
第18条　担保権設定契約……………………………………………………(13)
第19条　連帯保証……………………………………………………………(13)
第20条　「事実の表明及び保証」……………………………………………(14)
第21条　「借入人」及び「保証人」の義務 …………………………………(15)
第22条　「期限の利益喪失事由」……………………………………………(21)
第23条　相　　殺……………………………………………………………(24)
第24条　「本融資契約」の変更 ……………………………………………(24)
第25条　「本融資契約」上の地位及び権利義務の譲渡……………………(24)
第26条　一般規定……………………………………………………………(25)

別紙一覧

別紙 1　返済スケジュール……………………………………(30)
別紙 2　「通知書」……………………………………………(31)
別紙 3　不動産一覧……………………………………………(32)
別紙 4　「事業計画書」書式…………………………………(33)
別紙 5　「事業実績報告書」書式……………………………(33)

融資契約書

　株式会社ＥＨＫ（以下、「借入人」という。）、株式会社西播銀行（以下、「貸出人」という。）、東浦開発株式会社（以下、「法人保証人」という。）及び東浦茂（以下、「個人保証人」という。）は、X年5月31日付で以下の通り合意する（以下、「本融資契約」という。）。

第1条　定　　義

　次に掲げる各用語は、文脈上別義であることが明白であるある場合を除き、「本融資契約」において次に定める意味を有するものとする。
「イースタンホテル」とは、イースタンホテル株式会社をいう。
「営業日」とは、銀行法（昭和56年法律第59号。改定後の規定を含む。）第15条1項及び銀行法施行令（昭和57年政令第40号。改定後の規定を含む。）第5条に定められた日本における銀行の休日以外の日をいう。
「各貸付」とは、「本融資契約」に基づき実行される金銭消費貸借取引をいう。
「各貸付金」とは、「各貸付」により「貸出人」が「借入人」に対し貸し付ける金員をいう。
「借入人株式」とは、「借入人」の全ての発行済み株式をいう。
「借入人等」とは、「借入人」、「借入人」の子会社及び／又は関連会社をいう。
「元本返済額」とは、別紙1返済スケジュール記載の「各貸付金」返済額における各金額をいう。
「元本返済日」とは、別紙1返済スケジュール記載の「各貸付金」返済日欄における各日をいう。
「元利金返済資金」とは、「各貸付」の元本及び利息並びに「口座管理手数料」を含め、「本契約等」に関し、「借入人」が各時点において「貸出人」へ支払うべき一切の金員をいう。
「元利金リザーブ口座」とは、第16条3項に定める口座をいう。
「期限前返済手数料」とは、「借入人」が期限前返済を行う「各貸付」の元本金額に【　】％を乗じて算出した手数料（消費税別。）をいう。
「期限の利益喪失事由」とは、第22条に定める各事由を総称していう。
「基準金利」とは、「各貸付」それぞれについて、各「金利決定日」の午前11時又は午前11時に可及的に近い午前11時以降の時点において全国銀行協会が公表する日本円TIBOR（Telerate17097ページ）のうち、当該各「利息計算期間」と等しい期間の利率をいう。但し、何らかの理由でかかる利率が公表されない場合には、かかる「金利決定日」において、当該「利息計算期間」と等しい期間の銀行

間円資金貸借取引について資金の出し手側が提示する貸出利率として「貸出人」が合理的に決定する利率をいう。

「銀行取引約定書」とは、「借入人」及び「保証人」が「貸出人」との間でそれぞれ締結した（又は締結する）、「貸出人」所定の銀行取引約定書をいう。

「金融機関」とは、銀行、信託銀行、証券会社その他一切の金融機関をいう。

「金利決定日」とは、「各貸付」それぞれについて、各「利息支払日」の直前の「利息支払日」（但し、第1回目は「実行日」）の2「営業日」前の日をいう。

「金利スワップ」とは、同一通貨における固定金利債務と変動金利債務など、異種類の金利債務を交換することをいう。

「決算報告書等」とは、「借入人」及び「法人保証人」がそれぞれ作成した（又は作成する）、貸借対照表及び損益計算書等の各種財務諸表を総称していう。

「口座管理手数料」とは、第13条2項に基づき「借入人」が「貸出人」へ支払う手数料をいう。

「公租公課等」とは、日本国内外において課せられ得る所得税、法人税、印紙税、消費税その他の税金等、全ての公租又は公課をいう。

「コミット期間」とは、【　】年【　】月【　】日（同日を含む。）から（X＋1）年12月31日（同日を含む。）迄の期間をいう。

「コミット金額」とは、「本融資契約」に基づき、「貸出人」が「借入人」に対して設定する金12億円の貸付限度額をいう。

「最終返済日」とは、（X＋16）年12月31日をいう。

「最低維持残高」とは、各時点において向こう【　】ヶ月以内に「支払期日」の到来する「元利金返済資金」の金額に相当する残高をいう。

「事業関連契約」とは、第2条に定める各契約を総称していう。

「事業計画書」とは、別紙4「事業計画書」書式に従い作成された（又は作成される）「本件事業」に関する「借入人」の計画書をいう。

「事業専用口座」とは、「入金口座」、「出金口座」及び「元利金リザーブ口座」を総称していう。

「事業実績報告書」とは、別紙5「事業実績報告書」書式に従い作成された（又は作成される）「本件事業」の実績に関する報告書をいう。

「実行希望日」とは、「借入人」が「各貸付」の実行を希望する日をいう。

「実行日」とは、第6条に基づき「各貸付」が実行された（又は実行される）日をいう。

「支払期日」とは、「元本返済日」、「利息支払日」及びその他「本融資契約」に従い「借入人」が「貸出人」へ支払を行うべき日を総称していう。

「出金口座」とは、第16条2項に定める口座をいう。

「スプレッド」とは、年率2.5％をいう。

「清算金」とは、第22条に基づく返済又は第23条に基づく相殺がなされた場合に

おける再運用利率が「適用利率」を下回る場合において清算されるべき金員をいい、かかる返済又は相殺がなされた「各貸付」の元本金額に再運用利率と「適用利率」の差及び残存期間の実日数を乗じて算出される。なお「残存期間」とは、返済又は相殺がなされた日から次回「利息支払日」までの期間をいい、「再運用利率」とは、返済又は相殺がなされた元本金額を残存期間にわたって東京インターバンク市場で再運用すると仮定した場合の利率として「貸出人」が合理的に決定する利率をいう。また、かかる「清算金」の算出方法は、後落しによる片端及び1年を365日とした日割計算とし、除算は最後に行い、1円未満は切り捨てる。

「担保提供」とは、以下の行為を総称していう。
 ① 自らの資産に担保権を設定すること。
 ② 自らの資産に担保権設定の予約をすること。
 ③ 自らの資産を担保に提供しないことを約束すること。

「通知書」とは、別紙2「通知書」に定める「各貸付」の実行希望に関する通知書をいう。

「適用利率」とは、「基準金利」に「スプレッド」を加算した利率をいう。

「入金口座」とは、第16条1項に定める口座をいう。

「事実の表明及び保証」とは、第20条に定める内容を総称していう。

「法人保証人等」とは、「法人保証人」、「法人保証人」の子会社、及び／又は関連会社をいう。

「法令等」とは、「本契約等」、「本契約等」に基づく取引又は「本契約等」の当事者に適用される条約、法律、政令、省令、規則、告示、判決、決定、仲裁判断、通達及び関係当局の政策をいう。

「保証人」とは、「法人保証人」及び「個人保証人」を総称していう。

「本契約等」とは、「本融資契約」、「本件担保権設定契約等」、「本件金利スワップ契約」及び「銀行取引約定書」を総称していう。

「本件火災保険契約」とは、「借入人」が「本件建物」に関し締結した（又は締結する）火災保険契約をいう。

「本件許認可・資格」とは、「本件事業」を遂行するために「借入人」が取得する必要のある一切の許認可・資格（「本融資契約」締結日以降、新たに必要となった許認可・資格を含む。）を総称していう。

「本件金利スワップ契約」とは、「本融資契約」に基づく借入に関する支払金利固定化のために「借入人」と「貸出人」との間で締結した（又はされる）「金利スワップ」契約をいう。

「本件建設工事請負契約」とは、第2条3項に定める一切の契約をいう。

「本件事業」とは、「本件建物」の開発及び賃貸事業をいう。

「本件借地契約」とは、第2条1項に定める一切の契約をいう。

「本件設計・監理契約」とは、第2条2項に定める一切の契約をいう。
「本件建物」とは、「本件建設工事請負契約」に基づき「本件土地」上に建設される、ホテル建物（附属建物を含む。）を総称していう。
「本件担保権設定契約等」とは、以下の契約を総称していう。
　①　第18条に定める担保権設定契約
　②　「本契約等」に基づく「借入人」の一切の債務を担保するために必要なその他の担保権設定契約、保証契約及び担保権設定予約契約
　③　上記①及び②の契約の対象となる担保権の設定・実行等のため必要なその他の関連契約
「本件賃貸借契約」とは、第2条4項に定める一切の契約をいう。
「本件土地」とは、別紙3不動産一覧記載の土地をいう。
「本件劣後融資契約」とは、第2条5項に定める一切の契約をいう。
「未使用コミット金額」とは、「コミット金額」の金額から実行済みの「各貸付」の当該「各貸付」実行時における元本金額の累計額を控除した金額をいう。
「利息計算期間」とは、「各貸付」それぞれについて、各「利息支払日」の直前の「利息支払日」（第1回目については「実行日」）（同日を含む。）から当該「利息支払日」（同日を含まない。）迄の期間をいう。
「利息支払日」とは、「各貸付」それぞれについて、「実行日」（同日を含まない。）から「最終返済日」（同日を含む。）迄の間に到来する毎年3月、6月、9月及び12月の各末日をいう。

第2条　「事業関連契約」

　「本件事業」に関し、「借入人」及び／又は「法人保証人」は以下契約が締結済又は締結するものとする。
1　「本件借地契約」
　　「本件土地」の賃借に関し、「借入人」（賃借人）が明石正一（賃貸人）と締結した（又は締結する）定期借地契約、及び付随する一切の契約。
2　「本件設計・監理契約」
　　「本件建物」の設計及び工事監理に関し、「借入人」（発注者）が株式会社阿弥陀設計（受注者）と締結した（又は締結する）契約、及び付随する一切の契約。
3　「本件建設工事請負契約」
　　「本件建物」の建設工事に関し、「借入人」（発注者）が株式会社高砂組（受注者）と締結した（又はする）契約、及び付随する一切の契約。
4　「本件賃貸借契約」
　　「本件建物」の賃貸借に関し、「借入人」（賃貸人）が「イースタンホテル」（賃借人）と締結した（又は締結する）定期建物賃貸借契約、及び付随する一

切の契約。
5 「本件劣後融資契約」
　「本件事業」に係る資金調達に関し、「借入人」（借主）が「法人保証人」（貸主）と締結した（又は締結する）劣後融資契約、及び付随する一切の契約。
6 保険契約
　「本件火災保険契約」を含め、「本件事業」に関連する一切の保険契約。
7 その他、「本件事業」に関連する一切の取り決め、覚書、及び契約。

第3条　「貸出人」の義務
　「貸出人」は、第5条記載の事項が全て充足されていることを条件に、第6条1項に定める「借入人」による「各貸付」の実行希望の通知に応じて、「各貸付」を「借入人」に対して実行する義務を負う。

第4条　資金使途
　「借入人」は、「各貸付金」を以下に定める支払資金として使用する。
1 「本件建物」建設工事費用支払資金
2 「本件土地」賃借費用支払資金
3 その他「本件事業」に関連する諸費用支払資金

第5条　「各貸付」実行の前提条件
　「貸出人」は、以下に定める事項が全て充足されていると「貸出人」が判断できることを条件に「各貸付」を実行する。
1 「本融資契約」締結時点において、以下に定める全ての書類が提出されていること。尚、全ての書類は、「本融資契約」締結時点において効力を有するものに限るものとする。
(1)「借入人」に関する書類
　① 商業登記簿謄本
　② 定款
　③ 株主名簿謄本
　④ 印鑑証明書（「本融資契約」締結日より【　】ヶ月前以内に取得したもの。）
　⑤ 「銀行取引約定書」
　⑥ 「貸出人」所定の印鑑届
　⑦ 以下の事項を承認した株主総会議事録謄本
　　（Ⅰ）「本契約等」及び自らが当事者となる「事業関連契約」の締結。
　　（Ⅱ）「本契約等」に基づく借入、「担保提供」及び「金利スワップ」取引。
　　（Ⅲ）「本件劣後融資契約」に基づく借入。

（Ⅳ）「借入人株式」について「貸出人」を第1順位担保権者とする質権設定。
　　（Ⅴ）「貸出人」による質権の実行により、「貸出人」が「借入人株式」を取得すること及び／又は「貸出人」の指定する第三者が「借入人株式」を譲り受けることについて予め承諾すること。
(2)　「法人保証人」に関する書類
　①　商業登記簿謄本
　②　定款
　③　株主名簿謄本
　④　印鑑証明書（「本融資契約」締結日より【　】ヶ月前以内に取得したもの。）
　⑤　「銀行取引約定書」
　⑥　「貸出人」所定の保証書
　⑦　「貸出人」所定の印鑑届
　⑧　以下の事項を承認した取締役会議事録謄本
　　（Ⅰ）「本契約等」及び自らが当事者となる「事業関連契約」の締結。
　　（Ⅱ）「本契約等」に基づく保証及び「担保提供」。
　　（Ⅲ）「本件劣後融資契約」に基づく貸付。
(3)　「個人保証人」に関する書類
　①　印鑑証明書（「本融資契約」締結日より【　】ヶ月前以内に取得したもの。）
　②　「銀行取引約定書」
　③　「貸出人」所定の保証書
　④　「貸出人」所定の印鑑届
(4)　「事業関連契約」
　　「貸出人」が合理的に満足する内容の、締結済みの全ての「事業関連契約」（「本件借地契約」、「本件賃貸借契約」及び「本件劣後融資契約」を含む。本項において以下同じ。）の原本証明付きの写し。
(5)　「本件許認可・資格」に関する書類
　　「貸出人」が合理的に満足する内容の、取得済みの全ての「本件許認可・資格」に関する書類の写し。
(6)　法律意見書
　　「貸出人」が合理的に満足する内容の、締結済の「本契約等」及び「事業関連契約」、及び取得済の「本件許認可・資格」に関し、行為能力、適法性、有効性、執行可能性等を確認する、「借入人」側の日本法弁護士の法律意見書。
　　「貸出人」が「本融資契約」締結日以降に締結又は取得することを認めた

「事業関連契約」及び「本件許認可・資格」については、「借入人」は、「貸出人」が認める日迄に締結又は取得を完了し速やかに、「貸出人」が合理的に満足する内容の、法律意見書を「貸出人」に提出するものとする。
2 「実行希望日」において、以下に定める全ての事項が充足されていること。
 (1) 必要事項を全て記載した「通知書」が「貸出人」へ提出されていること。
 (2) 「通知書」に記載された「各貸付」の実行希望額が「実行希望日」における「未使用コミット金額」を超過していないこと。
 (3) 「通知書」に記載された「実行希望日」が「コミット期間」内の「営業日」であること。
 (4) 第7条に定める貸付不能事由が発生していないこと。
 (5) 「事実の表明及び保証」が全て真実であること。
 (6) 「期限の利益喪失事由」が発生しておらず、また発生するおそれもないこと。
 (7) 「借入人」及び「保証人」が「本契約等」の各条項に違反しておらず、また違反するおそれもないこと。
 (8) 「各貸付金」の資金使途が第4条に定める通りであること。
 (9) 「各貸付金」の資金使途を確認できる書類が「貸出人」に提出されていること。
 (10) 「各貸付金」の資金使途が「本件建物」建設工事費用支払資金である場合は、「貸出人」が合理的に満足する内容で、「本件設計・監理契約」及び「本件建設工事請負契約」の締結、並びに「本件建物」建設に関する建築確認申請の検査済証取得が完了し、且つ、同契約書及び検査済証の原本証明付の写しが「貸出人」に提出されていること。
 (11) 「個人保証人」が「借入人」に対し1000万円以上の追加出資を行ったことを確認できる書類が「貸出人」に提出されていること。
 (12) 「本件劣後融資契約」に基づき、「法人保証人」が「借入人」に対し5000万円以上の貸付を実行したことを確認できる書類が「貸出人」に提出されていること。
 (13) 「貸出人」が合理的に満足する内容で、「本件劣後融資契約」に基づき「法人保証人」が「借入人」に対して現在または将来有する一切の債権について「貸出人」を第1順位担保権者とする譲渡担保権設定契約が締結され、且つ確定日付が付された「借入人」の異議なき承諾書が「貸出人」に提出されていること。
 (14) 「貸出人」が合理的に満足する内容で、「本件劣後融資」における「法人保証人」の契約上の地位について譲渡予約契約が締結され、且つ確定日付が付された「借入人」の異議なき承諾書が「貸出人」に提出されていること。
 (15) 「貸出人」が合理的に満足する内容で、「本件建物」に対して「貸出人」を

第1順位担保権者とする根抵当権設定を行うこと等について、「本件土地」の所有者である明石正一の承諾書が「貸出人」に提出されていること。
⒃　「貸出人」が合理的に満足する内容で、「入金口座」及び「元利金リザーブ口座」について、「貸出人」を第1順位担保権者とする質権設定契約が締結され、且つ同質権設定契約書に確定日付が付されていること。
⒄　「元利金リザーブ口座」の残高が「最低維持残高」以上であること。
⒅　「貸出人」が合理的に満足する内容で、「本件金利スワップ契約」が締結されていること。
⒆　「貸出人」が合理的に満足する内容で、「本件賃貸借契約」に基づき「借入人」が「イースタンホテル」に対して現在又は将来有する一切の債権について、「貸出人」を第1順位担保権者とする譲渡担保権設定契約が締結され、且つ同譲渡担保権設定契約に関し、確定日付が付された「イースタンホテル」の異議なき承諾書が提出されていること。
⒇　「貸出人」が合理的に満足する内容で、「本件賃貸借契約」における「借入人」の契約上の地位について、譲渡予約契約が締結され、且つ同地位譲渡予約契約に関し、確定日付が付された「イースタンホテル」の異議なき承諾書が提出されていること。
㉑　「貸出人」が合理的に満足する内容で、「借入人株式」について、「貸出人」を第1順位担保権者とする質権設定契約が締結され、且つ同契約に基づく質権者として「貸出人」の会社名及び本店住所が記載された「借入人」の株主名簿謄本が「貸出人」に提出されていること。
㉒　「事業計画書」が「貸出人」に提出されており、且つその内容について「貸出人」が書面により承諾していること。
㉓　「公租公課等」、「法令等」、社会情勢等に重大な変更が生じていないこと。

第6条　「各貸付」の実行

1　「各貸付」の実行希望の通知
　「借入人」は、以下に定める手続に従い、「各貸付」の実行希望を「貸出人」に対して通知する。
⑴　「借入人」は、「実行希望日」の【　】「営業日」前の【　】時迄に、必要事項を全て記載した「通知書」を「貸出人」へ提出する。
⑵　「通知書」に記載される実行希望額は【　】円以上で、且つ【　】円単位とし、「各貸付」の通貨は日本円とする。
⑶　本項に定める「各貸付」の実行希望の通知は、「通知書」を「貸出人」が受領したときに効力を生じるものとする。尚、「借入人」は、「貸出人」による「通知書」受領後は、理由の如何を問わず、当該「各貸付」の実行希望の通知を取り消し、又は変更することはできないものとする。

(4) 「各貸付」の実行希望の通知後、第5条に定める「各貸付」実行の前提条件のいずれかが充足されないと「貸出人」が合理的に判断した場合、「各貸付」の実行は取り消されるものとし、「借入人」は「貸出人」の合理的計算に基づき算出される損害金を「貸出人」の請求に基づき、直ちに支払うものとする。
2 「各貸付」の実行
　「貸出人」は、「実行希望日」において、第5条に定める「各貸付」実行の前提条件が全て充足されていると判断する場合、「通知書」記載の実行希望額相当の金員を、当該「実行希望日」に「入金口座」へ入金する。「入金口座」へかかる入金がなされた時点をもって、「各貸付」の実行がなされたものとする。

第7条　貸付不能事由

　以下に定めるいずれかの事由が発生したと「貸出人」が判断した場合、当該事由が解消するまでの間、「貸出人」は、「各貸付」を実行する義務を免れることができるものとする。
1 　地震・台風・津波などの天災、戦争・騒乱の勃発などにより「各貸付」の実行が不可能となった場合。
2 　電気・通信・各種決済システムの不通・障害により「各貸付」の実行が不可能となった場合。
3 　東京インターバンク市場において通常の円資金貸借取引を行い得ない場合。
4 　その他「貸出人」の責によらない事由により、「各貸付」の実行が不可能となった場合。

第8条　増加費用

　「法令等」の制定、改廃、変更、又はその解釈若しくは運用の変更、準備金の設定若しくはその増額等によって、「貸出人」の「本契約等」の維持及び義務の履行に要する「貸出人」の費用が実質的に増加する場合には、「借入人」は「貸出人」の合理的計算により請求する当該増加費用を負担する。

第9条　元本の返済

　「借入人」は、「貸出人」に対し、別紙1返済スケジュールに従って、「各貸付」の元本を各「元本返済日」に当該「元本返済日」に対応する「元本返済額」に分割して第15条の規定に従い支払う。

第10条　利　　息

1 　「借入人」は、「貸出人」に対し、「各貸付」それぞれについて、「各貸付」の元本金額に「適用利率」及び「利息支払日」に対応する「利息計算期間」の実

日数を乗じて算出した「各貸付」の利息を、各「利息支払日」に第15条の規定に従い支払う。
2　前項の利息の算出方法は、後落としによる片端及び1年を365日とした日割計算とし、除算は最後に行い、1円未満は切り捨てる。

第11条　期限前返済
「借入人」は、「各貸付」の元本について、以下に定める全ての事項が充足されることを条件に、「元本返済日」よりも前に返済をすることができる。
1　返済希望額及び返済希望日を、返済希望日より【　】「営業日」前迄に「貸出人」へ書面により通知すること。
2　全ての「各貸付金」を一括して全額返済する場合以外は、「貸出人」の書面による事前承諾を得ること。
3　返済希望日が「利息支払日」であること。
4　期限前返済金の支払と同時に、「期限前返済手数料」を「貸出人」に支払うこと。
5　「貸出人」が書面により事前承諾した場合を除き、「貸出人」が認める日迄に返済希望額に相当する「本件金利スワップ契約」の全部又は一部を「貸出人」の指示に従い解約のうえ、当該解約に伴い「貸出人」に発生する費用を「貸出人」に支払うこと。

第12条　遅延損害金
1　「借入人」は、「貸出人」に対する「本融資契約」上の債務の履行を遅滞した場合には、かかる債務の「支払期日」（同日を含む。）から起算して実際に債務が支払われた日（同日を含む。）迄の期間につき、履行を遅滞した債務の金額に、「適用利率」に【　】％を加えた利率又は年率【　】％のいずれか高い利率（但し「法令等」に反しない限りとする。）を乗じて算出される遅延損害金を第15条の規定に従い「貸出人」に支払う。
2　前項の遅延損害金の算出方法は、両端及び1年を365日とした日割計算とし、除算は最後に行い、1円未満は切り捨てる。

第13条　「口座管理手数料」
1　「借入人」は、「貸出人」による「本融資契約」に基づく「事業専用口座」に関する入出金業務の対価として、「貸出人」に対し、「口座管理手数料」を支払う。
2　「借入人」は、「貸出人」に対し、「口座管理手数料」として、初回の「実行日」、及び初回の「実行日」（同日を含まない。）以降（X＋15）年12月31日（同日を含む。）迄に到来する毎年12月31日に各【　】円（消費税別。）を第

15条の規定に従い支払う。
3 「貸出人」は、「事業専用口座」に関する入出金業務について、「本融資契約」の当事者に対して如何なる責任も負わない。

第14条 諸経費及び「公租公課等」
1 「本契約等」の作成及びその変更、修正に関して発生する全ての費用（弁護士費用を含む。）並びに「貸出人」が「本契約等」に基づき、権利の確保及び実行または義務の履行を行うに際して発生する全ての費用（弁護士費用を含む。）は、「法令等」に反しない限り全て「借入人」の負担とし、「貸出人」がこれを「借入人」に代わって負担した場合には、「借入人」は、「貸出人」から請求を受け次第、直ちに、これを第15条の規定に従い支払う。
2 「本契約等」及びこれに関連する書類の作成、変更、執行等に関して発生する印紙税その他これに類する「公租公課等」は、全て「借入人」の負担とし、「貸出人」がこれを「借入人」に代わって負担した場合には、「借入人」は、「貸出人」から請求を受け次第、直ちに、これを第15条の規定に従い支払う。

第15条 「借入人」の債務の履行
1 「借入人」による「元利金返済資金」の支払は、「支払期日」において「貸出人」が「出金口座」から所定の金額を一括して引き落とす方法によるものとする。
2 「借入人」は、「貸出人」に対し、前項に従い「出金口座」から金員を引き落とす権限を付与するものとし、かかる口座引き落としには「借入人」が「貸出人」へ払戻請求書他必要書類を交付することを要しない。
3 「借入人」は、遅くとも「支払期日」の午前【　】時迄に「元利金返済資金」に相当する金員を、即時支払可能なかたちで「出金口座」へ入金しなければならない。
4 「事業専用口座」へ入金された金員による「借入人」の債務及び費用の支払は、「貸出人」が書面により承諾した直近の「事業計画書」に基づき、以下の順序で充当される。但し、「期限の利益喪失事由」が発生した又は発生するおそれがあると「貸出人」が合理的に判断した場合には、「貸出人」が適当と認める順序及び方法によるものとする。
  (1) 「本件事業」に係る諸経費及び「公租公課等」（但し、「貸出人」が書面により承諾した直近の「事業計画書」の範囲内とする。）。
  (2) 「本契約等」において「貸出人」が負担又は立替払いしている一切の経費、費用及び手数料。
  (3) 「貸出人」に対し支払うべき損害金（第6条及び第12条に定める遅延損害金を含む。）。

⑷ 「清算金」及び「本件金利スワップ契約」解約に伴い「貸出人」に発生する費用。
⑸ 「各貸付」の利息（「本件金利スワップ契約」に基づく支払を含む。）。
⑹ 「各貸付」の元本。
⑺ 本項1号ないし6号以外の支払（但し、「貸出人」が書面により承諾した直近の「事業計画書」の範囲内とする。）。
5 「借入人」は、「本融資契約」に基づく債務の支払につき、「法令等」により要求される場合を除き、「公租公課等」を控除してはならない。「借入人」が支払うべき金額から「公租公課等」を控除しなければならない場合には、「借入人」は、「貸出人」が「公租公課等」を課せられない場合に受領できる金額を受領できるように必要な金額を追加して支払うものとする。かかる場合、「借入人」は、源泉徴収に係る日本の租税当局その他の監督官庁により発行された納税証明書を、支払を行った日より【　】日以内に「貸出人」宛直接送付する。

第16条 「事業専用口座」
「借入人」は、以下に定める「借入人」名義の普通預金口座を「貸出人」楠本支店に開設済みであり、且つ、これらの口座を維持する。
1 「入金口座」（口座番号：【　】）
「借入人」が受領した（又は受領する）一切の金員を入金する口座。
2 「出金口座」（口座番号：【　】）
「借入人」が支払う一切の金員（「元利金返済資金」を含む。）を留保する口座。
3 「元利金リザーブ口座」（口座番号：【　】）
「元利金返済資金」を積立金として留保する口座。

第17条 「事業専用口座」からの金員の引出
1 「借入人」は、「入金口座」に残存する金員について、「貸出人」の書面による事前承諾を得て、「貸出人」に払戻請求書その他必要書類を交付することにより、「貸出人」が書面により承諾した直近の「事業計画書」に基づき、必要な金員（但し、向こう【　】ヶ月間における必要資金を超過しないものとする。）を「出金口座」へ振り替えることができる。
2 「貸出人」は、「出金口座」の残高が「支払期日」の午前【　】時において当該「支払期日」における「元利金返済資金」の総額に満たない場合、「借入人」へ事前通知のうえ、他の「事業専用口座」から「出金口座」へ当該「支払期日」における「元利金返済資金」の総額に達する迄、必要資金を振り替えることができる。かかる振替には「借入人」が「貸出人」へ払戻請求書その他必要

書類を交付することを要しない。
3 「借入人」は、以下に定める場合を除き、「入金口座」から如何なる金員も引き出してはならない。
 (1) 本条1項及び同2項に定める場合。
 (2) 第21条8項5号に従い「元利金リザーブ口座」へ振り替える場合。
4 「借入人」は、以下に定める場合を除き、「元利金リザーブ口座」から如何なる金員も引き出してはならない。
 (1) 本条2項に定める場合。
 (2) 「貸出人」の書面による事前承諾を得て、「元利金返済資金」支払のため「出金口座」へ振り替える場合。

第18条　担保権設定契約

「借入人」及び／又は「保証人」は、「本融資契約」に定める各条項に従い、「本契約等」に基づく「借入人」の一切の債務を担保するため、「貸出人」が合理的に満足する内容で以下に定める契約を「貸出人」との間で締結する。
1 「借入人」は、「事業専用口座」について、「貸出人」を第1順位担保権者とする質権設定契約を締結する。
2 「借入人」は、「本件建物」について、「貸出人」を第1順位担保権者とする極度額12億円の根抵当権設定契約を締結する。
3 「借入人」は、「本件火災保険契約」について、「貸出人」を第1順位担保権者とする質権設定契約を締結する。
4 「借入人」は、(1)「本件賃貸借契約」に基づき「借入人」が「イースタンホテル」に対して現在または将来有する一切の債権について「貸出人」を第1順位担保権者とする譲渡担保権設定契約を締結し、且つ、(2)「本件賃貸借契約」における「借入人」の契約上の地位について譲渡予約契約を締結する。
5 「法人保証人」は、(1)「本件劣後融資契約」に基づき「法人保証人」が「借入人」に対して現在または将来有する一切の債権について「貸出人」を第1順位担保権者とする譲渡担保権設定契約を締結し、且つ、(2)「本件劣後融資契約」における「法人保証人」の契約上の地位について譲渡予約契約を締結する。
6 「個人保証人」及び「借入人」は、「借入人株式」について、「貸出人」を第1順位担保権者とする質権設定契約を締結する。

第19条　連帯保証

「保証人」は、「借入人」が「本契約等」に基づき「貸出人」に対して負う一切の債務及び義務について、「本融資契約」及び「保証人」が「貸出人」と別途締結する保証契約に基づき、「貸出人」に対して「借入人」と連帯して保証する。

第20条 「事実の表明及び保証」

「借入人」及び／又は「保証人」は、「貸出人」に対し、「本融資契約」締結日及び「実行希望日」において、以下の各項に記載された事項が真実且つ正確であることを表明及び保証する。

1 「借入人」及び「法人保証人」は、日本法に準拠して適法に設立され、かつ現在有効に存続する株式会社であること。
2 「借入人」及び「法人保証人」による「本契約等」の締結及び履行並びにそれに基づく取引は、「借入人」及び「法人保証人」の会社の目的の範囲内の行為であり、「借入人」及び「法人保証人」はこれらについて「法令等」、定款、その他の社内規則において必要とされる全ての手続を完了していること。
3 「借入人」及び「法人保証人」による「本契約等」の締結及び履行並びにそれに基づく取引は、以下の各号いずれにも違反していないこと。
   (1) 「借入人」及び／又は「法人保証人」を拘束する「法令等」。
   (2) 「借入人」及び／又は「保証人」の定款その他の社内規則。
   (3) 「借入人」及び／又は「保証人」を当事者とする、又は、「借入人」及び／又は「保証人」若しくはそれらの財産を拘束する第三者との契約。
4 「本契約等」は、「借入人」及び「保証人」に対して適法で有効な拘束力を有し、その各条項に従い執行可能なものであること。
5 「借入人」及び「法人保証人」がそれぞれ作成した「決算報告書等」は、日本国において一般に公正妥当と認められている会計基準に照らして完全、正確、且つ適法に作成されていること。
6 【 】年【 】月期決算終了以降、同年度の「決算報告書等」に示された「法人保証人」の事業、財産または財政状態を低下させ、「法人保証人」の「本契約等」に基づく義務の履行に重大な影響を与える可能性がある重要な変更が発生していないこと。
7 「借入人」及び／又は「保証人」に関して、「本契約等」に基づく義務の履行に重大な悪影響を及ぼす、または及ぼす可能性のあるいかなる訴訟、仲裁、行政手続その他の紛争も開始されておらず、または開始されるおそれもないこと。
8 「期限の利益喪失事由」が発生しておらず、また発生するおそれもないこと。
9 締結済みの「事業関連契約」の当事者のいずれかについて、当該契約に基づく義務違反が発生しておらず、また発生するおそれもないこと。
10 「借入人」は、「本件事業」以外の事業（投融資を含む。）又は「本件事業」に無関係な事業を行っていないこと。
11 「借入人」は、「貸出人」が「本融資契約」締結日以降に取得することを認めたものを除き、「本件許認可・資格」の取得を全て適法に完了していること。
12 「借入人」は、全ての「事業専用口座」を開設済みであること。

13 「借入人」は、「事業専用口座」を除き、「金融機関」に資金決済、資金運用他如何なる目的であろうとも、口座を開設していないこと。
14 「借入人」は、「本契約等」及び「本件劣後融資契約」によるものを除き、借入、社債の発行、デリバティブ取引(「金利スワップ」取引を含む。)及び／又は匿名組合出資の受入を行っていないこと。
15 「借入人」は、「本契約等」によるものを除き、現在負担又は将来負担する一切の債務について「担保提供」又は保証を行っていないこと。
16 「本契約等」における「借入人」及び／又は「保証人」の義務は、「法令等」によって優先される場合を除き、「借入人」及び／又は「保証人」の他の非劣後または無担保の義務とあらゆる面において常に少なくとも同等の地位を有していること。
17 「借入人」の株主は「個人保証人」のみであり、「本契約等」によるものを除き、「借入人株式」の一部又は全部について、(1)如何なる担保権も設定されておらず、担保権を設定する約束・合意は存在せず、また「借入人」は如何なる担保権設定手続の請求も受けておらず、且つ、(2)信託財産の表示がされておらず、また「借入人」は信託財産の表示手続の請求も受けていないこと。
18 「個人保証人」は、「借入人株式」の法的且つ実質的な所有者であり、「本契約等」によるものを除き、「借入人株式」の一部又は全部について、(1)如何なる担保権も設定しておらず、担保権を設定する約束・合意もしておらず、また如何なる担保権設定手続の請求も行っておらず、且つ、(2)信託財産へ組み入れておらず、また信託財産の表示手続の請求も行っていないこと。
19 「借入人」及び「保証人」は、以下のいずれにも該当しないこと。
   (1) 暴力団
   (2) 暴力団員
   (3) 暴力団準構成員
   (4) 暴力団関係企業
   (5) 総会屋等、社会運動等標ぼうゴロ又は特殊知能暴力集団等
   (6) その他前各号に準ずる者

第21条 「借入人」及び「保証人」の義務

「借入人」及び「保証人」は、「本融資契約」締結日以降、「貸出人」に対する「本融資契約」上の全ての債務の履行が完了するまで、以下に定める全ての事項を自らの費用で遵守し、また履行することを確約する。
 1 「借入人」及び／又は「保証人」は、以下に定める全ての資料、書類及び帳簿類等を作成し、「貸出人」から請求がある場合は速やかに「貸出人」に提出する。
   (1) 「決算報告書等」。

⑵ 「借入人等」、「法人保証人等」及び／又は「個人保証人」の財産、経営及び／又は業況に関して「貸出人」が合理的に請求する資料、書類、帳簿類等。
2 「借入人」及び／又は「保証人」は、以下に定める事項の一部若しくは全部が発生した又は発生するおそれがある場合、直ちに「貸出人」へ書面により通知する。
 ⑴ 「期限の利益喪失事由」。
 ⑵ 「事実の表明及び保証」に反する事態。
 ⑶ 「借入人等」、「法人保証人等」及び／又は「個人保証人」の財産、経営及び／又は業況についての重大な変化。
 ⑷ その他「借入人」及び／又は「保証人」の「本契約等」に基づく債務及び／又は義務の履行に重大な影響を及ぼす事態。
3 「借入人」及び／又は「保証人」は、以下に定める事項を行おうとする場合、「貸出人」の書面による事前承諾を得る。
 ⑴ 「借入人」が、「借入人等」の事業及び／又は財産の譲渡（信託財産への組入を含む。以下同じ。）等を行おうとする場合。
 ⑵ 「法人保証人」が、「本契約等」に基づく債務及び／又は義務の履行に重大な影響を及ぼすおそれのある、事業及び／又は財産の譲渡等を行おうとする場合。
 ⑶ 「借入人」が、合併、会社分割、株式交換、株式移転、組織変更又は解散及び残余財産の処分を行おうとする場合。
 ⑷ 「法人保証人」が、「本契約等」に基づく債務及び／又は義務の履行に重大な影響を及ぼすおそれのある、合併、会社分割、株式交換、株式移転又は組織変更を行おうとする場合。
 ⑸ 「法人保証人」が、解散及び残余財産の処分を行おうとする場合。
 ⑹ 「借入人」が、募集株式及び募集新株予約権の発行、株式及び新株予約権の無償割当て、株式の併合・分割又は資本金・準備金の額の増加若しくは減少を行おうとする場合。
 ⑺ 「法人保証人」が、「本契約等」に基づく債務及び／又は義務の履行に重大な影響を及ぼすおそれのある、募集株式及び募集新株予約権の発行、株式及び新株予約権の無償割当て、株式の併合・分割又は資本金・準備金の額の増加を行おうとする場合。
 ⑻ 「法人保証人」が、資本金・準備金の額の減少を行おうとする場合。
 ⑼ 「借入人」が、定款を変更しようとする場合。
 ⑽ 「借入人」が、代表取締役若しくは取締役を変更又は追加しようとする場合。
 ⑾ 「個人保証人」が、「借入人」における代表取締役若しくは取締役の役職を

辞任又は退任しようとする場合。
(12) 「借入人」が、「金融機関」に口座を開設しようとする場合。
(13) 「借入人」が、借入、社債の発行、デリバティブ取引（「金利スワップ」取引を含む。）及び／又は匿名組合出資の受入を行おうとする場合。
(14) 「借入人」が、現在負担若しくは将来負担する一切の債務について、「貸出人」以外の第三者に対する「担保提供」又は保証を行おうとする場合。
(15) 「借入人」が、「借入人株式」の一部又は全部について、以下の行為を行おうとする場合。
　① 会社法（平成17年法律第86号。改定後の規定を含む。）第156条１項に基づき取得しようとする場合。
　② 「貸出人」以外の第三者に対する譲渡若しくは「担保提供」を行うことを請求され、その承諾を行おうとする場合。
(16) 「個人保証人」が、「借入人株式」の一部又は全部について「貸出人」以外の第三者に対して譲渡又は「担保提供」を行おうとする場合。
(17) 「借入人」が、「保証人」に対する配当金その他利益の配分及び／又はその他「保証人」に対する一切の債務に係る金銭等の支払及び／又は交付を行おうとする場合。
(18) 「保証人」が、「借入人」より配当金その他利益の配分及び／又はその他「借入人」に対する一切の債権に係る金銭等の受取を行おうとする場合。

4 「保証人」は、以下に定める事項を行おうとする場合、「貸出人」に対し、書面による事前通知を行う。
(1) 「法人保証人」が、事業及び／又は財産の譲渡等を行おうとする場合。
(2) 「法人保証人」が、合併、会社分割、株式交換、株式移転又は組織変更を行おうとする場合。
(3) 「法人保証人」が、募集株式及び募集新株予約権の発行、株式及び新株予約権の無償割当て、株式の併合・分割又は資本金・準備金の額の増加を行おうとする場合。
(4) 「法人保証人」が、代表取締役若しくは取締役を変更又は追加しようとする場合。
(5) 「個人保証人」が、「法人保証人」における代表取締役若しくは取締役の役職を辞任又は退任しようとする場合。

5 「借入人」及び／又は「法人保証人」は、「本契約等」に基づく「借入人」の一切の債務を担保するため、以下に定める全ての事項を履行する。
(1) 「借入人」は、「本件建物」完工後直ちに（但し、遅くとも（X＋1）年12月31日迄に）、同建物について、「貸出人」が合理的に満足する内容で、極度額12億円の根抵当権設定契約を締結し、同契約に基づき「貸出人」を第１順位担保権者とする根抵当権設定登記が完了したことを確認できる不動産登記

簿謄本を「貸出人」に提出すること。
(2) 「借入人」は、「本件建物」完工後直ちに（但し、遅くとも（X＋1）年12月31日迄に）、「貸出人」が合理的に満足する内容で、「本件火災保険契約」を締結し、同契約について「貸出人」を第1順位担保権者とする質権設定契約を締結し、且つ、当該質権設定に関する確定日付が付された保険会社の承諾書並びに「本件火災保険契約」に係る保険証券及び保険約款の原本を「貸出人」に提出すること。
(3) 「借入人」は、「本件火災保険契約」の期限到来の都度直ちに、「貸出人」が合理的に満足する内容で、当該「本件火災保険契約」を更新し、同契約について前号と同様の手続を取ること。
(4) 「貸出人」が請求した場合は直ちに、また、「貸出人」が請求しない場合は（X＋1）年以降、毎年【　】月及び【　】月に、「貸出人」が合理的に満足する内容で、「個人保証人」は、「貸出人」による「借入人株式」に設定済みの質権の実行により、「貸出人」が「借入人株式」を取得すること及び／又は「貸出人」の指定する第三者が「借入人株式」を譲り受けることについて予め承諾することを「借入人」の株主総会において議決し、「借入人」は、当該株主総会議事録謄本を「貸出人」に提出すること。
(5) 「借入人」及び／又は「法人保証人」は、「貸出人」が請求した場合直ちに、「本契約等」に関連する担保権設定手続等に必要な書類を「貸出人」へ提出すること。
(6) 「借入人」及び「保証人」は、「本契約等」における「借入人」及び／又は「保証人」の債務が、「法令等」により優先される場合を除き、「借入人」及び／又は「保証人」の他の非劣後または無担保の債務と、あらゆる面において常に少なくとも同等の地位を有することを確保すること。
(7) 「借入人」及び「保証人」は、自らまたは第三者を利用して以下のいずれかに該当する行為を行わないこと。
　① 暴力的な要求行為。
　② 法的な責任を超えた不当な要求行為。
　③ 取引に関して、脅迫的な言動をし、又は暴力を用いる行為。
　④ 風説を流布し、偽計を用いまたは威力を用いて「貸出人」の信用を毀損し、または「貸出人」の業務を妨害する行為。
　⑤ その他本号①ないし④に準ずる行為。
(8) 第20条19項記載のいずれかに該当する者とならないこと。
6　「借入人」及び／又は「保証人」は、「本件事業」に関し、以下に定める全ての事項を遵守する。
(1) 「借入人」は、X年【　】月より、【　】ヶ月毎の各【　】日を提出期限とし、各提出期限迄に、「事業計画書」を作成及び／又は更新し、その内容に

ついて「貸出人」の書面による承諾を得ること。
(2) 「借入人」は、X年【　】月より、【　】ヶ月毎の各【　】日を提出期限とし、各提出期限迄に、「事業実績報告書」を作成及び／又は更新し、その内容について「貸出人」の書面による承諾を得ること。
(3) 前号各号の規定にかかわらず、「貸出人」は、「貸出人」が合理的に必要と認めた場合はいつでも、「事業計画書」及び／又は「事業実績報告書」の作成及び／又は更新を「借入人」に対して請求することができ、「借入人」は「貸出人」の請求に基づき、都度速やかに「事業計画書」及び／又は「事業実績報告書」を作成及び／又は更新し、その内容について「貸出人」の書面による承諾を得ること。
(4) 「借入人」は、「本件事業」を誠実且つ主体的に遂行し、放棄しないこと。
(5) 「借入人」は、「本件事業」以外の事業（投融資を含む。）及び「本件事業」に無関係な取引を行わないこと。
(6) 「保証人」は、「借入人」が「本件事業」の遂行及び「本契約等」における義務の履行を円滑に行うことができるよう、「借入人」及び「貸出人」他関係当事者に対し、できる限りの支援及び協力を行うこと。
(7) 「借入人」は、「本件許認可・資格」を取得し、且つ維持すること。
(8) 「借入人」は、「本融資契約」締結後、新たに必要となった「本件許認可・資格」を取得した場合、取得後直ちにその取得を証する書類の写しを「貸出人」へ提出すること。
(9) 「借入人」は、「本件許認可・資格」のうち「貸出人」が「本融資契約」締結日以降に取得することを認めた「本件許認可・資格」について、「貸出人」が認めた期限（「本件建物」に係る完了検査は（X＋1）年12月31日）迄に、「貸出人」が合理的に満足する内容で当該「本件許認可・資格」を取得し、その取得を確認できる書類の写しを「貸出人」に提出すること。
(10) 「借入人」は、「本件許認可・資格」のいずれかが取り消された場合、又は取り消されるおそれがある場合、直ちに「貸出人」へ書面により通知すること。
(11) 「個人保証人」は、「借入人株式」に係る議決権の行使を第三者に委託せず、また「本契約等」の定めに違反するおそれのある「借入人」の株主総会の議案に賛成しないこと。
(12) 「借入人」は、「本件建物」が「法令等」に違反する状態となった場合、直ちに「貸出人」に報告し、速やかに、当該「法令等」違反の状態を解消するために必要な措置を講じること。また、「借入人」は、担当行政機関その他関係当局から「法令等」違反がある旨の通知を受けた場合、直ちに「貸出人」に報告し、速やかに当該関係当局の指示に従い必要な措置を講じること。

⒀ 「借入人」は、主たる事業所に「本件事業」に関する資料、書類及び帳簿類等を保管し、「貸出人」から請求があれば、速やかに「貸出人」による閲覧が可能な状態にしておくこと。
7 「借入人」及び／又は「法人保証人」は、自らが当事者となる「事業関連契約」に関し、以下に定める全ての事項を遵守する。
⑴ 「借入人」及び／又は「法人保証人」は、「事業関連契約」のうち「貸出人」が「本融資契約」締結日以降に締結することを認めた契約について、「貸出人」が認めた期限（「本件設計・監理契約」及び「本件建設工事請負契約」はX年【　】月【　】日）迄に、「貸出人」が合理的に満足する内容で当該契約を締結し、且つ、当該契約の写しを直ちに「貸出人」に提出すること。
⑵ 「借入人」及び「法人保証人」は、「事業関連契約」の締結、解約、解除、変更、譲渡、破棄、終了又は「担保提供」を行おうとする場合、「貸出人」の書面による事前承諾を得ること。「貸出人」の書面による事前承諾を得て「事業関連契約」の締結等を行った場合、同契約書の写しを直ちに「貸出人」に提出すること。
⑶ 「借入人」及び／又は「法人保証人」は、「事業関連契約」の一部又は全部について、いずれかの当事者により契約上の義務違反、解約、解除、変更、譲渡、破棄、終了若しくは「担保提供」された場合、又はそのおそれがある場合、直ちに「貸出人」に書面により通知すること。
⑷ 「借入人」は、「本件劣後融資契約」に基づく借入金について、「貸出人」の書面による事前承諾なく、その一部又は全額について返済を行わないこと。
⑸ 「法人保証人」は、「本件劣後融資契約」に基づく貸付金について、「貸出人」の書面による事前承諾なく、その一部又は全額について返済を受けないこと。
⑹ 「借入人」及び／又は「法人保証人」は、「事業関連契約」に基づく義務（契約の相手方の義務も含む。）の履行に重大な影響を与える事態が発生した場合、又は発生するおそれがある場合、直ちに「貸出人」に書面により通知すること。
8 「借入人」は、「事業専用口座」に関し、以下の各号に定める全ての事項を遵守する。
⑴ 「事業専用口座」の一部又は全部を解約しないこと。
⑵ 「事業専用口座」を「本融資契約」で定められた目的以外に使用しないこと。
⑶ 「借入人」が受領した（又は受領する）一切の金員を「入金口座」へ直接入金すること。

⑷ 「借入人」が支払う一切の金員を「出金口座」から直接支払うこと。
⑸ 初回の「実行日」以降、「元利金リザーブ口座」の預金残高を「最低維持残高」以上に維持すること。
⑹ 「期限の利益喪失事由」が発生した又は発生するおそれがあると「貸出人」が判断した場合、「出金口座」からの金員の引出は「貸出人」の書面による事前承諾を得た上で行うこと。また、「貸出人」から請求があれば直ちに、「出金口座」について、「貸出人」が合理的に満足する内容で、「貸出人」を第1順位担保権者とする質権設定契約を締結し、且つ、確定日付が付された同契約書を「貸出人」に提出すること。

第22条　「期限の利益喪失事由」

1　「借入人」及び／又は「保証人」について、以下に定める事由が一つでも発生した場合には、「貸出人」からの通知催告等がなくとも、「借入人」及び「保証人」は当然に期限の利益を失い、連帯して直ちに「借入人」が支払義務を負担する「元利金返済資金」の全額を支払う。
⑴ 「借入人」について、支払の停止又は特定調停、破産、民事再生手続開始、会社更生手続開始、会社整理開始、特別清算開始その他これに類似する法的整理手続開始の申立（日本国外における同様の申立を含む。）があったとき。
⑵ 「借入人」について、解散の決議を行い又は解散命令を受けたとき。
⑶ 「借入人」が、本件事業を放棄したとき。
⑷ 「借入人」が、第一回目の不渡りを出したとき、又は手形交換所の取引停止処分を受けたとき。
⑸ 「貸出人」に対して「借入人」及び／又は「保証人」が有する預金債権その他の債権について仮差押え、保全差押え又は差押えの命令若しくは通知（日本国外における同様の手続を含む。）が発送されたとき、又は保全差押え又は差押えの執行を命じる裁判が行われたとき。

2　「借入人」について、以下の各号に定める事由が一つでも発生した場合には、「貸出人」の通知により、「借入人」及び「保証人」は期限の利益を失い、連帯して直ちに「借入人」が支払義務を負担する「元利金返済資金」の全額を支払う。
⑴ 「本契約等」上の支払義務か否かにかかわらず、「借入人」による支払義務の全部又は一部の履行を遅滞したとき。
⑵ 「事実の表明及び保証」に定める内容について、一つでも真実でないことが判明したとき。
⑶ 前二号を除き、「借入人」の「本契約等」又は「事業関連契約」上の義務違反が発生し、かかる違反が【　】「営業日」以上にわたって解消しないと

(21)

き。
(4) 「本契約等」に基づき差し入れている担保の目的物について、差押え又は競売手続の開始があったとき。
(5) 「本融資契約」に基づく債務以外の債務について、期限の利益を喪失したとき。
(6) 「本件事業」が、「貸出人」が書面により承諾した直近の「事業計画」通り進捗していないか、又は進捗しないおそれがあると認められる相当の事由があり、「貸出人」の債権保全のため「貸出人」が必要と認めたとき。
(7) 「本件許認可・資格」のいずれかを取得できなかったとき、又は取り消されたとき。
(8) 「事業関連契約」の一部又は全部が、「貸出人」の書面による承諾なく、締結、解約、解除、変更、譲渡、破棄、終了若しくは「担保提供」されたとき、又は「事業関連契約」の相手方に契約上の重大な義務違反があり、且つかかる義務違反が【　】「営業日」以上にわたって解消しないとき。
(9) 前各号を除き、「借入人」の事業若しくは財産の状態が悪化し、又は悪化するおそれがあり、「貸出人」の債権保全のため「貸出人」が必要と認めたとき。

3 「法人保証人」について、以下に定める事由が一つでも発生した場合には、「貸出人」の通知により、「借入人」及び「保証人」は期限の利益を失い、連帯して直ちに「借入人」が支払義務を負担する「元利金返済資金」の全額を支払う。
(1) 支払の停止又は特定調停、破産、民事再生手続開始、会社更生手続開始、会社整理開始、特別清算開始その他これに類似する法的整理手続開始の申立（日本国外における同様の申立を含む。）があったとき。
(2) 解散の決議を行い又は解散命令を受けたとき。
(3) 第一回目の不渡りを出したとき、又は手形交換所の取引停止処分を受けたとき。
(4) 「本契約等」上の支払義務か否かにかかわらず、支払義務の全部又は一部の履行を遅滞したとき。
(5) 「事実の表明及び保証」に定める内容について、一つでも真実でないことが判明したとき。
(6) 前二号を除き、自らが契約当事者となる「本契約等」又は「事業関連契約」上の義務違反が発生し、かかる違反が【　】「営業日」以上にわたって解消しないとき。
(7) 「本契約等」に基づき差し入れている担保の目的物について、差押え又は競売手続の開始があったとき。
(8) 「本融資契約」に基づく債務以外の債務について、期限の利益を喪失した

とき。
(9) 自らが契約当事者となる「事業関連契約」の一部又は全部が、「貸出人」の書面による承諾なく、締結、解約、解除、変更、譲渡、破棄、終了若しくは「担保提供」されたとき、又は「事業関連契約」の相手方に契約上の重大な義務違反があり、且つかかる義務違反が【　】「営業日」以上にわたって解消しないとき。
(10) 前各号を除き、「法人保証人」の事業若しくは財産の状態が悪化し、又は悪化するおそれがあり、「貸出人」の債権保全のため「貸出人」が必要と認めたとき。

4　「個人保証人」について、以下に定める事由が一つでも発生した場合には、「貸出人」の通知により、「借入人」及び「保証人」は期限の利益を失い、連帯して直ちに「借入人」が支払義務を負担する「元利金返済資金」の全額を支払う。
(1) 支払の停止又は特定調停、破産、民事再生手続開始、その他これに類似する法的整理手続開始の申立（日本国外における同様の申立を含む。）があったとき。
(2) 第一回目の不渡りを出したとき、又は手形交換所の取引停止処分を受けたとき。
(3) 自らの責めに帰すべき理由によって、「貸出人」にその所在が不明になったとき。
(4) 「本契約等」上の支払義務か否かにかかわらず、支払義務の全部又は一部の履行を遅滞したとき。
(5) 「事実の表明及び保証」に定める内容について、一つでも真実でないことが判明したとき。
(6) 前二号を除き、自らが契約当事者となる「本契約等」又は「事業関連契約」上の義務違反が発生し、かかる違反が【　】「営業日」以上にわたって解消しないとき。
(7) 「本契約等」に基づき差し入れている担保の目的物について、差押え又は競売手続の開始があったとき。
(8) 「本融資契約」に基づく債務以外の債務について、期限の利益を喪失したとき。
(9) 前各号を除き、「個人保証人」の財産の状態が悪化し、又は悪化するおそれがあり、「貸出人」の債権保全のため「貸出人」が必要と認めたとき。

5　「借入人」及び／又は「保証人」の責により、本条2項ないし4項の通知が遅延した場合、又は到達しなかった場合には、通常到達すべき時点で「借入人」及び「保証人」は期限の利益を失い、連帯して直ちに「借入人」が支払義務を負担する「元利金返済資金」の全額を支払う。

第23条　相　殺
1　「支払期日」の到来、期限の利益の喪失その他の事由によって、「借入人」及び／又は「保証人」が「本契約等」に基づき「貸出人」に対して負う債務を履行しなければならない場合には、「貸出人」は、(1)「借入人」及び／又は「保証人」に対する「本契約等」上の債務と、「貸出人」の「借入人」及び／又は「保証人」の預金債務及びその他債務とを、かかる債務の期限の如何に拘わらず、相殺することができ、また、(2)事前通知及び所定の手続きを省略して、「借入人」及び／又は「保証人」に代わり、諸預け金の払い戻しを受け、債務の弁済に充当することができる。かかる相殺または弁済充当を行う場合の債権債務の利息、損害金等の計算についてはその期間を計算実行の日までとし、利率、料率は、「本契約等」に定めがない場合は、「貸出人」が合理的に決定する。尚、かかる相殺または弁済充当を行っても、「借入人」の債務全額を消滅させるに足りないときは、「貸出人」が適当と認める順序及び方法により充当することができ、「借入人」はその充当に対し異議を述べない。
2　「借入人」は、「借入人」が「貸出人」に対して有する預金債権及びその他の債権のうち期限の到来したものについて債権保全上必要があり、且つ、「本契約等」の各条項に反しない限り、かかる債権と「貸出人」に対する「本契約等」上の債務のうち「支払期日」が到来ずみの債務とを相殺できる。この場合、借入人は書面にて相殺通知を行い、相殺した預金債権及びその他の債権の証書、通帳は届出印を押印して速やかに「貸出人」に提出するものとする。かかる相殺を行う場合の債権債務の利息、損害金等の計算についてはその期間を相殺通知の到達の日までとし、利率、料率は、「本契約等」に定めがない場合は、「貸出人」が合理的に決定する。尚、相殺を行っても「借入人」の債務全額を消滅させるに足りないときは、「借入人」が適当と認める順序方法により充当することができる。但し、「借入人」がかかる順序及び方法を指定しなかった場合は、「貸出人」が適当と認める順序及び方法により充当することができる。

第24条　「本融資契約」の変更
　「本融資契約」は、「借入人」、「貸出人」及び「保証人」の書面による合意がなければ、これを変更することができない。

第25条　「本融資契約」上の地位及び権利義務の譲渡
1　「借入人」及び「保証人」は、「貸出人」の書面による事前承諾なく「本融資契約」における地位又は権利義務を譲渡することができない。
2　「貸出人」は、「借入人」及び「保証人」への書面による事前通知により「本融資契約」における地位及び権利義務を譲渡することができる。尚、当該譲渡

に関して生じた費用等については、譲渡人又は譲受人が全て負担する。

第26条　一般規定
1　守秘義務
　　「本融資契約」の当事者は、「本契約等」の内容、又は「本契約等」に基づく権利の行使若しくは義務の履行に際して他の当事者に関する秘密情報を知ったときは、以下に定める場合を除き、当該秘密情報を開示、又は目的外に使用してはならない。
　(1)　「本契約等」に関与する役職員に対して、業務遂行上必要な範囲で開示する場合。
　(2)　弁護士、税理士、会計士等の外部専門家に対して、業務遂行上必要な範囲で開示する場合。
　(3)　「法令等」により開示が必要な場合。
　(4)　官公庁又は裁判所から開示命令を受けた場合。
　(5)　情報受領時に当該情報受領者が秘密保持義務に服することなく既に入手していた情報を開示する場合。
　(6)　秘密保持義務に拘束されることのない者から、秘密保持義務を負うことなく入手した情報を開示する場合。
　(7)　「貸出人」が、第25条に基づく「本融資契約」における地位及び権利義務の譲受人候補者、又は「事業関連契約」上の「借入人」または「法人保証人」の権利または地位若しくは「借入人株式」を取得する承継人候補者に対して開示する場合。
　(8)　その他、当該当事者の書面による承諾を得た場合。
2　危険負担、免責並びに賠償及び補償
　(1)　「借入人」及び／又は「保証人」が「貸出人」に差し入れた書類が、事変、災害等により紛失、滅失または損傷したときには、「借入人」及び／又は「保証人」は「貸出人」の帳簿、伝票等の記録に基づき、「本契約等」上の債務を履行する。また、「借入人」及び／又は「保証人」は、「貸出人」が請求した場合には、速やかに代わりの書類を作成し、「貸出人」に提出する。
　(2)　「貸出人」が、「本契約等」に基づく取引に使用する「借入人」及び／又は「保証人」の代表者、代表者の代理人又は本人の印影を、予め「借入人」及び／又は「保証人」の届出た印鑑と相当の注意をもって照合し、相違ないと認めて行った取引について、印章の偽造、変造、盗用等の事故があり、これにより損害、損失または費用等が発生した場合には、「借入人」及び「保証人」がこれを負担する。
3　「本融資契約」の可分性
　　「本融資契約」の一部条項が無効、不適法又は執行不可能であるとされた場

合でも、その他の条項の有効性、合法性及び執行可能性はいかなる意味においても損なわれることなく、また影響を受けない。

4　権利放棄

「貸出人」が、「本契約等」に基づく権利、権能又は救済措置の一部若しくは全部の行使について、これを怠り又は遅延した場合も、それにより、当該権利、権能又は救済措置が損なわれることはなく、又はそれらを放棄したものとみなされない。また、「貸出人」が、いずれかの権利、権能若しくは救済措置を単独で若しくは部分的に行使した場合も、それにより、当該権利、権能若しくは救済措置の将来の行使が妨げられることはない。「本契約等」に定める権利、権能及び救済措置は、「法令等」により定めるその他の権利、権能及び救済措置を除外しない。

5　「銀行取引約定書」

「本融資契約」に規定のない事項について、「銀行取引約定書」に規定がある場合には、「銀行取引約定書」の当該規定に従うものとする。「本融資契約」及び「銀行取引約定書」の規定の間に不一致が存在する場合は、当該規定が無効、不適法又は執行不可能であるとされた場合を除き、「本融資契約」の当該規定に従うものとする。

6　通　知　等

(1) 「本契約等」に基づき行われる通知、提出、要請、請求、同意、承諾又はその他の連絡（以下「通知等」という。）の各々は、「本融資契約」で別段の定めのある場合を除き書面によるものとし、且つ以下に記載された住所に持参するか、デリバリー・サービス、書留郵便、又は以下に記載のファクシミリ番号宛にファクシミリにて送付するものとする。但し、ファクシミリによる場合には、送信当事者のファクシミリ機が受信確認レポートを作成する場合に限るものとし、且つ、正本を上記の他のいずれかの方法で別途、交付するものとする。

① 「貸出人」宛の場合
会社名：株式会社西播銀行
部署名：楠本支店
住所：【　】
ファックス番号：【　】
電話番号：【　】

② 「借入人」宛の場合
会社名：株式会社EHK
部署名：【　】
役職及び氏名：【　】
住所：【　】

　　　　ファックス番号：【　】
　　　　電話番号：【　】
　　③　「法人保証人」宛の場合
　　　　会社名：東浦開発株式会社
　　　　部署名：【　】
　　　　役職及び氏名：【　】
　　　　住所：【　】
　　　　ファックス番号：【　】
　　　　電話番号：【　】
　　④　「個人保証人」宛の場合
　　　　氏名：東浦茂
　　　　住所：【　】
　　　　ファックス番号：【　】
　　　　電話番号：【　】
　(2)　前号の規定に従った「通知等」は、持参された場合には相手方が受領した時に、デリバリー・サービス又は書留郵便による場合には相手方に届けられた時に、ファクシミリ送信による場合には正本が上記の他のいずれかの方法で相手方に届けられた時に、それぞれ「通知等」が行われたものとみなす。
7　届出事項の変更
　(1)　「借入人」及び「保証人」は、その商号、代表者、代表者の代理人、署名、印鑑、所在地その他届出事項に変更があった場合には、「貸出人」に対して速やかに通知を行うものとする。
　(2)　前号の届出を怠ったために、「本契約等」に基づき行われた「通知等」が遅延しまたは到達しなかった場合には、通常到達すべき時点に到達したものとみなす。
8　「本融資契約」における期日
　　「本融資契約」で使用する月日については、「本融資契約」で別段の定めのある場合を除き、「営業日」を指し、「支払期日」又は期限到来日が「営業日」以外の日に該当する場合は、それ以降の最初に到来する「営業日」を指すものとする。但し、当該「営業日」が翌月となる場合は、「本融資契約」で別段の定めのある場合を除き、当該「営業日」以前に最後に到来する「営業日」を指すものとする。
9　公正証書の作成
　　「借入人」及び「保証人」は、「貸出人」が請求したときはいつでも、公証人に委託して「本融資契約」証書の債務の承認及び「本融資契約」上の債務について強制執行の許諾文言のある公正証書の作成に必要な手続を取る。
10　準拠法及び合意管轄

(27)

「本融資契約」の準拠法は日本法とし、「本融資契約」に関して発生する紛争については、東京地方裁判所又は【　】地方裁判所を第一審の専属的合意管轄裁判所とする。
11　言　　語
　「本融資契約」は、日本語で作成し、これを正本とする。
12　協議事項
　「本融資契約」に定めのない事項または「本融資契約」の解釈に関し当事者間に疑義が発生した場合には、「借入人」、「貸出人」及び「保証人」は、誠実に協議を行い、その対応を決定する。

上記を証するため、「本融資契約」の原本4通を作成し、「借入人」、「貸出人」、「法人保証人」及び「個人保証人」の代表者、代表者の代理人又は本人が記名捺印のうえ、各1通ずつを保管する。

X年5月31日

印紙
(40万円)

「借入人」：

_____ 印

「貸出人」：

_____ 印

「法人保証人」：

_____ 印

「個人保証人」：

_____ 印

別紙1

返済スケジュール

「各貸付金」返済日	「各貸付金」返済額
（X＋2）年3月31日（同日を含む。）から（X＋16）年9月30日（同日を含む。）迄の間に到来する、毎年3月、6月、9月及び12月の各末日。	「各貸付」それぞれについて、実行金額に60分の1を乗じた額。 本乗算において【　】円未満の端数がある場合は切り上げる。
「最終返済日」	「各貸付」それぞれについて、実行金額から「最終返済日」（同日を含まない。）迄に返済された元本合計額を控除した額。

別紙2

年　月　日

株式会社西播銀行　御中

「通知書」

　「借入人」は、「借入人」、「貸出人」、「法人保証人」及び「個人保証人」との間のX年5月31日付融資契約書（以下、「本融資契約」といいます。）第6条1項（「各貸付」の実行希望の通知）に基づき、下記の通り通知致します。

資金使途	
実行希望日	年　月　日
実行希望額	円

　尚、「借入人」、「法人保証人」及び「個人保証人」は、本「通知書」提出時点及び／又は実行希望日において、「本融資契約」第5条（「各貸付」実行の前提条件）に定める条件を全て充足していることを含め、「本融資契約」の各条項に違反しておらず、また違反するおそれもないことを確約致します。

「借入人」：

＿＿＿＿＿＿＿＿＿＿＿＿＿＿＿＿　印

「法人保証人」：

＿＿＿＿＿＿＿＿＿＿＿＿＿＿＿＿　印

「個人保証人」：

＿＿＿＿＿＿＿＿＿＿＿＿＿＿＿＿　印

別紙3

不動産一覧

1 土　　地

　　所　　在　楠本市【　】【　】丁目
　　地　　番　【　】番【　】
　　地　　目　【　　】
　　地　　積　【　　】㎡

2 土　　地

　　所　　在　楠本市【　】【　】丁目
　　地　　番　【　】番【　】
　　地　　目　【　　】
　　地　　積　【　　】㎡

3 土　　地

　　所　　在　楠本市【　】【　】丁目
　　地　　番　【　】番【　】
　　地　　目　【　　】
　　地　　積　【　　】㎡

別紙4

「事業計画書」書式

別紙5

「事業実績報告書」書式

コラム　ドキュメンテーション

　600件に及ぶキャッシュフロー・ファイナンスへの取組みにおいて、マンデート獲得後の最大のヤマは、相対融資の場合、ドキュメンテーションである。筆者は借入人側弁護士とこれまで数多くの直接交渉を行ってきた。借入人が中堅・中小企業や事業再生を目指す企業の場合、借入人側弁護士は、タイプ別には以下のように分類される。

① 東京や大阪に拠点を置く大手弁護士事務所や規模は小さいが専門性の高い弁護士事務所に所属するファイナンス関連の渉外弁護士
② 借入人と長年の付合いのある顧問弁護士
③ 事業再生案件の場合は、倒産法に詳しい弁護士

　顧問弁護士がファイナンス関連の交渉に不慣れな場合、借入人は①の渉外弁護士を個別に雇用し、金融機関との交渉にあたらせることが少なくない。この場合、相手の知識・経験が豊富である分、交渉にそれなりの労力を要するとしても、落ち着くところに落ち着くケースが多い。もちろん細かな文言をめぐり徹夜の交渉となることもしばしばあるが、論点がある程度絞られていること、お互い落としどころとして考えている条件がそう遠くないところにあることが多く、金融機関としても一定の安心感がある。

　一方、②や③の弁護士の場合、論点が想定外の条項にわたったり、交渉の落としどころがみえないことも多く、苦労することが少なからずある。共産党系の弁護士や人権派弁護士とも交渉したが、タームシートの内容をみて、「第二次世界大戦以来の敗戦だ！」と叱責を受けたこともある。休日出張して交渉に臨んだ筆者としては、忘れられない思い出である。一緒に出張した若手はどう思っただろうか。また、ドキュメンテーションの途中で書き慣れていないという理由で、コメントはするが法律意見書の提出を拒否されたこともある。

　しかしながら、苦労は多いものの、渉外弁護士とは違った角度からのコメントは勉強になることも少なくない。特に独占禁止法などの観点からの鋭いコメントは、キャッシュフロー・ファイナンスへの取組みを始めるまでは気づかなかったものもある。ストラクチャード・ファイナンスに携わる銀行員が普段接することのないタイプの弁護士が金融機関をどのようにみているのか、考えさせられることもあった。

　キャッシュフロー・ファイナンスで使用される融資契約書の内容は個別案件ごとに大きく異なるが、借入人側弁護士に限っても、これまで数百人の弁護士の目を通ってきた。それに加え、渉外弁護士以外のさまざまなタイプの弁護士

の洗礼を受けることにより、他のストラクチャード・ファイナンスで使用される融資契約書とは違ったかたちで進化を続けることを期待したい。

第 V 編

投資・開発案件に対する融資において
設定するコベナンツの類型化

筆者は長年、中堅・中小企業や事業再生を目指す企業、第三セクターや地方公社などに対しキャッシュフロー・ファイナンスの普及に取り組み、これまで、累計で600件を超える案件にキャッシュフロー・ファイナンスの仕組みを適用してきた。しかしながら、定型的な融資契約書の使用が定着している日本において、本格的なキャッシュフロー・ファイナンスの仕組みをすべての案件に適用することは容易ではない。

　まず、キャッシュフローを担保にとるとはどういうことであるかについて、取引先企業の理解を得る必要がある。しかしながら、キャッシュフローを担保にとる仕組みを実現するためには、キャッシュ・ウォーターフォールの構築をはじめとするさまざまな措置を講じる必要があり、必要な措置を厳選したとしても、かなり複雑なものとならざるをえない。したがって、取引先企業によっては、キャッシュフロー・ファイナンスの概念に理解を示しつつも、従来どおり、自らの信用力と不動産などの担保価値を背景に定型的な融資契約書で融資を受けるほうが簡便であると考えることもありえる。特に資金調達に不安を感じていない企業の場合、わざわざコストと時間をかけて個別に融資契約書を作成し、キャッシュフローを担保にとられる融資を受け入れることについて抵抗を示すことは、現在の日本の融資慣行を考えると無理からぬところもある。

　また、一部の金融機関がキャッシュフロー・ファイナンスを提案しても、キャッシュフローを担保にとる重要性について認識の薄い金融機関が定型的な融資契約書に基づく「好条件」の融資を提案することもある。日本の金融機関の多くは、景気のいいときに融資を拡大し、景気が悪くなると融資を縮小し、そのつど、多額の不良債権を処理してきた。このことは、融資実行時点における企業の信用力や不動産などの担保価値は少なくとも部分的には景気の好不調の波に連動しており、景気後退局面では企業の信用力や担保価値が十分とはいえなくなるケースが多く存在することを示している。融資実行時点における企業の信用力や不動産などの担保価値に頼り過ぎることの危険性はこれまで指摘したとおりであるが、このような教訓が十分には活かされず、同じことを何度も繰り返す金融機関が少なからず存在することは残念な

ことである。シティーグループのCEOだったプリンス氏は、サブプライム危機について、音楽が続く限り踊り続けなければならなかったと発言している。これを日本の一部の金融機関に当てはめると、危険性はわかっていても、融資競争から脱落できないので無理をしてしまうということだろうか。

　投資・開発案件に対する融資においては、キャッシュフロー・ファイナンスの仕組みを導入することが望ましいことは言うまでもないが、本編においては、このような日本の融資慣行や現実をふまえ、キャッシュフロー・ファイナンスの仕組みを適用することが実務的にむずかしい案件やキャッシュフロー・ファイナンスの仕組みをフルコースで適用する必要のない案件について、どのように対応すればよいかについて論ずる。

　キャッシュフロー・ファイナンスを推進するためには、融資取上げから事後のコベナンツ管理に至るまでのしっかりとした組織づくりと徹底した人材教育が不可欠であるが、組織づくりや人材教育には相当な時間がかかる。本編はこうした態勢ができ上がっていない金融機関においてキャッシュフロー・ファイナンスの仕組みを取り入れた提案活動を行う場合の考え方を示すものでもある。

第1章

投資・開発案件に対する融資において コベナンツを設定する必要性

(1) 投資・開発案件とはどのような性質のものか

　言うまでもないことだが、投資・開発案件は期間が長期にわたるものが多い。たとえば商業ビルへの投資案件を考えると、返済原資となるキャッシュフローはテナントからの賃料となるので、投資した資金の回収には10年以上、場合によっては20年以上かかることもある。開発案件であれば、さらに開発期間が加わることになる。

　もちろん、途中で売却するなどの方法により短期間で回収を図ることができるケースもある。しかしながら、売却時点における経済環境や金融環境によっては投資に見合った回収ができない、あるいは売却すらできないといった事態が起こりえる。

　したがって、投資・開発案件に対し融資する金融機関としては、融資対象物件の売却による元利金の回収・返済を想定して融資することは適切といえないことが多い。融資対象物件を途中で売却することがむずかしいとすれば、物件の担保価値が相応に認められるとしても、担保価値に依存して融資を行うことは必ずしも適切ではない。

　このように、投資・開発案件は、
① 融資期間が長期にわたり、その間に借入人の信用力に変化が生じる可能性があること
② 融資対象物件の途中売却による元利金返済が常に可能であるとは限らないこと
といった性質がある。

　したがって、企業の信用力や融資対象物件の価値のみに依存した融資は必

ずしも適切とはいえず、融資対象事業から生み出されるキャッシュフローで元利金の返済を受けることを前提に融資を検討する必要がある。

(2) コベナンツ設定の必要性

では、融資対象事業から生み出されるキャッシュフローに元利金返済を依存する投資・開発案件に対する融資について、金融機関はどのようなことに留意すればよいのだろうか。一般に融資の取上げと取上げ後の与信管理は同じくらい重要であるといわれている。特に、投資・開発案件の返済期間の長さを考えると、運転資金などその他の融資案件以上に、融資取上げ後の与信管理は重要である。また、これまで解説してきたように、現代においては、少子高齢化、慢性的低成長、グローバル規模での大競争により、予測不可能性が増している。この点を考えると、適切に与信管理を行う重要性はかつてより増しているといえる。

与信管理が長期間にわたる一方、転勤などにより金融機関の担当者が2、3年程度で交代することは不思議ではない。第Ⅲ編第5章で解説したとおり、適切なコベナンツを設定すれば、コベナンツ管理は与信管理とほぼ同じことを意味し、担当者が頻繁に交代しても与信管理の水準を落とさない効果がある。

しかしながら、ほとんどの金融機関で使用されている銀行取引約定書などの基本約定書や定型的な融資契約書の書式においては、融資実行後の与信管理を適切に行うためのコベナンツが十分に設定されているとはいえない。財務状況の報告義務などのコベナンツが設定されていたとしても、運転資金などあらゆる案件に対応させるため、書振りがやや漠然としているケースもある。したがって、借入人や融資対象事業などに不測の事態が発生した場合、金融機関が必要とする情報を迅速にかつ十分に入手することができるとは限らなくなる。

与信管理により金融機関が一義的に期待することは、借入人と金融機関が早期に問題を共有し、事業の継続性や借入金の返済に重大な問題が生じないよう、互いに協力して解決に取り組むことであるが、適切なコベナンツの設

定はこのような環境づくりに資するものである。

(3) コベナンツの分類

　キャッシュフロー・ファイナンスにおいては、第Ⅲ編第5章で解説したように、通常案件であっても50を超えるコベナンツを設定する。これだけの数のコベナンツを定型的な融資契約書に組み込むことは困難である。また、コベナンツのなかには、ほとんどの投資・開発案件において適用すべき普遍性の高いコベナンツもあれば、特定の案件のみに適用すべき個別性の高いコベナンツもある。

　次章以降においては、コベナンツを普遍性の高いコベナンツと個別性の高いコベナンツに分類し、それぞれについてどのように取り扱えばよいかを解説する。

第 2 章
普遍性の高いコベナンツとはどのようなものか

　普遍性の高いコベナンツとは、どのような投資・開発案件であっても、共通して適用すべきコベナンツである。したがって、このようなコベナンツは定型的な融資契約書の書式に組み込むことが望ましい。ただし、必要なコベナンツといえども、取引先企業から応諾を得ることがむずかしいコベナンツもあるので、定型的な融資契約書にどのようなコベナンツを組み込むかは、十分な検討が必要である。

　普遍性が高いという点では、インタレスト・カバレッジ・レシオの維持などの財務制限条項（注1）があげられる。これらのコベナンツはシンジケート・ローンなどにおいてもよく利用されているが、以下では、財務制限条項などのよく知られているコベナンツを除外し、キャッシュフロー・ファイナンス特有のコベナンツを中心に、普遍性の高いコベナンツを示す。

　各項で示しているコベナンツ文言例については、当然のことながら、このままでは使用できず、用語の定義をしっかりと行うこと、定型的な融資契約書の書式にあわせた文言や記載内容の調整等を行うこと、疑問点があれば弁護士に確認することなどが必要である。また、コベナンツ文言例は、借入人が融資対象事業以外の事業を行っていないことを前提としているが、そうでない場合は、借入人が営む事業すべてについて同様のコベナンツを設定することも考えられる。

　なお、普遍性は高くとも日本の融資慣行に照らし合わせ、取引先企業から一律の応諾が得られにくいと考えられるコベナンツについても本章では除外し、個別性の高いコベナンツとあわせて次章で解説する。

(1) 借入金の返済原資であるキャッシュフローの入出金集中義務

融資対象事業から生み出されるキャッシュフローは借入金の一義的な返済原資である。このキャッシュフローが他の金融機関の預金口座に振り込まれている場合、収入減などの兆候を把握することがむずかしくなる。また、問題発生時にキャッシュフローを他の金融機関に押さえられ、返済原資を確保できなくなる可能性もある。

以上からわかるように入金集中義務はきわめて重要な義務である。したがって、借入人との信頼関係や口約束に頼るのではなく、コベナンツとして明確に規定しておく必要がある。実務的にも、業績が悪化した借入人が、貸出人である金融機関による預金と貸金の相殺をおそれ、融資対象事業から生み出されるキャッシュフローの入金口座を借入金のない金融機関の口座に変更することは、しばしばある。

また、入金のみならず、資金使途を正確に把握する意味からも各種の支払を出金専用口座あるいは、入出金専用口座などから直接行うことも規定する必要がある。

【コベナンツ文言例①】

> 借入人は初回の融資実行日以降、本件事業に関連し、借入人が受領した（または受領する）一切の金員を入金口座へ直接入金すること。
> 借入人は本件事業に関連し、借入人が支払う一切の金員を出金口座より支払うこと。

【コベナンツ文言例②】

> 借入人は本件事業に関連する一切の資金の入出金について、貸出人が書面で事前承諾した場合を除き、決済口座を使用するものとする。

(2) 融資対象事業の継続義務

　借入人が貸出人である金融機関に相談もなく、自らの判断で融資対象事業を放棄したり譲渡したりすることは、金融機関からすると、一義的な返済原資となるキャッシュフローがなくなることを意味するため、あってはならないことである。たとえ融資対象事業の継続が困難と考えられる場合でも、借入人は事業を放棄あるいは譲渡する前に貸出人に相談することが筋である。

　貸出人としては、キャッシュフローが事業計画に満たないのであれば返済期限を延長するなどの手段も場合によっては検討することになるが、借入人が一方的に事業を放棄、譲渡した場合はこのような検討も不可能となる。

【コベナンツ文言例】

> 借入人は本件事業を誠実かつ主体的に遂行し、放棄しないこと。
> 借入人が本件事業を譲渡しようとする場合、貸出人の書面による事前承諾を得ること。

(3) 融資対象事業に関する法令順守、許認可・資格の取得・維持義務

　当然のことながら、融資対象事業に関する法令順守、許認可・資格の取得・維持ができなければ、事業継続が困難となる。また、たとえ金融機関に法律上の責任がないとしても、法的に問題のある事業に融資することは、公共性の高い金融機関として社会的責任を果たしているとは言いがたい。

【コベナンツ文言例①】

> 借入人は本件事業に関連する法令等を順守すること。
> 借入人は本件事業に関連する許認可・資格を取得、維持すること。借入人は本融資契約締結後、新たに本件事業に関連する許認可・資格の取

得が必要となった場合は、当該許認可・資格を取得、維持すること。

【コベナンツ文言例②】

借入人は本件事業に関連する法令等を順守するとともに、必要な許認可・資格を維持すること。

(4) 融資対象事業に関する事業計画・実績報告義務

融資対象事業の事業計画および実績については、たとえば半年に１回といった定期的な報告義務を設定するだけでは不十分である。借入人からの報告は、①定期的に行うこと、②定期的な報告に加え、金融機関から依頼があれば、つど、速やかに報告を行うこと、の２点について明確にしておく必要がある。また、報告書の書式については、必要かつ十分な報告が得られるよう、あらかじめ借入人との間で調整しておくことが望ましい。

【コベナンツ文言例】

借入人は本件事業に関する計画及び実績について、本融資契約締結以降【　】ケ月毎に、貸出人に対し書面で報告するものとする。但し、貸出人は随時、本件事業に関する計画及び実績について借入人に対し報告を求めることができ、借入人は貸出人から請求があれば、つど、速やかに本件事業に関する実績及び報告を書面で行うものとする。

(5) 借入人の業績や融資対象事業が順調でない場合の報告義務

問題発生の把握が遅れた場合、解決のための選択肢の幅が狭くなる可能性がある。その結果、貸出人である金融機関が、期限の利益喪失請求などの最終的な手段に訴えざるをえなくなったとしたら、お互いにとって不利益であ

る。しかしながら、借入人の側からみると、借入人の業績や融資対象事業が順調でないことを金融機関に直ちに報告することは、ためらわれるものである。したがって、問題発生の可能性が生じた段階で、借入人が報告することを義務づける必要がある。

【コベナンツ文言例】

> 借入人は以下の事項が生じた場合、もしくは生じるおそれがある場合、貸出人に対し直ちに書面で報告するものとする。
> ① 本件事業に関する実績が貸出人に提出した事業計画を大幅に下回った場合
> ② 銀行取引約定書に定める期限の利益喪失事由が発生した場合
> ③ 借入人の経営、財産もしくは業況などに重大な変化が生じた場合
> ④ その他、本融資契約に基づく借入人の債務あるいは義務の履行に重大な影響を及ぼす事態が発生した場合

また、コベナンツ文言例にはあげていないが、近年増加しているADR（裁判外紛争解決手続、Alternative Dispute Resolution）（注2）の手続利用申請を行おうとする場合等について、具体的に報告義務を課すことも検討事項である。

【注】
1　財務制限条項
　　以下のような財務制限条項がよく知られており、借入人や融資対象事業の内容に応じて、個別に設定する。なお、コベナンツ文言例については、当然のことながら、このままでは使用できず、用語の定義をしっかりと行うこと、融資契約書の書式にあわせた文言や記載内容の調整等を行うことなどが必要である。
　① インタレスト・カバレッジ・レシオ維持
　　　インタレスト・カバレッジ・レシオとは、利息支払能力を示す指標であり、以下の算式で示される。算式が示すとおり、同レシオの数値が高いほど、利息支払能力が高い。

インタレスト・カバレッジ・レシオ＝（営業利益＋受取利息）／支払利息

【コベナンツ文言例】

> 各営業年度の末日における決算報告書に記載される損益計算書における営業利益と受取利息の合計額を支払利息で除した値を【　】未満としないこと。

② DSCR（デット・サービス・カバレッジ・レシオ）維持

DSCRとは、第Ⅱ編第3章注11のとおり、借入金の返済能力を示す指標であり、同数値が高いほど借入金返済能力が高い。

【コベナンツ文言例】

> 各営業年度の末日におけるキャッシュフロー表におけるキャッシュフローから当該営業年度中に借入人が支払った営業費用及び税金の合計額を差し引いた金額を、当該営業年度中に支払った本件借入金に係る元本及び利息の合計額（金利スワップ契約に基づき固定化された利息については当該固定化された利息）で除した数値を【　】未満としないこと。

③ 流動比率維持

流動比率とは、短期の支払能力を示す指標であり、以下の算式で示される。算式が示すとおり、同比率の数値が高いほど、短期の支払能力が高い。

流動比率＝流動資産／流動負債

（100を乗じて％表示としてもよい。）

【コベナンツ文言例】

> 各営業年度の末日における決算報告書に記載される貸借対照表における流動資産の合計額を流動負債の合計額で除した値を【　】未満としないこと。

④ デット・エクイティ・レシオ維持

デット・エクイティ・レシオとは、負債（あるいは有利子負債）と資本の割合を示す指標であり、以下の算式で示される。同レシオの割合が低いほど、安全性が高い。

デット・エクイティ・レシオ＝負債（あるいは有利子負債）／資本

【コベナンツ文言例】

> 各営業年度の末日における決算報告書に記載される貸借対照表における有利子負債の総額を資本合計金額で除した値を【　】以上としないこと。

⑤ 自己資本比率維持

自己資本比率とは、総資本に占める自己資本の割合を示す指標であり、以下の算式で示される。算式が示すとおり、同比率の数値が高いほど、安全性が高い。

自己資本比率＝自己資本／総資本
（100を乗じて％表示としてもよい。）

【コベナンツ文言例】

> 各営業年度の末日における決算報告書に記載される貸借対照表における資本合計金額を総資産で除した値を【　】未満としないこと。

⑥ 純資産維持

純資産（自己資本）の絶対額が大きいほど、安全性が高い。

【コベナンツ文言例】

> 各営業年度の末日における決算報告書に記載される貸借対照表における資本合計金額を【　】円未満としないこと。

⑦ 有利子負債制限

有利子負債の絶対額や有利子負債額と期間利益との割合に制限を加えるもので、有利子負債の額あるいは割合が小さいほど、安全性が高い。

【コベナンツ文言例】

> 各営業年度の末日における決算報告書に記載される貸借対照表における有利子負債の合計金額を【　】円以上としないこと。

> 各営業年度の末日における決算報告書に記載される貸借対照表における有利子負債の合計金額を、損益計算書における営業利益、受取利息、受取配当金及び減価償却費の合計額（注：EBITDAを意味する。⑧を参照のこと。）で除した値を【　】未満とすること。

⑧ 利益維持

経常利益、当期利益、EBITDAなどの期間利益の絶対額が大きいほど、安全性が高い。EBITDAとは、Earnings Before Interest, Taxes, Depreciation and Amortizationの略で、利息支払前、税金支払前、償却前利益のことである。

【コベナンツ文言例】

> 各営業年度の末日における決算報告書に記載される損益計算書における経常損益を【　】期連続で損失としないこと。

> 各営業年度の末日における決算報告書に記載される損益計算書における営業利益、受取利息、受取配当金及び減価償却費の合計額（注：EBITDAを意味する。）を【　】円以上とすること。

2　ADR（裁判外紛争解決手続、Alternative Dispute Resolution）

ADRは2007年4月1日に施行された「裁判外紛争解決手続の利用の促進に関する法律」第1条において、以下のとおり定義されている。

> 訴訟手続によらずに民事上の紛争の解決をしようとする紛争の当事者のため、公正な第三者が関与して、その解決を図る手続をいう。

ADRをリスケジュール（借入金返済条件の緩和）や債務削減などに利用する場合、金融ADRあるいは事業再生ADRなどという。ADRはあくまで私的整理であり、全債権者の合意がなければ、計画の決議を含め拘束力のある決定を行うことはできない。しかしながら、私的整理が成立しない場合、会社更生手続などの法的整理に向かうことになる可能性が高まるため、債権者側はむずかしい選択を迫られることもある。このため、最近のストラクチャード・ファイナンス関連の融資契約書のなかには、請求による期限の利益喪失事由にADRの手続利用申請を記載するケースも出てきている。

第3章 案件の特性に応じて必要となる個別性の高いコベナンツの設定方法

　前章で解説したように定型的な融資契約書の書式に記載できるコベナンツには高い普遍性と取引先企業による受入可能性が求められる。その結果、記載することができるコベナンツの数は限定される。本章では、定型的な融資契約書の書式に記載するほどの普遍性はないものの、案件特性に応じて必要となる個別性の高いコベナンツの扱いについて解説する。

　なお、本章では、特に説明がない限り、個別性の高いコベナンツのなかに普遍性は高いが取引先企業から一律の応諾を得にくいコベナンツも含めて解説する。

(1) 個別性の高いコベナンツとはどのようなものか

　投資・開発案件に設定すべきコベナンツは数多く存在する。加えて、定型的な融資契約書の書式に記載ずみのコベナンツであっても、書式のスペース上の問題から詳細に記載することがむずかしいため、案件によっては内容的に不十分であることもある。

　事業の計画や実績の報告を例にとると、与信管理に役立つ報告を求めたいと考えるのであれば、少なくとも以下の事項を具体的に記載する必要がある。

① いつからいつまでの事業計画や実績を求めるのか
② どのような頻度で報告を求めるのか
③ どのような情報を求めるのか

　また、開発案件であれば、各種事業関連契約の締結、許認可・資格の取得、融資対象物件の完成など、遅延した場合、キャッシュフローに重大な影響を及ぼす可能性のある事項について、期限を設定するなどの措置を講じて

おく必要がある。

このように、案件の特性に応じたコベナンツを設定しようとすると、定型的な融資契約書の書式だけでは、コベナンツの種類においても、内容においても、十分とはいえないケースが多数存在する。

(2) コベナンツの類型化

では、このような定型的な融資契約書の書式の弱点を補うにはどうすればよいのだろうか。個別案件において必要とされるコベナンツのうち、定型的な融資契約書に記載できないものについては、融資契約書とは別に合意書を締結し、そのなかに記載すればよい。

しかしながら、コベナンツの種類は非常に多く、また個別案件ごとにその書振りについても、検討を加える必要がある。金融機関の担当者といえども、よほどの熟練者でない限り、適切なコベナンツをもらすことなく記載することは容易ではない。

コベナンツの選択を誤ったり、もらしたりすることなく合意書に記載するためには、コベナンツを類型化したリスト（以下「コベナンツ・リスト」という）の作成が不可欠である。コベナンツ・リストには、単にコベナンツを列挙すればいいというものではない。

金融機関の営業担当者や与信管理担当者が適切なコベナンツを選択し、かつコベナンツ管理に役立てるためには、少なくとも以下の内容を記載する必要がある。

① コベナンツ

まず、どのようなコベナンツがあるのかについて、項目別にリストアップする必要がある。しかしながら、これはコベナンツについての最低限必要な情報でしかなく、これだけでは使いようがないものである。

② 設定目的

次に項目別にリストアップしたコベナンツについて設定目的を明確にする必要がある。これにより、どのような場合にどのようなコベナンツを設定することを検討すべきかが明確となる。

③ 記載例

　設定すべきコベナンツを決定すると、今度は具体的な文言について検討することになる。合意書へのコベナンツの記載に際し、弁護士の助言を得る場合でも、金融機関の担当者として、具体的な文言についての知見は必要である。

④ 遵守状況の確認方法

　コベナンツを設定しても、遵守状況の確認を怠ったり、確認方法を間違えたりしては意味がないため、どうやって遵守状況を確認するのかを明確にしておくべきである。

　もちろん、コベナンツの具体的な文言や遵守状況の確認方法を含め、常に同じというわけにはいかないが、コベナンツ・リストの作成はコベナンツの設定および遵守状況の確認方法についての指針となるものである。

　筆者は投資・開発案件のみならず、事業再生案件、買収案件を含むさまざまなキャッシュフロー・ファイナンスの契約書に記載されている代表的なコベナンツを案件種類別に集計し、類型化を行った。この作業はキャッシュフロー・ファイナンスなど、ストラクチャード・ファイナンスの特定分野の専門家以外には知られていないコベナンツに関する情報を多くの担当者が共有し、必要に応じて使用できるインフラを整えるためには必須の作業である。

　これにより、限られたストラクチャード・ファイナンスの専門家が半ば属人的に行っていたコベナンツの選択作業が、銀行の営業担当者や与信管理担当者にも理解が可能となり、取引先企業とのコベナンツ設定折衝も説得力をもって行うことが可能となる。コベナンツ・リストの作成は予測不可能性の高まった現代において、融資業務の高度化を行ううえで必須の作業であるといってもいいのではないだろうか。

(3) 投資・開発案件についてのコベナンツ・リスト

　図表Ⅴ-1に投資・開発案件に係るコベナンツ・リストを例示する。
　前提条件は以下のとおりである。

融資対象事業	建物を建設し、一棟貸しする事業
借 入 人	融資対象事業のみを行うSPC (取引先企業による100％出資子会社)
貸 出 人	銀行一行（シンジケーションではない）
保 証 人	取引先企業（法人保証人） 取引先企業代表取締役（個人保証人）
担　　保	融資対象物件（土地、建物） 火災保険契約 事業専用口座 借入人株式 建物賃貸借契約

　言うまでもなく、コベナンツ文言例については、このままでは使用できず、用語の定義をしっかりと行うこと、定型的な融資契約書の書式にあわせた文言や記載内容の調整等を行うこと、疑問点があれば弁護士に確認することなどが必要である。

　また、本リストは単なる例にすぎず、筆者が所属するいずれの組織においても使用されていない。案件によっては、本リスト記載例以外のコベナンツの設定を検討することもありえる点もご留意願いたい。

図表Ⅴ-1 投資・開発案件用コベナンツ・リスト（例）

コベナンツ種類	主要な設定目的	コベナンツ文言例	主要な遵守状況確認方法
各種資料提出義務ほか	(1) 決算書ほか財務諸表。 (2) 財産、経営、業況などに関するその他の資料。	事業、財務内容などに変化がないとの確認。	(1) 借入人および保証人は、以下のすべての資料、書類、帳簿類などを作成し、貸出人から請求ある場合はすみやかに貸出人に提出する。 ① 貸借対照表および損益計算書などの各種財務諸表。 ② 自らの財産（【 】を含む）、経営および業況に関して貸出人が合理的に請求する資料、書類および帳簿類など。 【注：融資対象物件など明示的に記載すべきものがあれば、【 】に記載。】 (2) 借入人および保証人は、前号に定める資料、書類および帳簿類などを保管し、貸出人から請求があれば、すみやかに貸出人による閲覧が可能な状態にしておくこと。	各種資料、書類などの入手および内容精査。

第3章 案件の特性に応じて必要となる個別性の高いコベナンツの設定方法

コベナンツ	コベナンツ種類	主要な設定目的	コベナンツ文言例	主要な遵守状況確認方法
各種報告義務	(1) 期限の利益喪失事由。 (2) 財産、経営、業況などについての重大な変化。 (3) その他の重大な事態。	問題の早期把握。	借入人および保証人は、以下の事項のいずれかが発生したまたは発生するおそれがある場合、直ちに貸出人に書面により通知する。 (1)【銀行取引約定書】に定める期限の利益の喪失事由。 (2) 自らの財産、経営および業況についての重大な変化。 (3) その他、借入人または保証人の本融資契約書または本合意書に基づく債務または義務の履行に重大な影響を及ぼす事態。	(1) 借入人などへの往訪時の実査および聴取。 (2) 提出を受けた各種資料、書類などの内容精査。 (3) 新聞報道など。
事前承諾取得義務	(1) 事業、財産の譲渡。 (2) 合併、会社分割、株式交換、株式移転、組織変更、解散および残余財産の処分。 (3) 増減資。	(1) 事業キャッシュフローや保証人の保証履行能力に重大な影響を及ぼす行為の制限。 (2) 第三者介入の制限。 (3) 事業に必要な資金の流出の制限。	借入人および保証人は、以下の事項を行おうとする場合、貸出人の書面による事前承諾を得る。 (1) 借入人が、借入人の事業または財産の譲渡(信託財産への組入れを含む。以下同じ)を行おうとする場合。 (2) 法人保証人が、本合意書または本合意書に基づく債務の履行に重大な影響を与える	(1) 借入人などへの往訪時の実査および聴取。 (2) 提出を受けた各種資料、書類などの内容精査。 (3) 最新の商業登記簿謄本、定款、株主名簿などによる確認。 (4) 事業専用口座の異動明細の確認。

コベナンツ種類	主要な設定目的	コベナンツ文言例	主要な遵守状況確認方法
	限。	おそれのある、法人保証人の事業または財産の譲渡などを行おうとする場合。 (3) 借入人が、合併、会社分割、株式交換、株式移転、組織変更または解散および残余財産の処分を行おうとする場合。 (4) 法人保証人が、本融資契約書および本合意書に基づく債務または義務の履行に重大な影響を与えるおそれのある、合併、会社分割、株式交換、株式移転、組織変更または解散および残余財産の処分を行おうとする場合。 (5) 借入人が、募集株式および募集新株予約権の発行、株式および新株予約権の無償割当て、株式の併合・分割または資本金・準備金の額の増加もしくは減少を行おうとする場合。 (6) 法人保証人が、本融資契約書および本合意書に基づく債務または	(5) 新聞報道など。

コベナンツ種類	主要な設定目的	コベナンツ文言例	主要な遵守状況確認方法
		義務の履行に重大な影響を与えるおそれのある、募集株式の発行、株式および募集新株予約権の発行、株式および新株予約権の無償割当て、株式の併合・分割または資本金・準備金の額の増加もしくは減少を行おうとする場合。	
事前承諾取得義務	定款変更。	事業内容変更などの制限。	(7) 借入人が、定款を変更しようとする場合。	(1) 借入人などへの往訪時の実査および聴取。 (2) 最新の定款による確認。
事前承諾取得義務	口座開設。	事業キャッシュフローの把握。	(8) 借入人が、金融機関に口座を開設しようとする場合。	(1) 借入人などへの往訪時の実査および聴取。 (2) 最新の決算書などによる確認。 (3) 事業専用口座の異動明細の確認。
事前承諾取得義務	(1) 借入れ。 (2) 社債発行。 (3) デリバティブ取引。	(1) 事業キャッシュフローに影響を及ぼす行為	(9) 借入人が、借入れ、社債発行、デリバティブ取引または匿名組合出資の受入れを行おうとする場合。	

コベナンツ種類	主要な設定目的	コベナンツ文言例	主要な遵守状況確認方法
引。 (4) 担保提供。 (5) 保証。	の制限。 (2) 第三者介入の制限。	合。 (10) 借入人が、現在負担もしくは将来負担するいっさいの債務について、貸出人以外の第三者に対する担保提供（担保提供しないことを約束すること、および、将来、担保提供することを約束することを含む。以下同じ）または保証を行おうとする場合。	
借入人株式の譲渡・担保提供。	第三者介入の制限。	(11) 借入人が、借入人株式の一部もしくは全部について取得しようとする場合、または、貸出人以外の第三者に対する譲渡もしくは担保提供を行うことを請求され、その承諾を行おうとする場合。 (12) 法人保証人が、借入人株式の一部もしくは全部について貸出人以外の第三者に対して譲渡または担保提供を行おうとする場合。 【注：個人保証人が借入人株式を所有している場合は、(12)の主語は個	(1) 借入人などへの往訪時の実査および聴取。 (2) 最新の株主名簿などで確認。
事前承諾取得義務			

第3章 案件の特性に応じて必要となる個別性の高いコベナンツの設定方法　289

コベナンツ種類	主要な設定目的	コベナンツ文言例	主要な遵守状況確認方法
事前承諾取得義務	事業に必要な資金の流出の制限。	人保証人となる。】 (13) 借入人が、借入人の株主に対する配当金その他の利益の配分または保証人へのいっさいの債務に係る金銭などの支払または交付を行おうとする場合。 (14) 保証人が、借入人より配当金その他の利益の配分またはその他借入人に対するいっさいの債権に係る金銭などの受取りを行おうとする場合。	(1) 借入人などへの往訪時の実査および聴取。 (2) 最新の決算書などによる確認。 (3) 事業専用口座の異動明細の確認。
事前通知義務	経営主体、事業遂行能力の確認。	借入人および保証人は、以下の事項を行おうとする場合、貸出人へ書面により事前通知を行う。 (1) 借入人または保証人が代表取締役もしくは取締役を変更または追加しようとする場合。 (2) 個人保証人における代表取締役もしくは保証人における代表取締役もしくは取締役の役職を辞任または退任	(1) 借入人などへの往訪時の実査および聴取。 (2) 最新の商業登記簿謄本、定款などによる確認。

290 第Ⅴ編 投資・開発案件に対する融資において設定するコベナンツの類型化

コベナンツ種類	主要な設定目的	コベナンツ文言例	主要な遵守状況確認方法
		しようとする場合。 [注：SPCである借入人の取締役の変更などについては、第三者による経営への介入制限の観点であるものの、独占承諾事項、独占禁止法などの観点から、事前承諾事項とすべきか、事前通知事項とすべきかについて慎重な検討が必要である。]	
担保に関する義務	融資対象物件およびの事業関連契約などの担保権設定。	(1) 全資産担保によるキャッシュフロー捕捉。 (2) 融資実行後の担保権設定の確実な実行。	借入人および法人保証人は、本融資契約書および本合意書に基づく借入人のいっさいの債務を担保するため、以下のすべての事項を履行する。 (1) 借入人は、【融資対象物件】完工後、直ちに、同建物について、①【極度額】【 】円の【根】抵当権設定契約を締結したうえ、同契約に基づき「貸出人」を第1順位担保権者とする【根】抵当権設定の登記を行い、かつ、②当該	(1) 借入人などへの往訪時の実査および聴取。 (2) 各種契約書の原本による確認。 (3) 不動産登記簿謄本、確定日付取得ずみの異議なき承諾書、【株主総会】議事録謄本などによる確認。 (4) その他提出された資料、書類などの内容確認。

コベナンツ種類	主要な設定目的	コベナンツ文言例	主要な遵守状況確認方法
		【根】抵当権設定登記が完了したことを確認できる不動産登記簿謄本を貸出人へ提出すること。 (2) 借入人は、直ちに、[融資対象物件] 完工後、直ちに、①火災保険契約を締結したうえ、同契約について貸出人を第1順位担保権者とする質権設定契約を締結し、かつ、②当該質権設定に関する確定日付が付された保険会社の承諾書ならびに火災保険契約に係る保険証券および保険約款の原本を貸出人へ提出すること。 (3) 借入人は、前号に定める火災保険契約の期限到来のつど、直ちに、前号と同様の手続をとること。 (4) 借入人は、建物賃貸借契約締結後、直ちに、①同契約に基づき借入人が [賃借人] に対して現在または将来有するいっさいの賃料債権について貸出人を第1順位担保権者	

292　第Ⅴ編　投資・開発案件に対する融資において設定するコベナンツの類型化

コベナンツ種類	主要な設定目的	コベナンツ文言例	主要な遵守状況確認方法
		とする譲渡担保権設定契約を締結し、②建物賃貸借契約における借入人の契約上の地位について譲渡予約契約を締結し、かつ、③当該譲渡担保権設定および契約上の地位譲渡予約について、確定日付の付された賃借人の異議なき承諾書を貸出人へ提出すること。(5) ①法人保証人は、本融資契約および本合意書締結後、貸出人が請求した場合は直ちに、また、貸出人が請求しない場合は毎年【　】月および【　】月に、「貸出人に設定ずみの質権の実行により、貸出人が自ら借入人株式を取得することおよび借入人株式を貸出人の指定する第三者が譲り受けることについてあらかじめ承諾することについて借入人の【株主総会】において議決し、当該【株主総会】②借入人は、当該【株主総会】議事録謄本を貸出人へ提出す	

第3章 案件の特性に応じて必要となる個別性の高いコベナンツの設定方法　293

コベナンツ種類	主要な設定目的	コベナンツ文言例	主要な遵守状況確認方法
		ること。 【注：承認手続は必ずしも株主総会とは限らない。】 (6) 借人人および法人保証人は、貸出人が請求した場合直ちに、本融資契約書および本合意書に関連する担保権設定手続などに必要な書類を貸出人へ提出すること。	
融資対象事業に関する事業計画および実績。	(1) 事業計画および実績の検証。 (2) 問題の早期把握。	借人人および保証人は、融資対象事業に関し、以下のすべての事項を遵守する。 (1) 借人人は、本融資契約締結日以降、[ ]カ月ごとに到来する月の各[ ]日を提出期限とし、各提出期限までに、別途合意した書式により事業計画書および事業実績報告書をすみやかに作成または更新し、その内容について貸出人の書面による承諾を得ること。事業計画書および事業実績報告書は、貸出人が合理的に必要と認めた場合、いつでも、借人人に作成	(1) 借人人などへの往訪時の実査および聴取。 (2) 最新の決算書、事業計画書および実績報告書の内容精査。 (3) 事業専用口座の異動明細の確認。

コベナンツ種類	主要な設定目的	コベナンツ文言例	主要な遵守状況確認方法
		また は更新を請求することができて、借入人は貸出人の請求に基づき、すみやかに作成または更新し、その内容について貸出人の書面による承諾を得ること。	
融資対象事業に関する義務	融資対象事業の放棄の禁止。	(2) 借入人は、融資対象事業を誠実かつ主体的に遂行し、放棄しないこと。	(1) 借入人などへの往訪時の実査および聴取。 (2) 事業専用口座の異動明細の確認。 (3) 最新の決算書、事業計画書および実績報告書の内容精査。
融資対象事業以外の事業。	事業キャッシュフローに悪影響をおよぼす可能性のある行為の禁止。	(3) 借入人は、融資対象事業以外の事業（投資および融資を含む）および融資対象事業に無関係な取引を行わないこと。	(1) 借入人などへの往訪時の実査および聴取。 (2) 事業専用口座の異動明細の確認。 (3) 最新の決算書、事業計画書および実績報告書の内容精査。
融資対象事業	保証人の支援、協	保証人による支	(4) 保証人は、借入人が融資対象事	保証人との定期的な面談に

第3章 案件の特性に応じて必要となる個別性の高いコベナンツの設定方法　295

コベナンツ種類	主要な設定目的	コベナンツ文言例	主要な遵守状況確認方法
に関する義務力。	援、協力の取付け。	業の運営および、本融資契約書おおよび本合意書における義務の履行を円滑に行うことができるよう、借入人に対し、できる限りの支援および協力を行うこと。 [注：本条項があるからといって、保証人に新たな義務が明示的に付加されるわけではない点には留意が必要。]	よる支援、協力意思の確認。
融資対象事業に関する義務	許認可・資格。 (1) 融資対象事業の適法性の確認・維持。 (2) 問題の早期把握。	(5) 借入人は、借入人が融資対象事業に必要な許認可・資格および本融資契約および本合意書となったものを含む)を取得し、かつ維持すること。 (6) 借入人は、本融資契約および本合意書締結後、新たに許認可・資格を取得した場合、直ちに、その取得を確認できる書類の写しを貸出人へ提出すること。 (7) 借入人は、貸出人が本融資契約	(1) 借入人などへの往訪時の実査および聴取。 (2) 原本による確認。 (3) その他提出された資料、書類などの内容確認。 [注：各種書類について、それらの写しの提出を求めるだけでなく、「原本」を確認することが望ましい。]

コベナンツ種類	主要な設定目的	コベナンツ文言例	主要な遵守状況確認方法
		おまび本合意書締結後に取得することを認めた許認可・資格については、貸出人が認めた期限（［　］年［　］月［　］日）までに、当該許認可・資格を取得し、その取得を確認できる書類の写しを貸出人へ提出すること。 【注：取得期限・資格を設定する必要のある許認可・資格については、具体的に期限を明記】 (8) 借入人は、融資対象事業に必要な許認可・資格のいずれかが取り消された場合、または取り消されるおそれがある場合、直ちに、貸出人に書面により通知すること。	
融資対象事業に関する義務	(1) 第三者介入の制限。 (2) 事業キャッシュフローに悪影響を及ぼす可能性のある行為	(9) 法人保証人は、貸出人の書面による事前承諾なく、借入人株式に係る議決権の行使を第三者に委託せず、また本融資契約書および本合意書の定めに違反する内容の借入人の株主総会の議案に賛成しないこと。	(1) 法人保証人などへの任訪時聴取。 (2) 株主総会議事録謄本などによる確認。
議決権行使。			

コベナンツ種類	主要な設定目的	コベナンツ文言例	主要な遵守状況確認方法
		の制限。	
融資対象事業に関する義務	融資対象事業の適法性の維持。	法令等違反の発生。 [注：個人保証人が借人の発行済株式を保有している場合、主語は個人保証人となる。] (10) 借入人は、[融資対象物件] が法令等に違反する状態となった場合、直ちに貸出人に通知するとともに、すみやかに法令等違反解消のために必要な措置を講じること。	借入人などへの往訪時の実査および聴取。
事業関連契約に関する義務	(1) 事業キャッシュフローに悪影響を及ぼす可能性のある行為の制限。 (2) 第三者介入の制限。 (3) 問題の早期把握。	事業関連契約の締結、解除、変更、譲渡、破棄、終了、担保提供。 借入人および法人保証人は、事業関連契約に関し、以下のすべての事項を遵守する。 (1) 借入人および法人保証人は、貸出人が本融資契約締結日以降に締結することを認めた事業関連契約について、貸出人が合理的に満足する内容で、貸出人が承認めた期限（[ ]年[ ]月[ ]日）までに締結し、その写しを貸出人へ提	(1) 借入人などへの往訪時の実査および聴取。 (2) 原本による確認。 (3) 事業専用口座の異動明細の確認。 [注：各種契約について、それらの写しの提出を求めるだけでなく、「原本」を確認することが望ましい。]

コベナンツ種類	主要な設定目的	コベナンツ文言例	主要な遵守状況確認方法
		出すること。 【注：締結期限を明示する必要がある事業関連契約については、具体的に明記。】 (2) 借入人および法人保証人は、事業関連契約の締結、解除、変更、譲渡、破棄、終了または担保提供を行おうとする場合、貸出人の書面による事前承諾を得ること。締結した事業関連契約は、直ちに、その写しを貸出人へ提出すること。 (3) 借入人および法人保証人は、事業関連契約について、いずれかの契約当事者により契約上の義務違反、解除、変更、譲渡、破棄、終了もしくは担保提供されたこと、またはそのおそれがあることが判明した場合、直ちに貸出人へ書面により通知すること。 (4) 借入人および法人保証人は、事業関連契約に基づく義務（契約の	

コベナンツ種類	主要な設定目的	コベナンツ文言例	主要な遵守状況確認方法
		相手方の義務（も含む）の履行に重大な影響を与えるおそれがある事態が発生した、または判明した場合、直ちに、貸出人へ書面により通知すること。	
事業専用口座に関する義務	(1) 事業キャッシュフローの捕捉。 (2) 不測の事態への対応力強化。 [注：平時においては事業専用口座に担保権を設定していないなど、厳格なキャッシュ・ウォーターフォールを構築していることはいえない点には留意が必要。]	借入人は、融資対象事業に関連し、貸出人[ ]支店に開設した借入人名義の事業専用口座：[入金口座]（預金種類：[ ]、出金口座）（預金種類：[ ]、預金。口座番号：[ ]）および[元利金リザーブ口座]（預金種類：[ ]、預金。口座番号：[ ]）に関し、以下のすべての事項を遵守する。 (1) 事業専用口座の一部または全部を解約しないこと。 (2) 事業専用口座を本融資契約書および本合意書で定められた目的以外に使用しないこと。 (3) 借入人が受領するいっさいの金	(1) 借入人などへの往訪時の実査および聴取。 (2) 事業専用口座の残高および異動明細の確認。
(1) 解約。 (2) 目的外使用。 (3) 入出金集中。 (4) 資金積立および留保。 (5) 担保権設定。			

300　第Ⅴ編　投資・開発案件に対する融資において設定するコベナンツの類型化

コベナンツ種類	主要な設定目的	コベナンツ文言例	主要な遵守状況確認方法
		員を [入金口座] へ直接入金すること。 (4) 借入人が支払いっさいの金員を [出金口座] から直接支払うこと。 (5) 本融資契約および本合意書締結日以降、[ ] 円以上の [元利金リザーブ口座] に、貸出人の預金残高を維持し、貸出人の書面による事前承諾なく同口座から金員を引き出さないこと。 (6) [銀行取引約定書] に定める期限の利益の喪失事由が発生した、または発生するおそれがあると貸出人が合理的に判断した場合、事業専用口座からの金員の引出しはすべて貸出人の書面による事前承諾を得ること。貸出人から請求があれば直ちに、貸出人を第1順位担保権者とする質権設定契約を締結し、かつ、確定日付が付された同契約書	

第3章 案件の特性に応じて必要となる個別性の高いコベナンツの設定方法　301

コベナンツ種類	主要な設定目的	コベナンツ文言例	主要な遵守状況確認方法
		を貸出人に提出すること。 [注：事業専用口座を何種類開設する必要があるか、資金を留保する必要があるかなどについては、案件特性に合わせ個別に検討する必要がある。]	
財務制限条項	問題の早期把握。	[注：各財務制限条項（注1）を参照のこと。案件の特性に応じて、どのような財務制限条項を付与するか個別に検討する必要がある。] (1) インタレスト・カバレッジ・レシオ維持。 (2) DSCR維持。 (3) 流動比率維持。 (4) デット・エクイティ・レシオ維持。 (5) 自己資本比率維持。 (6) 純資産維持。 (7) 有利子負債制限。 (8) 利益維持。	(1) 借入人などへの往訪時の実査および聴取。 (2) 最新の決算などにより確認。

302　第Ⅴ編　投資・開発案件に対する融資において設定するコベナンツの類型化

コベナンツ種類	主要な設定目的	コベナンツ文言例	主要な遵守状況確認方法
		(9) その他各種財務制限条項。 (10) 借入人は、上記事項のいずれかに反する事態が発生した、または発生するおそれがある場合、直ちに貸出人に書面により通知すること。	

(4) 別冊の合意書でコベナンツを設定するだけで十分か

　個別案件の特性に応じたコベナンツを別冊の合意書に記載することは、与信管理上有効な措置である。しかしながら、これだけでは十分とはいえない。

　たとえばキャッシュ・ウォーターフォールを構築する場合を考えてみる。

　キャッシュ・ウォーターフォールを構築しようとすると、①融資対象事業専用の預金口座を用途別に開設する、②専用口座への入金集中や支払充当順位について詳細なルールを規定する、③専用口座に質権を設定し出金を制限する、などの措置が必要となる。このような規定を合意書に記載しようとすると、融資契約書本体よりも分量が大きくなる可能性があるため、別冊の合意書とはいえなくなるのである。

　定型的な融資契約書へのコベナンツの組込みや別冊の合意書の作成はあくまで、最低限必要なコベナンツを記載することが目的である。より多種多様なコベナンツを記載し、キャッシュフロー・ファイナンスとしての要件を整えたいのであれば、融資契約書を個別に作成することが求められる。

　なお、銀行取引約定書および定型的な融資契約書などと別冊の合意書に類似の表現や相互に矛盾する表現が結果として存在することが起こりえる。このような場合に備えて、より具体的な記載がある別冊の合意書の内容が、銀行取引約定書や定型的な融資契約書などの内容に優先するとの規定を織り込んでおくことが望ましい。

コラム　事業再生案件への取組み

　筆者は、2002年12月に取り組んだ霊園開発事業以降、ホテル事業、テーマパーク事業、飲食事業など、数多くの事業再生案件に取り組んできた。それぞれの案件には特性があり、同じものは一つとしてないが、共通点はある。

① 関係当事者との交渉はいずれの案件においても長期間、かつ、困難を極めること

　初めて話を聞いてからクローズまでの期間が1年を超えることもたびたびあり、途中、何度もとん挫しそうになる。案件の組立てを何度も変更し、関係当事者と交渉を繰り返すことは精神的にも肉体的にも骨の折れる作業である。

　著名な外資系サービサーのなかには、都合が悪くなると交渉担当者が交代し、これまで積み上げた口頭での合意事項を反故にしたうえで、まったく新しい要求をしてくるところもあった。こういった交渉態度は、担当者の成功報酬が大きい、ディール・バイ・ディールで取り組みレピュテーションについてほとんど気にしなくていい、要するに儲かればそれでいい、ということを反映しているのだろうか。このようなサービサーに債権をもたれてしまった債務者の気持ちが不安定になるのは無理からぬところではある。

　また、大筋の合意がとれた後も、細部について交渉が徹夜に及ぶことも珍しくない。弁護士事務所などで徹夜の交渉を行ううちに、気がつくと、筆者一人対残り全員といった構図で交渉していたこともある。

② 事業再生に成功した企業から例外なく感謝されること

　成功報酬などが原則としてない普通の銀行員としては、事業再生案件への取組みは経済的には割にあわない仕事かもしれない。しかしながら、むずかしい案件をクローズさせたときにいただく顧客からの心の込もった感謝の言葉や高い山に登ったような達成感は、目先の報酬を超えて、何物にもかえがたいやりがいを感じる。筆者は、ほとんどの人が積極的に取り組もうとはしない事業再生案件にキャッシュフロー・ファイナンスの仕組みを活用して積極的に取り組んできたことにより、社会人として成長することができたと考えている。

　筆者は2010年4月の人事異動によりストラクチャード・ファイナンスの立場から事業再生案件に取り組む機会がなくなった。しかしながら、転勤に際し、何年も前に事業再生をお手伝いさせていただいた顧客からあらためて当時のお礼と励ましの言葉をいただき、筆者も思いを新たにして、新しい業務に取り組

んでいる。

補足解説

本書で解説するキャッシュフロー・ファイナンスやプロジェクト・ファイナンスを理解するためには、シンジケート・ローンと金利スワップの知識は不可欠である。したがって、ここでは、これらについて十分な知見のない読者向けに必要最低限の解説を行う。

1 シンジケート・ローン

(1) シンジケート・ローンとは

　借入人が複数の貸出人から資金調達を行う場合、借入人と各貸出人がそれぞれ個別に融資契約を締結し、資金調達を行うことを相対取引あるいはバイラテラル（Bilateral）取引という。一方、個別に融資契約を締結せず、一つの融資契約のもとで、借入人が各貸出人から資金調達を行うことをシンジケーション（Syndication）取引という。

　シンジケーション取引は、融資だけでなく保証などにも使用されるが、特にシンジケーション取引による融資をシンジケート・ローン（Syndicated Loan）という。シンジケート・ローンにおいて、借入人からマンデート・レター（Mandate、組成依頼書）を受領し、参加金融機関の招聘、融資契約書の作成（ドキュメンテーション（Documentation））、融資契約書の調印などの事務を取りまとめる金融機関をアレンジャー（Arranger）という。また、融資契約書調印後の借入れや元利金返済などに伴う資金の受渡し、借入人と各貸出人との各種のやりとりなどを全貸出人の代理として行う金融機関をエージェント（Agent）という。

　プロジェクト・ファイナンスのような大型で複雑なシンジケート・ローンにおいては、アレンジャーが複数となることもあり、その場合はアレンジャー間で役割（Role）分担を行う。アレンジャーの役割については、第Ⅱ編第3章(8)⑤にまとめたので参照願いたい。また、アレンジャーの役割の一つであるエージェントについても、同様に複数となることがあるが、詳細は第Ⅱ編第3章(8)⑥および⑦を参照願いたい。なお、日本国内でのシンジケート・ローンは、多くの場合、メインバンクなどが単独でアレンジャーを務めるため、アレンジャー間で役割分担を行うことは少ない。

(2) 相対融資とシンジケート・ローンの特徴

通常の相対取引による融資とシンジケート・ローンの特徴を取りまとめると、以下のとおりとなる。

図表補-1　相対融資とシンジケート・ローン

	相対融資	シンジケート・ローン
融資条件交渉	借入人と各貸出人が個別に交渉。	原則として、アレンジャーが交渉。
融資条件	原則として、貸出人ごとに相違。	原則として、統一。
融資契約調印	借入人と各貸出人が個別に締結。	原則として、一つの融資契約書で借入人と全貸出人が締結。
融資実行可否の判断	各貸出人が個別に判断。	各貸出人が個別に判断。
融資実行	各貸出人が借入人に資金を送金。	各貸出人がエージェントまたは借入人に資金を送金。
元利金返済	借入人が各貸出人に個別に返済。	原則として、借入人がエージェントを通して一括して返済。
その他のやりとり	借入人と各貸出人が個別にやりとり。	原則として、エージェントを通してやりとり。
融資実行後の各貸出人による行動	貸出人が個別に判断し、行動。	原則として、各貸出人による投票（Voting）の結果に基づき、行動。
手数料	定型の融資契約書を使用する場合は、原則として不要。	アレンジメント・フィー、エージェント・フィー等が発生。
契約書作成などの費用負担	定型の融資契約書を使用する場合は、原則として、負担発生せず。	弁護士費用などが発生する場合は、原則として、借入人負担。

図表補－2　相対融資の概念図

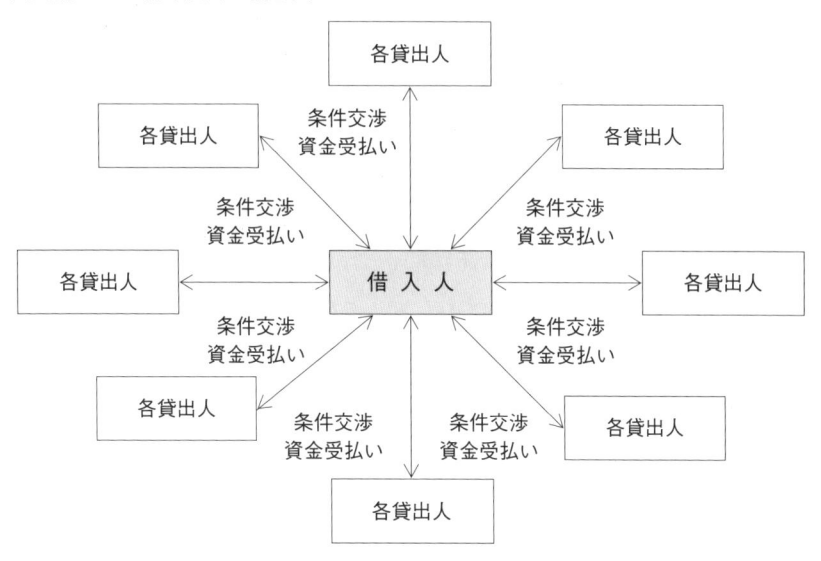

図表補－3　シンジケート・ローンの概念図

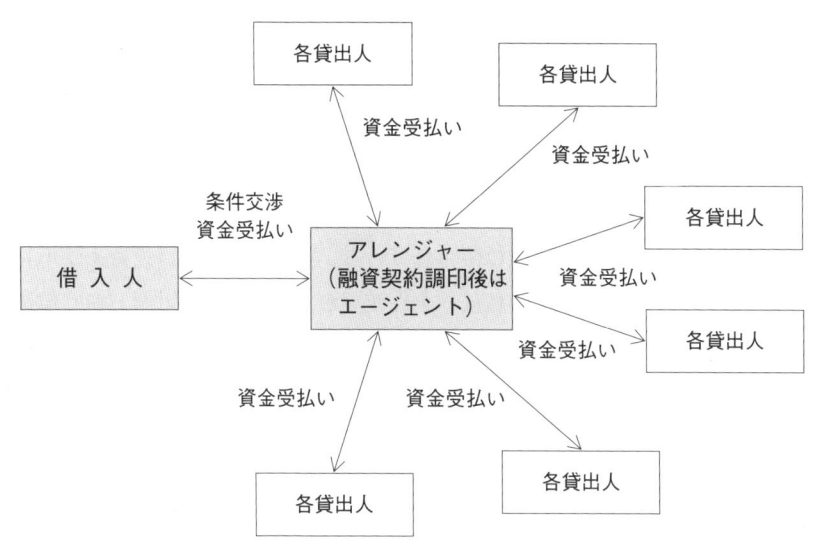

(3) 借入人からみたシンジケート・ローンのメリット

以下では、第Ⅰ編第2章(2)で解説した借入人からみたシンジケート・ローンのメリットについて、もう少し詳しく解説する。

① これまで取引のなかった金融機関の招聘による大型の資金調達・取引金融機関の拡大

設備投資などのための大型の資金調達を行おうとする場合、取引金融機関からの借入れだけではまかないきれないことがある。このような場合、借入人が取引のない金融機関と個別に借入交渉を行うことは、時間と労力を要する。こうした交渉の一部を、経験豊富で多くの金融機関とパイプをもつアレンジャーに任せることにより、効率的に借入れを行うことが可能となる。また、シンジケート・ローンに参加した金融機関とのリレーション構築は、取引金融機関の拡大を通して、次回の借入れにも役立つことになる。

② 相対の銀行融資や起債が中心であったデット（Debt、負債）による資金調達手段の多様化

相対の銀行融資は迅速に行うことができるというメリットがあるが、多額の資金調達には不向きなところもある。いかに優良会社といえども、必要資金が多額の場合、金融機関としては、リスク分散の観点から、必要資金を全額融資することはためらいがちである。

また、公募社債の発行による資金調達は外部格付の取得が原則として必要であるため、利用できる企業は限られている。社債の場合は、投資家が不特定多数であることが多く、起債後の条件変更が困難であり、計画どおり償還できないと、即デフォルトにつながる可能性が高いというデメリットもある。

シンジケート・ローンは、このような限られた資金調達手段を多様化するものである。資金調達手段の多様化を通して、資金調達目的に応じて金融機関、機関投資家、海外投資家などさまざまなタイプの投資家から資金調達を行うことが可能となれば、調達余力の拡大や調達コストの引下げにも資することになる。

③ 社債と比較して柔軟な条件設定

　社債は不特定多数の投資家に販売するケースが多いため、複雑な条件を設定することがむずかしいことが多い。一方、シンジケート・ローンは参加する金融機関はいわゆるプロであるため、複雑な条件設定も可能となる。たとえば、資金使途や参加する金融機関の形態別に融資条件を設定したり、資金引出しを複数回に分けたりすることも可能である。

④ 金融機関ごとに異なっていた融資条件の統一

　金融機関と個別に融資条件の交渉を行うと、時間と労力がかかるうえ、金融機関ごとに融資金利、元利金返済方法、担保などが異なりがちとなるが、シンジケート・ローンの場合は、原則として融資条件は統一される。このため、借入人は融資契約調印後の契約条件の管理などが容易になる。

⑤ 借入れ、元利金返済などの入出金の一本化などによる借入人負担の軽減

　融資契約調印後の資金の受渡しや各種報告書の提出、通知などは原則としてエージェントを通じて行うことになるため、金融機関との取引の効率化を図ることが可能となり、借入人の負担軽減につながる。

　上記以外にも、マスコミ報道などを通した宣伝も付随的ではあるがメリットの一つかもしれない。

(4) シンジケート・ローンのデメリット

　では、シンジケート・ローンのデメリットにはどういうものがあるだろうか。

　借入人からみると、アレンジメント・フィーなどのコストがかかること、数は多くないもののコベナンツを遵守する必要があること、などがあげられる。

　一方、貸出人からみると、借入人の信用状態の悪化を早期に察知しても、個別交渉により単独で早期返済を受けたり、追加担保をとったりすることができない可能性があることがあげられる。各貸出人は融資契約などの規定に基づき協調して行動する義務があるので、「抜け駆け」ができないことがあ

るのである。また、貸出人の意思結集のルール次第では、長期間にわたり貸出人間で意思決定ができなかったり、自らの意に沿わない判断にも従わなければならなかったりする可能性がある。キャッシュフロー・ファイナンスにシンジケート・ローンの仕組みを適用する場合は、このようなデメリットについても考慮する必要がある。

(5) シンジケート・ローンのコベナンツ

キャッシュフロー・ファイナンスと比較すると数は少ないものの、シンジケート・ローンにもコベナンツが存在する。日本におけるシンジケート・ローンの普及がコベナンツの認知度向上につながったことは第Ⅰ編第2章(2)で解説したとおりである。

通常のシンジケート・ローンで課されるコベナンツは、各種報告・通知義務、担保提供制限（ネガティブ・プレッジ、Negative Pledge）、許認可の維持、法令順守、事業変更禁止、他の無担保債権者と同順位以上の扱い（パリパス、Pari Passn）、財務制限条項などが主体である。一方、キャッシュフロー・ファイナンスにおいて課されるコベナンツは、キャッシュフローの捕捉、キャッシュフロー下振れリスクの軽減、木目細かなモニタリングなどを主たる目的としている点に特徴がある。

日本ローン債権市場協会（JSLA）が公表しているタームローン契約書のコベナンツ条項を以下に添付したので、第Ⅳ編第3章で例示したキャッシュフロー・ファイナンスにおけるコベナンツ条項と比較願いたい。

【JSLAタームローン契約書のコベナンツ条項】

第17条（借入人の確約）
(1) 借入人は、本契約締結日以降、借入人が貸付人及びエージェントに対する本契約上の全ての債務の履行が完了するまで、次の各号について自らの費用で行うことを確約する。
  ① 第18条第1項各号または第2項各号に規定する事由（筆者注：期限の利益喪失事由）が発生した場合、または発生するおそれがある場合には、直ちにその旨をエージェント及び全貸付人に報告すること。

② 報告書等を作成した場合は、所管財務局長に提出した時点で速やかに報告書等の写し［及び第5項に規定された事項の遵守状況を確認することができる書面］をエージェント及び全貸付人に提出すること。なお、当該報告書等は、日本国において一般に公正妥当と認められている会計基準に照らして正確で、かつ適法に作成されていること。

③ エージェントまたはエージェントを通じて貸付人が請求した場合は、借入人並びにその子会社及び関連会社の財産、経営または業況について直ちにエージェント及び全貸付人に報告し、また、それらについての調査に必要な便益を提供すること。

④ 借入人並びにその子会社及び関連会社の財産、経営もしくは業況について重大な変化が発生した場合、または時間の経過によりかかる変化が発生するおそれがある場合、借入人に関して本契約上の義務の履行に重大な影響を及ぼす、もしくは及ぼす可能性のある訴訟、仲裁、行政手続その他の紛争が開始された場合、または開始されるおそれがある場合は、直ちにその旨をエージェント及び全貸付人に報告すること。

［⑤ ［格付機関名］の短期または長期債務格付に変化が発生した場合は（新規に格付が付与された場合または格付が取下げられた場合を含む。）、その旨をエージェント及び全貸付人に報告すること。］

⑥ 前条各号（筆者注：借入人による表明及び保証）の一つでも真実でないことが判明した場合には、直ちにその旨をエージェント及び全貸付人に報告すること。

(2) 借入人は、本契約締結日以降、借入人が貸付人及びエージェントに対する本契約上の全ての債務の履行が完了するまで、全貸付人及びエージェントが書面により事前に承諾しない限り、本契約に基づく債務を除く借入人または第三者の負担する債務のために担保提供を行わない。但し、次の各号のいずれかに該当し、かつ借入人がエージェントに対し担保提供を行う旨を事前に書面により通知する場合はこの限りではない。なお、本条において担保提供とは、借入人の資産に担保権（根担保権を含む。以下、本条において同様とする。）を設定すること、借入人の資産について担保権設定の予約をすること、または借入人の資産について特定の債務以外の債務の担保に供しない旨を約することをいい、先取特権及び留置権等法令等の定めに基づくものは除外される。

① ［国際協力銀行、日本政策投資銀行、年金資金運用基金］からの借入のために行う担保提供であって、かつ、かかる担保提供が法令等で義務づけられている場合。

② 資産取得を目的とする借入金につきかかる取得資産を担保提供する場合。

③ 担保権が設定された資産を新たに取得する場合。

④ ［その他担保制限条項の例外］。
(3) 借入人は、本契約締結日以降、借入人が貸付人及びエージェントに対する本契約上の全ての債務の履行が完了するまで、一部の貸付人のために本契約上の債務を被担保債務の全部又は一部とする担保提供を行わない。但し、全貸付人及びエージェントが書面により事前に承諾した場合はこの限りではない。
(4) 借入人は、本契約締結日以降、借入人が貸付人及びエージェントに対する本契約上の全ての債務の履行が完了するまで、次の各号を遵守することを確約する。
  ① 主たる事業を営むのに必要な許可等を維持し、全ての法令等を遵守して営業を継続すること。
  ② 主たる事業内容を変更しないこと。
  ③ 法令等による場合を除き、本契約に基づく一切の債務の支払について他の無担保債務（担保付貸付のうち、担保の換価処分後も回収不足となる債務を含む。）の支払に劣後させることなく、少なくとも同順位に取り扱うこと。
  ④ ［エージェント及び全貸付人の承諾がない限り、合併、会社分割、株式交換もしくは株式移転、その営業または資産の全部もしくは一部の第三者への譲渡（セールアンドリースバックのための譲渡を含む。）または第三者の重要な営業もしくは資産の全部または一部の譲受のいずれも行わないこと。］
(5) ［借入人は各年度の決算期及び中間期の末日における連結貸借対照表及び単体の貸借対照表における資本の部の金額を●●円以上に維持することを確約する。］
(6) ［［格付機関名］の長期債務格付が、●●以上を維持することを確約する。］
(7) 借入人は、貸付債権について、仮差押え、保全差押え、または差押えの命令の送達を受けたときは、直ちにエージェントを通じて全貸付人に対し、かかる命令の写しと共にその旨を書面により通知しなければならない。

（出所：日本ローン債権市場協会（JSLA）ホームページ）

2　金利スワップ取引

(1) 金利スワップ取引とは

　金利スワップ取引とは、一定期間における条件の異なる金利の支払を交換する取引をいう。たとえば、取引先企業が変動金利で借入れを行っている場合、変動金利による金利支払を固定金利による金利支払と交換することにより、支払金利を実質的に固定化することをいう。

　キャッシュフロー・ファイナンスにおいては、金利スワップ取引を活用し支払金利の固定化を図ることが多い。たとえば、第Ⅳ編におけるケースのように事業収入であるホテルオペレーターからの賃料収入に上限がある場合、将来融資金利が大幅に上昇すると、事業収入から支出を差し引いたネット・キャッシュフローがマイナスとなったり、借入金の元利金返済を賃料収入でまかなえなかったりする可能性が出てくる。開発プロジェクトのように1～3年程度のコミットメント期間中に複数回に分割して借入れを行う場合、融資契約締結時点ですべての借入れを固定金利で行うことができない。このような場合に、金利スワップ取引を行うことにより、支払金利を固定化（＝金融費用を確定）させ、金利上昇リスクをヘッジ（hedge、回避）するのである。

(2) 金利スワップ取引の仕組み

　かりに、融資契約に基づく借入人の支払金利を全銀協日本円3カ月TIBOR＋2.5％（変動金利）（①）、金利スワップ契約に基づく顧客の受取金利を全銀協日本円3カ月TIBOR（変動金利）（②）、顧客の支払金利を2.5％（固定金利）（③）とすると、金利スワップ後の最終的な顧客による支払金利は、ベース金利の部分（全銀協日本円3カ月TIBOR）が相殺されて、5％（①－②＋③）となる。

［顧客による支払金利の計算式］

　　全銀協日本円3カ月TIBOR＋2.5％（変動金利）（①）
　　－全銀協日本円3カ月TIBOR（変動金利）（②）
　　＋2.5％（固定金利）（③）
　　────────────────────
　　＝2.5％＋2.5％
　　＝5％

これを図に示すと以下のとおりとなる。

図表補－4

A．融資契約に基づく利息の支払

| 銀　　行 | ←① 支払金利：全銀協日本円3カ月TIBOR＋2.5％ | 借　入　人 |

B．金利スワップ契約に基づく利息の受払い

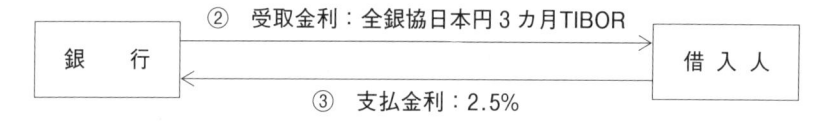

| 銀　　行 | ② 受取金利：全銀協日本円3カ月TIBOR →
← ③ 支払金利：2.5％ | 借　入　人 |

C．金利スワップ後の最終的な利息の支払

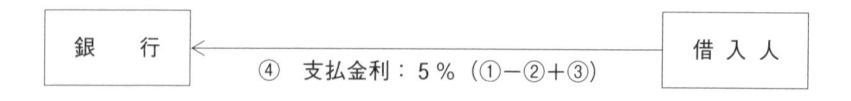

| 銀　　行 | ← ④ 支払金利：5％（①－②＋③） | 借　入　人 |

なお、金利スワップ契約において利息受払額の計算を行う場合の元本を想定元本というが、これは金利スワップ契約があくまで金利の交換を行う契約であり、実際の元本の受払いは行われないからである。また、決済方法については、差額のみを受払いするネット決済が簡便であるが、別々に決済を行うグロス決済も可能である。

(3) 金利スワップ取引における確認事項

キャッシュフロー・ファイナンスにおいて金利スワップによる支払金利固定化を行う場合のおもな確認事項を以下に示す。

① 金利スワップの必要性の確認

まず、キャッシュフロー分析に基づき、金利スワップによる支払金利固定化の必要性について確認する必要がある。融資対象事業が金利変動リスクを被る事業であったとしても、そもそも自己資金が豊富で借入金が少ない場合などにおいては、金利スワップは不要ということもありえる。

また、金利スワップが必要である場合においても、想定元本全額について全融資期間にわたり必要であるとは限らない。想定元本全額について全融資期間にわたり、支払金利を固定化すると、融資対象事業が当初予想以上に順調に推移し、元本の期限前返済などを行う場合に支障をきたすことも考えられる。したがって、想定元本のうち、どれだけの割合について、また、どれだけの期間について金利固定化を図るかについても、キャッシュフロー分析に基づく確認が必要となる。

② 融資契約上の各種条件との一致確認

融資契約上の金利支払条件と、金利スワップ契約上の金利支払条件が一致しない場合、当初の目的（金利変動リスクの回避）を達成できない可能性がある。したがって、それぞれの条件を一致させる必要がある。主要な条件は以下のとおりである。

A．ベース金利

金利変動局面において、異なるベース金利（たとえば全銀協TIBORとBBALIBOR）が同じ動きをするとは限らない。したがって、全銀協TIBOR、BBALIBOR、短期プライムレートなどさまざまな融資契約上のベース金利にあわせて、金利スワップ契約上のベース金利を選択する必要がある。

融資取引においてどういったベース金利を選択するかはその時々の判断となるが、短期プライムレートをベース金利に採用する場合、TIBORや

LIBORなどと比較すると、金利スワップの出し手と取り手の条件の幅が広くなり、結果として借入人が提示を受ける条件が悪くなる傾向がある点には注意が必要である。

B．元本および利息支払方法

　当然のことながら、元本返済方法と想定元本の推移、利息の支払間隔、後払い前払いの別、ベース日数、支払日が休日の場合の規定などを一致させる必要がある。ベース日数は365日ベースと360日ベースがある。休日処理の方法はモディファイド・フォローイング、フォローイングなどがあるが、詳細は第Ⅲ編第6章注6で確認願いたい。また、東京が休日でなくとも、たとえばロンドンが休日であれば、休日となる場合もあるので、確認が必要である。

③　優越的地位の濫用がないことの確認

　当然のことであるが、キャッシュフロー分析の結果に基づき支払金利固定化を図るために、取引先企業の了解のもと金利スワップ契約を締結することが原則である。取引先企業の十分な理解が得られないまま、強引に金利スワップ契約を締結した場合、独占禁止法などで規定される優越的地位の濫用とみなされる可能性がある。したがって、金利スワップ契約締結について融資契約上に規定を設定する場合を含め、その必要性について慎重な検討が必要となる。

④　その他

　すべての取引についていえることであるが、金利スワップ契約解約時の清算金発生を含め、デメリット、あるいはリスクについても、取引先企業に対し十分な説明を行う必要がある。

　融資対象事業が当初予想以上に順調に推移したり、あるいは、事業計画変更などにより借入金額が減額となったりした場合、金利スワップ契約の全部または一部を中途解約することがある。この場合、金利スワップ契約締結時点と解約時点で、金利水準を含むマーケット環境が異なり、結果として清算金が発生することは十分にありえる。

　したがって、後日のトラブルを防ぐ意味からも、取引先企業に対し十分な

説明を行う必要がある。

> **コラム　エージェントの責任**
>
> 　エージェントは役割に応じてさまざまな種類がある。共通している点をあげるとすれば、たとえば、JSLAタームローン契約書の第21条（エージェントの権利義務）(4)に「エージェントまたはその取締役、従業員もしくは代理人は、本契約に基づいて、または本契約に関連する行為、不作為について、故意もしくは過失がない限り、貸付人に対して一切の責を負わない」などとあるように、シンジケート・ローンに参加する金融機関の代理として契約上の義務を果たしていれば、エージェントはなんら責任を問われないという点である。
>
> 　しかしながら、エージェント実務においては必ずしも契約どおりに行動すればよいというわけにはいかないこともある。
>
> 　借入人の業況が変化し、シンジケート・ローンの返済に行き詰まった場合などにおいて、もともとアレンジャーであったエージェントが、参加金融機関から情報提供力や取りまとめ能力の不足などを理由に責められることはよくある。以前、延滞したシンジケート・ローンのエージェントを務める邦銀が、バンク・ミーティングで金融機関から責められる場面に遭遇したことがある。バンク・ミーティングとは、参加金融機関が対応を協議し、意思結集を図るために開催される会議のことである。本来であれば、①エージェントとしての契約上の義務は誠実に履行していること、②エージェントには契約上定められた責任以外はなんらの責任もないこと、③もしかりにエージェントとしてのサービスに問題があるのであればいつでも辞任する用意があること、を淡々と述べればすむ話であるが、そういう雰囲気ではなかったのだろう。誠にお気の毒としかいいようがなかった。
>
> 　また、別な機会に延滞債権のエージェントを務める英国系の著名な大手銀行にバンク・ミーティングの開催を要求しに行ったことがあった。契約上、一定以上の参加金融機関から要請があれば、エージェントはバンク・ミーティングの招集を行うことができることになっていたためである。しかしながら、その時のエージェントは、①バンク・ミーティングを開催する場合はエージェントの施設では開催せず、ホテルの会議場ですること、②バンク・ミーティングの招集および開催に必要なすべての費用を事前にエージェントに支払うこと、を条件として提示してきた。自ら保有していた債権を売却してしまっていたので、何もしないということだったのだろう。

このようなエージェントの対応の違いはどこから来るのだろうか。延滞などの問題が発生した場合のエージェントの対応に影響を与える要因を整理すると以下のとおりとなる。

① 自らが参加金融機関として債権を保有しているかどうか

エージェントが自ら債権を保有していれば、当然、他人事とはいかなくなる。他の参加金融機関と協力して借入人と交渉し、できる限り円滑、かつ、早期に問題の解決を図るため、エージェントとして積極的に動くことが得策であることも多い。このような場合、他の参加金融機関からの要請がなくとも、エージェントが自らバンク・ミーティングを招集し対応策を提示するなどの行動をとっても不思議ではない。

② 参加金融機関との関係

シンジケート・ローンへの参加は、ディール・バイ・ディール（Deal by deal）が原則であるが、日本の場合はその原則が必ずしも通用していないのではないだろうか。日本で組成される多くのシンジケート・ローンにおいて、アレンジャー（調印後はエージェント）は借入人のメインバンクが務め、アレンジャー以外の参加金融機関はメインバンク以外の取引金融機関ということもよくある。したがって、問題が発生した場合、エージェントとしてだけでなくメインバンクとしても「道義的な責任」を追及されることもあるかもしれない。

また、日本ではシンジケート・ローンに参加する金融機関の数が限られている。このことは、アレンジャーがシンジケート・ローンに招聘する金融機関がいつも同じようなメンバーとなりがちとなることを意味している。あるシンジケート・ローンで、「契約どおりに」エージェントの義務を履行したがゆえに、他のシンジケート・ローンにおいて参加を拒否されるといったことが発生すると、シンジケート・ローンの組成がむずかしくなるということもあるかもしれない。

上記のケースはいずれも、少なくとも日本においてはエージェントとしての契約上の責任のみならず、参加金融機関のレピュテーション（評判）も考慮しなければならないことを意味している。

③ 借入人あるいはスポンサー（借入人の親会社）との関係

借入人あるいはスポンサーと他の取引で親密な関係にある場合、やはり契約で求められる以上の支援を要請されることがある。たとえば、スポンサーと

エージェントが銀行取引などにおいてきわめて親密な関係にある場合、エージェントとして契約どおりに杓子定規に対応するわけにはいかないかもしれない。

また、バンク・ミーティングにおいても、早期の解決に向けて、スポンサーや借入人の意向も汲み取った対応を求められるかもしれない。エージェントは参加金融機関の代理人なので借入人やスポンサーの代理人として活動することはないが、参加金融機関から借入人やスポンサーとの調整を求められ、事前交渉を重ねることはある。

④ **エージェント業務に関する経験**

エージェント業務に関する経験はエージェントとしての活動に影響を与える。最初に例を出した邦銀のケースが当てはまるが、エージェント業務に精通していない場合、本来負う必要のない負担まで負ってしまうことがあるように思える。この意味で、エージェント業務は経験の浅い若手だけに任せるのではなく、経験豊富なシニアに監督させることが重要である。

結論を述べると、エージェントとしての責任は契約上定められているが、エージェントとしてどう振る舞うかは契約だけで決まるものではないということである。エージェントとしての活動方針は、自らの債権の保有状況、参加金融機関、借入人あるいはスポンサーなど関係当事者との関係を考慮して決定することになる。

参 考 文 献

「三井住友銀行が取り組むキャッシュフロー・ファイナンス　概念編」
(執筆者　入道正久　2010年4月5日　週刊金融財政事情　2878号)

「三井住友銀行が取り組むキャッシュフロー・ファイナンス　実務編」
(執筆者　入道正久　2010年4月12日　週刊金融財政事情　2879号)

「コベナンツ類型化の有用性」
(執筆者　入道正久　2010年6月28日　週刊金融財政事情　2889号)

「新時代の地域金融～プロジェクトファイナンスの活用を目指して」
(執筆者　入道正久　2010年6月号　財団法人大阪地域振興調査会機関誌「融」)

「新しい融資手法がよくわかる講座」2　ストラクチャードファイナンス
第1章～第3章　(三井住友銀行監修　株式会社きんざい)

「三井住友銀行が取り組むキャッシュフロー・ファイナンス　講演録」
(講演者　入道正久　2010年11月12日、22日　社団法人金融財政事情研究会　融資問題研究会)

「PRJECT FINANCE」
(Clifford Chance, IFR Publishing Ltd)

各種ホームページ
(BIS、IFC、英国財務省、内閣府、総務省、金融庁、法務省、日本ローン債権市場協会)

事項索引

A～Z

ADR ……………………… 277, 280
BBALIBOR ……………………… 105
bp ……………………………… 112
CDS ……………………………… 117
COS ……………………………… 117
CP ……………………………… 108, 167
DSCR ……………………………… 118, 278
EBITDA ……………………………… 280
ECA ……………………………… 76
EIA ……………………………… 77
EPC契約 ……………………………… 67
EPCコントラクター ……………………………… 69
Joint and Several Liablity …… 75, 115
JSLA ……………………………… 184, 314
LIBOR ……………………………… 105
MLA ……………………………… 101
Ｏ＆Ｍ契約 ……………………………… 71
p.a. ……………………………… 105
PFI ……………………………… 52
PFI法 ……………………………… 52
PPP ……………………………… 58
SPC ……………………………… 61
SPV ……………………………… 61
TIBOR ……………………………… 106

あ

相対 ……………………………… 309
アファーマティブ・コベナンンツ
 ……………………………… 109
アレンジメント手数料 ……………… 171
アレンジメント・フィー …… 111, 171
アレンジャー ……………… 101, 309

い

インシュランス・バンク ………… 101
インタレスト・カバレッジ・レシオ ……………………………… 277
インフォメーション・メモランダム ……………………………… 114
インフラストラクチャーリスク ……… 78

う

運営・維持管理リスク ……………… 80

え

エージェント ……………… 101, 309
エージェント手数料 ……………… 171
エージェント・フィー ……… 112, 171
エクエーター原則 …………… 77, 116
エクスクルーシブ・マンデート …… 227

お

オール・イン・イールド ………… 121
オフテイカー ……………………… 70
オフテイク契約 ……………………… 70
オペレーターリスク ……………… 192
親会社リスク ……………………… 191

か

カウンターパーティ ……………… 110
カウンターパーティ・リスク …… 110
貸付実行の前提条件 ………… 109, 194
貸付不能事由 ……………………… 168
為替リスク ……………………… 83
簡易版タームシート ……………… 193
環境影響評価 ……………………… 77
環境リスク ……………………… 77

完工 ……………………………… 116
完工保証 …………………………… 116
完工リスク ………………… 78, 191
感応度分析 ………………………… 86

き

期限の利益喪失事由 ……… 14, 109, 174
キャッシュ・ウォーターフォール
　………………………………… 118, 141
キャッシュ・ディフィシェンシー・
　サポート ………………………… 117
キャッシュフロー分析 ……………… 86
キャッシュフロー・リスク …… 85, 192
休日処理 …………………… 180, 320
強制期限前返済条項 ……………… 106
許認可リスク ……………… 77, 191
金利上昇リスク …………………… 192
金利スワップ ……………………… 317
金利変動リスク …………………… 84

く

グリーンフィールド ……………… 102

け

契約関係図 ………………… 67, 133, 189
契約上の地位譲渡予約契約 ……… 150
源泉徴収税 ………………………… 110
原料購入リスク …………………… 81

こ

口座管理手数料 …………………… 171
コスト・オーバーラン・サポート
　………………………………… 117
コベナンツ・ファイナンス ……… 17
コミット期間 ……………………… 104
コミットメント期間 ……………… 104
コミットメント手数料 …………… 171
コミットメント・フィー …… 106, 171

さ

サービサー ………………………… 30
債権者間協定書 …………………… 151
サイニング ………………………… 102
サイニング・セレモニー ………… 102
裁判外紛争解決手続 ……… 277, 280
財務制限条項 ……………… 109, 277

し

自己資本比率 ……………………… 279
事実の表明および保証 …… 108, 173
支払充当順位 ……………………… 118
出資法 ……………………………… 179
準拠法 ……………………………… 110
渉外弁護士 ………………………… 21
譲渡担保権設定契約 ……………… 150
シンジケーション ………………… 309
シンジケート・ローン …………… 309

す

ステータス ………………………… 112
ステップ・イン・ライト ………… 145
ストラクチャー図 ……… 67, 133, 189
ストラクチャリング ……………… 131
スプレッド ………………………… 105
スポンサー ………………………… 60
スポンサー・サポート契約 ……… 60, 81, 82, 117
スポンサー間契約書 ……………… 69
スポンサーリスク ………………… 75

せ

請求喪失事由 ……………………… 174
政治リスク ………………………… 76
製品販売リスク …………………… 81
セキュリティ・エージェント …… 102
セキュリティ・シェアリング …… 110

セキュリティ・パッケージ……… 129
全銀協TIBOR………………… 106
潜在的期限の利益喪失事由…… 110,227
全資産担保………………… 62,125
センシティビティ・アナリシス…… 86

そ

損失補償…………………………39

た

タームシート………………… 90,198
担保提供制限………………… 314

て

テイク・アンド・ペイ契約…… 70,117
テイク・オア・ペイ契約……… 70,117
ディスクレーマー…………… 196,223
デット・エクイティ・レシオ…… 106,278
デット・サービス・カバレッジ・
　レシオ…………………… 118,278
デューディリジェンス……………73

と

倒産隔離……………………………62
当然喪失事由………………… 174
ドキュメンテーション………… 102,309
独占禁止法………………… 155,225,226,227,291,320
特別目的会社……………………61
土壌汚染、埋蔵物リスク……… 191
トランシェ…………………… 104

に

日本ローン債権市場協会…… 184,314
任意期限前返済条項………… 107

ね

ネガティブ・コベナンツ……… 109
ネガティブ・プレッジ……… 211,314

の

ノンリコース………………………61

は

排他的マンデート……………… 227
バイラテラル…………………… 309
箱モノPFI…………………………53
パブリシティ…………………… 102
パリパス…………………… 212,314

ふ

ファシリティ・エージェント…… 102
フィナンシャル・コベナンツ…… 109
フィナンシャル・コンプリーショ
　ン……………………………… 116
フォローイング………………… 180
不可抗力リスク…………… 85,192
ブックランナー………………… 101
プライベート・ファイナンス・イ
　ニシアティブ……………………52
プリシーディング……………… 180
プルーブン…………………………72
フルターンキー契約………………69
プレシピアム…………………… 120
プロジェクト・カンパニー………61
プロジェクト・ファイナンス… 50,57
プロポーザル…………………… 114

へ

ベース・ケース……………………86

ほ

法律意見書………… 168,202,226

ま

マージン……………………………105
マンデーテッド・リード・アレン
　ジャー……………………………101
マンデート・レター…90,163,224,309

み

みなし利息…………………………179

め

メカニカル・コンプリーション……116
メザニン投資家……………………178

も

モディファイド・フォローイング
　………………………………………180

ゆ

優越的地位の濫用………………225,320
融資実行の前提条件…………108,167
融資手数料…………………………171
輸出信用機関…………………………76

ら

ランプサム契約………………………67

り

リーガル・オピニオン…………168,226
リスク分析……………………75,191
リスケジュール……………………280
利息制限法…………………………178
リミテッド・リコース………………60
流動比率…………………………106,278

れ

劣後融資……………………………151

ろ

ロール………………………………101
ローン・フィー……………………171

わ

ワースト・ケース……………………86

キャッシュフロー・ファイナンス

平成23年3月23日　第1刷発行

　　　　　　著　者　入　道　正　久
　　　　　　発行者　倉　田　　　勲
　　　　　　印刷所　株式会社太平印刷社

〒160-8520　東京都新宿区南元町19
発　行　所　社団法人　金融財政事情研究会
　　　編集部　TEL 03(3355)2251　FAX 03(3357)7416
販　　売　株式会社きんざい
　　　販売受付　TEL 03(3358)2891　FAX 03(3358)0037
　　　　URL http://www.kinzai.jp/

・本書の内容の一部あるいは全部を無断で複写・複製・転訳載すること、および磁気または光記録媒体、コンピュータネットワーク上等へ入力することは、法律で認められた場合を除き、著作者および出版社の権利の侵害となります。
・落丁・乱丁本はお取替えいたします。定価はカバーに表示してあります。

ISBN978-4-322-11726-4